John Locke

Gedanken über Erziehung

Übersetzung,
Anmerkungen und Nachwort von
Heinz Wohlers

Philipp Reclam jun. Stuttgart

Literaturhinweise von Mascha Gemmeke

RECLAMS UNIVERSAL-BIBLIOTHEK Nr. 6147

Mit Genehmigung des Verlages Julius Klinkhardt, Bad Heilbrunn
Bibliographisch ergänzte Ausgabe 2007
Gesamtherstellung: Reclam, Ditzingen. Printed in Germany 2007

ISBN 978-3-15-006147-3

www.reclam.de

Widmung

An Herrn Edward Clarke von Chipley[1]

Sehr geehrter Herr,

Diese Gedanken über Erziehung, die nun in die Welt hinausgehen, gehören von Rechts wegen Ihnen, da sie vor einigen Jahren für Sie geschrieben wurden und nichts anderes sind, als was Sie bereits in meinen Briefen in Händen haben. Ich habe fast nichts daran geändert als die Reihenfolge dessen, was zu verschiedenen Zeiten und aus gegebener Veranlassung an Sie ergangen ist; daher wird der Leser aus der persönlich gehaltenen Art der Darstellung leicht ersehen, daß es sich mehr um die private Unterhaltung zweier Freunde handelt als um eine für die Öffentlichkeit bestimmte Abhandlung.
Gewöhnlich rechtfertigt man Veröffentlichungen, zu denen man sich nicht gern selbst bekennen will, mit dem Drängen von Freunden. Sie wissen jedoch, daß ich die Wahrheit sage, wenn ich bekenne, daß diese Aufzeichnungen in der für sie bestimmten Verborgenheit liegen geblieben wären, hätten nicht einige Männer, die von ihrer Existenz wußten, darauf gedrängt, sie zu sehen und später im Druck zu besitzen. Jene Männer aber, auf deren Urteil ich viel gebe, äußerten mir gegenüber die Überzeugung, die Veröffentlichung dieses flüchtigen Entwurfs könne von Nutzen sein. Sie rührten damit an einen Punkt, der für mich immer bestimmend sein wird: denn ich halte es für die Pflicht eines jeden, seinem Lande jeden möglichen Dienst zu erweisen; wer anders denkt, unterscheidet sich nicht

sehr von seinem Vieh. Der Gegenstand ist von so großer Bedeutung, eine richtige Erziehung bringt so allgemeinen Nutzen, daß es der Ermunterung und des Drängens anderer nicht bedurft hätte, wäre ich überzeugt, daß meine Fähigkeiten meinen Wünschen entsprechen. Immerhin, wie unbedeutend auch diese Aufzeichnungen und wie groß mein Mißtrauen ihnen gegenüber sein mögen, die Scham, so wenig zu leisten, soll mich nicht davon abhalten, mein Scherflein beizutragen, wenn man nicht mehr von mir verlangt, als daß ich es in die allgemeine Schale werfe. Und wenn es noch mehr Männer von der Art und den Einsichten derer gibt, denen meine Aufzeichnungen so gefallen haben, daß sie sie des Druckes für würdig hielten, so darf ich mir schmeicheln, daß meine Bemühungen nicht gänzlich unnütz gewesen sind.

Ich selbst bin in letzter Zeit von vielen um Rat gefragt worden, die in Verlegenheit waren, wie sie ihre Kinder erziehen sollten, und allgemein klagt man heute über die frühe Verdorbenheit der Jugend; man kann es daher wohl nicht fehl am Platze nennen, wenn jemand diese Frage in den Blickpunkt rückt und einen Beitrag liefert, sei es auch nur, um Anregungen oder Anlaß zu Berichtigungen zu geben; denn Fehlern in der Erziehung sollte man unnachsichtiger begegnen als allen anderen. Sie tragen ihr nie wiedergutzumachendes Verderben durch alle Abschnitte und Stufen des Lebens wie Fehler in der ersten Zubereitung der Stoffe, die in der zweiten und dritten nicht mehr ausgemerzt werden können.[2]

Ich bilde mir so wenig auf das ein, was ich hier vorlege, daß ich es auch um Ihretwillen begrüßen würde, wenn ein Befähigterer und Geeigneterer die Irrtümer, die ich hier begangen habe, in einer förmlichen Abhandlung über Erziehung, die der englischen Gentry[3] angemessen wäre, richtigstellte; denn es scheint mir weitaus wünschenswerter, daß junge Gentlemen auf den besten Weg der Bildung und Belehrung gebracht werden (danach sollte jeder streben), als daß meine Meinung darüber hingenommen wird. Einstweilen werden Sie mir jedoch bezeugen, daß die hier vorgeschlagene Methode außergewöhnliche Erfolge bei dem Sohn eines Gentleman gezeitigt hat, für den sie gar nicht bestimmt war. Sicher hat die gute Anlage des Kindes sehr viel dazu beigetragen; aber ich glaube, davon sind Sie und die Eltern überzeugt, daß eine entgegengesetzte Methode, wie sie der herkömmlichen Kindererziehung entspricht, jene Anlagen nicht gefördert und das Kind nicht zur Liebe zum Buch geführt hätte, nicht die Freude am Lernen geweckt und nicht, wie es doch der Fall ist, den Wunsch in ihm hervorgerufen hätte, mehr zu lernen, als seine Umgebung ihm anzubieten für gut hält.

Aber es ist nicht meine Aufgabe, Ihnen diese Abhandlung zu empfehlen, denn ich kenne Ihre Meinung darüber bereits; ich will sie auch nicht der Welt durch Ihre günstige Meinung empfehlen. Die gute Erziehung der Kinder ist so sehr eine Sorgepflicht der Eltern, Wohlfahrt und Gedeihen der Nation hängen so sehr davon ab, daß ich sie jedermann ernstlich ans Herz legen möchte. Möge ein jeder recht prüfen und sich klarmachen, was Neigung, Gewohnheit und Vernunft im Einzelfalle anraten; möge jeder seine helfende Hand leihen und überall eine Erziehung der Jugend fördern, welche die verschiedenen Stände berücksichtigt und den leichtesten, kürzesten und erfolgversprechendsten Weg aufzeigt, um sittliche Persönlichkeiten und tüchtige und befähigte Männer für die verschiedensten Berufe hervorzubringen; wobei die Hauptsorge allerdings dem Stande des Gentleman gelten sollte. Denn wenn dieser Stand erst einmal durch Erziehung in Ordnung gebracht worden ist, wird er auch alle übrigen sehr schnell in Ordnung bringen.

Ich weiß nicht, ob ich in dieser kurzen Abhandlung mehr geleistet habe als zu zeigen, wie sehr mir das

Ziel am Herzen liegt; so wie sie ist, hat die Welt sie nun, und wenn sich irgend etwas darin findet, das die Welt einer Aufnahme für würdig erachtet, so ist sie Ihnen dafür zu Dank verpflichtet. Meine Zuneigung zu Ihnen war die Veranlassung, daß sie geschrieben wurde, und ich freue mich, daß ich der Nachwelt dieses Zeichen der Freundschaft hinterlassen kann, die zwischen uns besteht. Denn ich weiß nichts Schöneres in diesem Leben und kein besseres Gedächtnis, das man hinterlassen kann, als die langandauernde Freundschaft mit einem ehrenhaften, tüchtigen und angesehenen Mann, mit einem Freunde seines Vaterlandes.
Ich bin, sehr geehrter Herr,

Ihr sehr ergebener und getreuer Diener

John Locke

7. März 1692[4]

Gedanken über Erziehung

1. Ein gesunder Geist in einem gesunden Leib,[5] das ist eine kurze, aber vollständige Beschreibung eines glücklichen Zustandes in dieser Welt. Wer diese zwei hat, dem bleibt wenig mehr zu wünschen; und wem eines von beiden fehlt, dem wird alles andere nur wenig nützen. Glück oder Elend des Menschen sind größtenteils sein eigenes Werk. Wessen Geist nicht ein weiser Führer ist, der wird nie den rechten Weg finden; und wessen Leib hinfällig und schwach ist, der wird nie auf ihm vorankommen können. Zugegeben, es gibt Menschen mit von Natur aus wohlausgestatteter kräftiger Körper- und Geistesverfassung, die keiner großen Hilfe durch andere Menschen bedürfen; die Stärke ihrer natürlichen Anlagen führt sie von der Wiege an zur Vollkommenheit, und der Vorzug ihrer glücklichen Körperbeschaffenheit läßt sie Wunder vollbringen. Beispiele dieser Art sind jedoch selten; und ich darf wohl sagen, daß von zehn Menschen, denen wir begegnen, neun das, was sie sind, gut oder böse, nützlich oder unnütz, durch ihre Erziehung sind. Sie ist es, welche die großen Unterschiede unter den Menschen schafft. Die kleinen oder nahezu unmerklichen Eindrücke auf unsere zarte Kindheit haben sehr bedeutende und dauernde Folgen: es ist wie mit den Quellen mancher Flüsse, wo ein behutsames Anlegen der Hand die lenksamen Wasser in Kanäle leitet, die ihnen einen ganz andersgerichteten Lauf geben; durch diese Leitung, die ihnen gleich zu Anfang an der Quelle gegeben wird, streben sie in verschiedene Richtungen und gelangen endlich zu sehr entfernten und auseinanderliegenden Orten.

2. *Gesundheit [Health].* – Ich stelle mir vor, daß der kindliche Geist wie das Wasser ebenso leicht in diese oder jene Richtung gelenkt werden kann. Das ist sicher die Hauptsache, und unsere Hauptsorge sollte dem Innern gelten, und doch darf die Lehmhütte darüber nicht vernachlässigt werden. Ich werde daher mit dem Gehäuse beginnen und wende mich zunächst der Gesundheit des Leibes zu als dem, was man vielleicht am ehesten nach dem Studium erwartet, dem ich mich, wie man meint, besonders gewidmet habe; das wird auch am schnellsten erledigt sein, da es, wenn ich richtig sehe, nicht sehr umfassend ist.

3. Wie notwendig die Gesundheit für unseren Beruf und unser Glück ist, wie unerläßlich eine kräftige Körperbeschaffenheit und die Fähigkeit, Mühen und Entbehrungen zu ertragen, für jemand sind, der in der Welt eine Rolle spielen will, ist so einleuchtend, daß es keines Beweises bedarf.

4. *Verzärteln [Tenderness].* – Die Betrachtung, die ich hier über die Gesundheit anstellen will, soll nicht sein, was ein Arzt mit einem kranken und schwächlichen Kind tun sollte, sondern was Eltern ohne Zuhilfenahme der Medizin zur Erhaltung und Kräftigung einer gesunden oder wenigstens nicht kränklichen Anlage in ihren Kindern tun sollten. Und das könnte vielleicht alles mit dieser einzigen, kurzen Regel abgetan werden, nämlich: daß Gentlemen ihre Kinder behandeln sollten wie rechte Pächter und wohlhabende Bauern die ihrigen. Da aber Mütter dies möglicherweise zu hart und Väter es zu kurz finden mögen, will ich mich etwas ausführlicher darüber auslassen. Ich will nur dies als eine allgemeine und zutreffende Beobachtung festhalten, welche Frauen beherzigen mögen, daß die Anlagen der meisten Kinder entweder verdorben oder zumindest geschädigt werden durch Hätscheln und Verzärteln.

5. *Wärme [Warmth].* – Als erstes sollte man Sorge

tragen, daß Kinder nicht zu warm gekleidet oder bedeckt sind, im Winter wie im Sommer. Bei unserer Geburt ist das Gesicht nicht weniger empfindlich als alle übrigen Körperteile. Nur die Gewöhnung härtet es ab und ermöglicht es, größere Kälte zu ertragen. Daher gab der skythische Philosoph dem Athener, der sich wunderte, wie er nackt in Eis und Schnee gehen könne, eine sehr bezeichnende Antwort. »Wie«, sagte der Skythe, »kannst du ertragen, daß dein Gesicht der scharfen Winterluft ausgesetzt ist?« »Mein Gesicht ist daran gewöhnt«, sagte der Athener. »So denke, ich sei ganz Gesicht«, erwiderte der Skythe. Unser Körper wird alles ertragen, woran er von Anfang an gewöhnt ist.
Ein hervorragendes Beispiel dafür, zwar von dem entgegengesetzten Übermaß an Hitze, das mir willkommen ist, weil es zeigt, was die Gewöhnung vermag, will ich in den eigenen Worten des Verfassers hier hinsetzen, wie ich es in einer neuen geistreichen Reisebeschreibung gefunden habe.[6]
»Die Hitze«, sagt er, »ist in Malta heftiger als in jedem anderen Teil Europas; sie übertrifft selbst die von Rom und ist geradezu erstickend, um so mehr, als es hier selten kühlende Brisen gibt. Das macht das gemeine Volk schwarz wie Zigeuner; aber die Bauern trotzen dennoch der Sonne; sie arbeiten in der heißesten Tageszeit ohne Unterbrechung und ohne sich gegen die sengenden Strahlen zu schirmen. Dies hat mich davon überzeugt, daß die Natur sich zu vielem befähigen kann, was unmöglich erscheint, vorausgesetzt, wir gewöhnen uns von Kindheit an daran. Die Malteser machen es so; sie härten ihre Kinder ab und befreunden sie mit der Hitze dadurch, daß sie sie völlig nackt, ohne Hemd, Hosen oder etwas auf dem Kopf, von der Wiege bis ins zehnte Lebensjahr umherlaufen lassen.«
Man erlaube mir daher den Rat, sich nicht zu ängstlich gegen die Kälte unseres heimischen Klimas zu verwah-

ren. Es gibt Leute in England, die winters und sommers dieselbe Kleidung tragen, und zwar ohne Beschwerden oder mit größerer Kälteempfindlichkeit als andere. Wenn jedoch die Mutter dem Frost und Schnee unbedingt ein Zugeständnis machen will, weil sie eine Schädigung der Gesundheit fürchtet, und der Vater, weil er sich nicht dem Tadel aussetzen will, so achte man darauf, daß seine Winterkleidung nicht zu warm ist. Und unter anderem bedenke man, daß die Natur seinen Kopf so gut mit Haaren bedeckt und diese mit dem Alter von ein oder zwei Jahren so gekräftigt hat, daß er tagsüber ohne Mütze umherlaufen kann: da ist es am besten, wenn ein Kind auch nachts ohne Kopfbedeckung liegt; denn nichts führt so sehr zu Kopfschmerzen, Erkältung, Katarrhen, Husten und vielen anderen Krankheiten, als wenn man den Kopf warm hält.

6. Ich habe hier *er* gesagt, weil meine Abhandlung vor allem zeigen will, wie ein junger Gentleman von früher Kindheit an erzogen werden sollte, was nicht in allen Punkten auch für die Erziehung von Töchtern gilt; indessen wird man leicht erkennen können, wo die Verschiedenheit der Geschlechter eine verschiedene Behandlung erfordert.[7]

7. *Füße [Feet].* – Ich rate ferner, seine Füße jeden Tag in kaltem Wasser zu waschen und ihm so dünne Schuhe machen zu lassen, daß sie durchlässig sind und Wasser einlassen, wenn er damit in Berührung kommt. Hier, so fürchte ich, werde ich Mutter und Mägde gegen mich haben. Die eine wird es für zu unsauber halten, und die andern werden es zu mühselig finden, seine Strümpfe zu säubern. Aber trotzdem bleibt es wahr, daß seine Gesundheit viel mehr, ja zehnmal mehr wert ist als alle solche Bedenken. Wer bedenkt, wie schädlich und gefährlich es für verzärtelte Menschen ist, nasse Füße zu bekommen, wird wünschen, er wäre barfuß gelaufen wie die Kinder armer Leute, die eben dadurch

sich so an nasse Füße gewöhnt haben, daß sie sich nicht mehr erkälten oder sonst darunter leiden, als wenn sie nasse Hände hätten. Und was bewirkt denn, bitte, bei anderen diesen großen Unterschied zwischen Händen und Füßen, wenn nicht die Gewohnheit? Ich zweifle nicht, wäre jemand von der Wiege auf immer nur barfuß gelaufen, während seine Hände dauernd in warmen Fäustlingen gesteckt hätten, bedeckt mit Handschuhen, wie die Holländer unsere *gloves* nennen; ich zweifle nicht, sage ich, daß eine solche Gewohnheit nasse Hände für den genauso gefährlich machen würde, wie nasse Füße jetzt für viele andere sind. Das kann man vermeiden, wenn man seine Schuhe so machen läßt, daß sie Wasser durchlassen, und wenn man seine Füße täglich in kaltem Wasser wäscht. Es ist auch wegen der Sauberkeit zu empfehlen; worauf ich aber hinaus will, ist die Gesundheit; deshalb lege ich es auch nicht auf eine genau bestimmte Tageszeit fest. Ich habe Beispiele dafür, daß es jeden Abend mit sehr gutem Erfolg angewendet worden ist, und zwar den ganzen Winter hindurch bei eiskaltem Wetter, ohne auch nur einen Abend auszulassen; wenn dickes Eis das Wasser bedeckte, badete das Kind seine Beine und Füße darin, obwohl es nicht einmal alt genug war, sich selbst abzureiben und abzutrocknen, und obwohl es zimperlich und sehr zart war, als es die Gewohnheit annahm. Da es aber letzten Endes nur darauf ankommt, jene Körperteile durch selbstverständliche häufige Anwendung kalten Wassers abzuhärten und so gesundheitlichen Schäden vorzubeugen, die gewöhnlich entstehen, wenn Menschen, die anders aufgezogen worden sind, einmal zufällig nasse Füße bekommen, so glaube ich, kann man es der Einsicht der Eltern überlassen; wie es ihnen paßt, mögen sie den Abend oder den Morgen wählen. Die Zeit halte ich für gleichgültig, wenn nur die Sache wirksam betrieben wird. Die Gesundheit und die Abhärtung, die man damit erwirbt, würden ein guter

Kauf sein, auch wenn man sehr viel mehr Geld dafür gäbe. Und wenn ich hinzufüge, daß auf diese Weise auch Hühneraugen vermieden werden, wird das für manche eine wertvolle Zugabe sein. Man beginne jedoch im Frühling mit lauwarmem Wasser, nehme es jedes Mal etwas kälter, bis man nach wenigen Tagen bei völlig kaltem Wasser anlangt, und dann bleibe man dabei, im Winter wie im Sommer. Denn man sollte hier wie bei allen anderen Abweichungen von der gewohnten Lebensweise darauf achten, daß der Wechsel allmählich, unmerklich und stufenweise geschieht; so können wir unserem Körper ohne Schmerz und Gefahr alles zumuten.

Abweichungen [Alterations]. – Wie besorgte Mütter diese Lehre aufnehmen werden, kann man unschwer voraussehen. Heißt es nicht ihre zarten Kleinen morden, wenn man sie so behandelt? Wie, ihre Füße bei Eis und Schnee in kaltes Wasser stecken, wo doch ohnehin schon alles, was man tun kann, sie warm zu halten, so wenig ist? Ich will ihre Befürchtungen ein wenig durch Beispiele beschwichtigen, ohne die man ja selten auf überzeugende Vernunftgründe hört: Seneca erzählt in seinen Briefen Nr. 53 und 83 von sich selbst, er pflege mitten im Winter in kaltem Quellwasser zu baden. Er würde es kaum getan haben, wenn er es nur für erträglich und nicht auch für gesund gehalten hätte, bei seinem Riesenvermögen, das ihm die Ausgaben für ein warmes Bad wohl erlaubt hätte, und in einem Alter (er war schon sehr betagt), dem man weniger Härte gegen sich selbst nachgesehen hätte. Und wenn man meint, seine stoischen Grundsätze hätten ihn zu dieser Strenge veranlaßt, so mag es sein, daß diese Sekte ihm kaltes Wasser erträglich machte. Wodurch aber wurde es seiner Gesundheit zuträglich? Denn die litt durch eine solch strenge Gewohnheit keinen Schaden. Was sollen wir aber zu Horaz sagen, der sich nicht in dem Ruhm einer Sekte sonnte und der letzte war, der sich mit stoischer Unempfindlichkeit gebrüstet hätte? Doch auch er versichert uns, es sei seine Gewohnheit, in der kalten Jahreszeit in kaltem Wasser zu baden. Vielleicht aber hält man Italien für viel wärmer als England und meint, die Kälte der dortigen Gewässer könne an die unsrigen im Winter nicht heranreichen. Wenn die Flüsse Italiens wärmer sind, so sind die in Deutschland und Polen wesentlich kälter als alle Flüsse in unserem Land, und doch baden in ihnen die Juden, Männer wie Weiber, zu allen Jahreszeiten, sie tauchen ganz unter ohne jeden Schaden für ihre Gesundheit. Und nicht jeder wird es glauben wollen, daß es ein Wunder oder eine besondere Kraft der St.-Winifred-Quelle ist, die es bewirken, daß das kalte Wasser dieser berühmten Quelle den zarten Körpern, die darin baden, keinen Schaden zufügt. Alle Welt spricht heutzutage von den Wundern, die kalte Bäder an heruntergekommenen und schwächlichen Konstitutionen zur Wiederherstellung von Gesundheit und Kraft wirken; daher können sie nicht ungeeignet oder unerträglich für die Stärkung und Abhärtung von Menschen sein, die in besseren Verhältnissen leben.

Wenn diese Beispiele von erwachsenen Männern immer noch nicht auf Kinder anwendbar erscheinen, wenn man diese vielmehr als noch zu zart ansieht, so daß sie eine solche Behandlung nicht ertragen könnten, dann möge man prüfen, wie die Germanen früher mit ihnen umgingen und die Iren es heute noch tun, und man wird finden, daß auch Kinder, für wie zart man sie auch halten mag, ohne jede Gefahr nicht nur Fußbäder, sondern auch Vollbäder in kaltem Wasser ertragen können. Ja, es gibt noch heute Damen im schottischen Hochland, die mit ihren Kindern mitten im Winter so verfahren und finden, daß kaltes Wasser ihnen keinen Schaden zufügt, selbst wenn Eis darin ist.

8. *Schwimmen [Swimming].* – Ich brauche nicht auf das Schwimmen hinzuweisen, wenn er alt genug ist,

um es zu lernen, und ein Lehrer zur Verfügung steht. Manches Menschenleben wird dadurch gerettet; und die Römer hielten es für so notwendig, daß sie es auf eine Stufe mit den Wissenschaften stellten; es war eine landläufige Redensart, wenn man einen ungebildeten und unbrauchbaren Menschen bezeichnen wollte, daß man von ihm sagte, er habe weder lesen noch schwimmen gelernt: *Nec literas didicit nec natare*. Aber abgesehen von dem Erwerb einer Fähigkeit, die im Notfall von Nutzen sein kann, hat das häufige Baden in kaltem Wasser in der heißen Jahreszeit so viele Vorteile für die Gesundheit, daß sich empfehlende Worte dazu erübrigen; man muß nur Vorsicht walten lassen, daß er nie ins Wasser geht, wenn körperliche Anstrengung ihn erhitzt oder eine Erregung in seinem Blut oder Puls zurückgelassen hat.

9. *Luft [Air]*. – Weiter ist es für die Gesundheit eines jeden Menschen, besonders aber der Kinder von großem Wert, sich viel in frischer Luft und so wenig wie möglich am Feuer aufzuhalten, selbst im Winter. Er wird sich dadurch auch an Hitze und Kälte, an Sonnenschein und Regen gewöhnen; kann ein Mensch das nicht ertragen, wird sein Leib ihm nur zu wenigem in dieser Welt nützlich sein; und wenn er erst erwachsen ist, ist es zu spät, ihn daran zu gewöhnen. Das muß früh und allmählich erworben werden. So kann man seinem Körper fast alles zumuten. Wenn ich ihm anraten würde, in Wind und Sonne ohne Hut zu spielen, so zweifle ich, ob das hingenommen würde. Tausend Einwendungen würde man dagegen erheben, die letzten Endes und tatsächlich auf nichts weiter hinausliefen als auf einen Sonnenbrand. Würde man meinen jungen Herrn aber immer im Schatten halten, ihn nie der Sonne oder dem Wind aussetzen, weil man seinem Teint nicht schaden will, so mag das ein guter Weg sein, aus ihm einen Stutzer, aber niemals einen Mann zu machen, der im Leben steht. Und obwohl man bei

Töchtern größere Rücksicht auf ihre Schönheit nehmen sollte, erlaube ich mir doch zu sagen, daß sie um so kräftiger und gesunder sein werden, je mehr sie an der frischen Luft sind; ihrem Gesicht wird es nicht schaden; und je mehr sie die Abhärtung in der Erziehung ihrer Brüder teilen, um so größere Vorteile werden sie für ihr weiteres Leben davon haben.

10. *Gewohnheit [Habits].* – Das Spiel im Freien trägt, soweit ich sehe, nur eine Gefahr in sich; sie besteht darin, daß er sich auf die kalte oder feuchte Erde setzt oder legt, wenn er vom Hin- und Herlaufen erhitzt ist. Das gebe ich zu; wie ja auch der Genuß kalter Getränke nach Erhitzung durch Arbeit oder Anstrengung mehr Menschen durch Fieber und andere Krankheiten ins Grab oder an den Rand des Grabes bringt, als mir sonst bekannt ist. Solchen Fällen kann man leicht genug vorbeugen, solange er noch klein ist, weil er dann selten ohne Aufsicht ist. Und wenn man ihn während seiner Kindheit ständig und streng davon abhält, sich auf die Erde zu setzen oder kalte Getränke zu sich zu nehmen, wenn er erhitzt ist, wird die Enthaltsamkeit allmählich zur Gewohnheit werden und viel dazu beitragen, ihn zu bewahren, wenn er nicht mehr unter der Aufsicht seines Kindermädchens oder seines Erziehers steht. Ich glaube, das ist alles, was man in diesem Falle tun kann; denn mit den Jahren muß die Freiheit kommen, und in sehr vielen Dingen muß er seiner eigenen Führung anvertraut werden; er kann ja nicht immer unter Obhut bleiben, außer unter derjenigen, die man durch gute Grundsätze und gefestigte Gewohnheiten in seinen eigenen Geist gepflanzt hat; das ist die beste und die sicherste, und um sie sollte man am meisten Sorge tragen. Denn wiederholte Vorsichts- und Verhaltensregeln, mögen sie auch noch so oft eingeschärft worden sein, lassen in diesem wie in anderen Fällen nicht mehr erwarten, als was durch Übung zur festen Gewohnheit geworden ist.

11. *Bekleidung [Clothes].* – Die Erwähnung der Mädchen bringt mich auf eines, das nicht vergessen werden darf; nämlich daß die Kleider deines Sohnes niemals eng gemacht werden, besonders um die Brust. Man lasse der Natur Spielraum, den Körper so zu bilden, wie sie es für richtig hält. Sie arbeitet ohne unser Zutun sehr viel besser und genauer, als wir ihr vorschreiben können. Wenn Frauen die körperliche Gestalt ihrer Kinder im Mutterleib selbst formen müßten – wie sie sich oft bemühen, ihre Gestalt zu verbessern, wenn sie aus ihm heraus sind –, würden mit Sicherheit keine vollkommenen Kinder geboren werden, genauso wie wir nur wenige wohlgestaltete haben, die enggeschnürt sind oder an denen man viel herumkuriert. Diese Überlegung, meine ich, sollte geschäftige Leute (ich will nicht sagen: törichte Ammen und Schnürleibmacher) davon abhalten, sich in eine Sache zu mischen, von der sie nichts verstehen; sie sollten sich scheuen, die Natur bei der Formung der Glieder von ihrem Wege abzudrängen, da sie nicht wissen, wie auch nur das kleinste und unbedeutendste gebildet wird. Und doch habe ich vielc Beispiele gesehen von Kindern, die durch Schnüren großen Schaden erlitten haben; ich muß daraus folgern, daß es außer den Affen auch noch andere Geschöpfe gibt, die, wenig weiser als jene, ihre Jungen durch unvernünftige Verzärtelung und zu vieles Umarmen umbringen.

12. Engbrüstigkeit, kurzer und übelriechender Atem, kranke Lungen und Verkrümmungen sind natürliche und fast regelmäßig eintretende Folgen harter Schnürleiber und zu enger Kleidung. Dies Verfahren, schlanke Taillen und schönen Wuchs zu erzielen, führt nur um so erfolgreicher dazu, sie zu verderben. Wenn die Nahrung, die in den verschiedenen Werkstätten des Körpers bereitet wird, nicht so verteilt werden kann, wie es im Plan der Natur liegt, kann das nur zu einem Mißverhältnis der Glieder untereinander führen. Ist es

demnach verwunderlich, daß sie sich ansetzt, wo sie kann, etwa an einem Körperteil, der nicht so eingeschnürt ist, und häufig genug eine Schulter oder eine Hüfte dicker macht, als das rechte Maß es verlangt? Es ist allgemein bekannt, daß die Frauen in China (ich weiß nicht, was für eine Art von Schönheit ihnen dabei vorschwebt) sehr kleine Füße haben, weil sie sie von Kindheit an fest schnüren und binden. Neulich habe ich ein Paar chinesische Schuhe gesehen, die, wie man mir sagte, für eine erwachsene Frau bestimmt waren: sie standen in einem solchen Mißverhältnis zu den Füßen einer gleich alten Frau bei uns, daß sie kaum groß genug gewesen wären für die Füße eines unserer kleinen Mädchen. Außerdem zeigt die Beobachtung, daß ihre Frauen nur sehr klein sind und nicht alt werden, während die Männer von normaler Größe sind und ein normales Durchschnittsalter erreichen. Diese Mängel des weiblichen Geschlechts in jenem Lande führen manche auf das unvernünftige Binden der Füße zurück, wodurch der freie Kreislauf des Blutes behindert wird und worunter Wachstum und Gesundheit des ganzen Körpers leiden. Wie oft sehen wir, daß irgendeine kleine Stelle am Fuß durch eine Verrenkung oder einen Schlag verletzt wird und daß dadurch das ganze Bein oder der Oberschenkel an Kraft und Ernährung einbüßen und verkümmern. Und wieviel größere Schäden darf man erwarten, wenn der Brustkorb, in dem sich das Herz, der Sitz des Lebens, befindet, auf unnatürliche Weise zusammengepreßt und an seiner notwendigen Ausdehnung gehindert wird.

13. *Nahrung [Diet].* – Die Nahrung sollte naturgemäß und einfach sein; und wenn ich einen Rat geben darf, sollte ihm Fleisch vorenthalten werden, solange er noch Kleider trägt, mindestens aber, bis er zwei oder drei Jahre alt ist. Welchen Wert dies aber für seine gegenwärtige und künftige Gesundheit und Kraft auch haben mag, so fürchte ich doch, daß die Eltern hier

kaum zustimmen werden, da sie sich durch die Gewohnheit zu großen eigenen Fleischgenusses vielleicht zu dem Glauben verleiten lassen, ihre Kinder würden, wie sie selbst, Hunger leiden, wenn sie nicht wenigstens zweimal am Tage Fleisch essen. Aber ich bin sicher, ihre Zähne würden sich viel gefahrloser entwickeln, sie würden freier von Krankheiten sein, und sie würden die Grundlagen einer gesunden und kräftigen Körperbeschaffenheit viel sicherer legen, wenn man sie nicht, wie es durch besorgte Mütter und törichte Dienstboten geschieht, so vollstopfte, und wenn man ihnen während der ersten drei oder vier Lebensjahre Fleisch völlig vorenthielte.

Wenn mein junger Herr aber unbedingt Fleisch haben muß, so möge es nur einmal am Tage sein und nur eine Sorte bei einer Mahlzeit. Einfaches Ochsenfleisch, Hammelfleisch, Kalbfleisch usw. ohne andere Würze als den Hunger ist am besten; und man sollte sehr darauf achten, daß er reichlich Brot ißt, allein wie auch zu jeder anderen Speise; und alles Feste, was er ißt, soll er gut kauen. Wir Engländer sind hierin häufig nachlässig; daraus entstehen Verdauungsstörungen und andere große Beschwerden.

14. Zum Frühstück und zum Abendessen sind Milch, Milchsuppe, Hafergrütze und Haferbrei und zwanzig andere Gerichte, die wir in England zu bereiten pflegen, für Kinder sehr geeignet; nur trage man Sorge, daß sie einfach und ohne viel Beimischung sind und sparsam oder besser überhaupt nicht mit Zucker gesüßt werden; vor allem sind alle Gewürze und alles, was sonst das Blut erhitzen könnte, sorgfältig zu vermeiden. Man sei auch sparsam mit Salz beim Würzen der Speisen und gewöhne ihn nicht an stark gewürztes Essen. Unser Gaumen findet zunehmend Geschmack an Würze und Zubereitung, an die er gewöhnt wird; und ein Zuviel an Salz verursacht Durst und übermäßiges Trinken und hat außerdem andere schlimme Folgen

für den Körper. Ich würde meinen, ein schönes Stück gut bereitetes und gut gebackenes Schwarzbrot, manchmal mit und manchmal ohne Butter oder Käse, wäre oft das beste Frühstück für meinen jungen Herrn. Ich bin sicher, das ist so gesund und wird ihn so stark machen wie feinere Speisen; und wenn er sich daran gewöhnt hat, wird es ihm ebenso gut schmecken. Wenn er irgendwann zwischen den Mahlzeiten nach Essen verlangt, gewöhne man ihn an nichts als trockenes Brot. Wenn er hungrig und nicht verwöhnt ist, wird Brot auch rutschen; und wenn er nicht hungrig ist, sollte er auch nicht essen. Dadurch gewinnt man doppelten Nutzen: (1) Die Gewohnheit wird ihn lehren, Brot zu lieben; denn, wie gesagt, unser Gaumen und auch der Magen mögen das, an was sie gewöhnt sind. (2) Eine weitere gute Sache, die man auf diese Weise erreicht, ist, daß man ihn lehrt, nicht mehr und nicht öfter zu essen, als es natürliches Bedürfnis ist. Ich glaube nicht, daß alle Menschen gleichen Appetit haben; manche haben von Natur aus einen stärkeren und manche einen schwächeren Magen. Aber das glaube ich, daß manche durch Gewohnheit zu Feinschmeckern und Fressern werden, die es von Natur aus nicht waren. Und ich sehe in manchen Ländern Männer, die nur zwei Mahlzeiten am Tag einnehmen, und sie sind ebenso rüstig und kräftig wie andere, die ihren Magen durch ständige Gewohnheit dahin gebracht haben, daß er sie wie eine Alarmglocke vier- oder fünfmal ruft. Die Römer blieben gewöhnlich nüchtern bis zum Abendessen, der einzigen ordentlichen Mahlzeit selbst für solche, die mehr als einmal am Tage aßen; und wer zu frühstücken pflegte, um acht, um zehn, oder wie manche um zwölf oder noch später, aß kein Fleisch und ließ sich auch nichts zubereiten. Augustus, doch der größte Herrscher auf Erden, erzählt uns, er habe einen Bissen trockenes Brot in seinem Reisewagen gegessen. Und Seneca sagt in seinem 83. Brief, in dem er über seine

Lebensführung berichtet, daß er, selbst im Alter, das ihm eine gewisse Nachsicht gegen sich erlaubt hätte, ohne sich erst zu setzen, zu Mittag ein Stück trockenes Brot zu essen pflegte, obwohl sein Vermögen zu einem besseren Mahl gereicht hätte (hätte seine Gesundheit es erfordert) als das eines beliebigen Mannes in England, und wäre dessen Vermögen doppelt so groß. Mit dieser kargen Kost wurden die Herren der Welt aufgezogen, und die jungen Herren von Rom spürten keinen Mangel an Kraft oder Unternehmungsgeist, weil sie bloß einmal am Tage aßen. Wenn es jedoch einmal zufällig vorkam, daß jemand bis zum Abendessen, der einzigen ordentlichen Mahlzeit, nicht warten konnte, nahm er nichts als ein trockenes Stück Brot, bestenfalls mit ein paar getrockneten Weinbeeren oder einer ähnlichen Kleinigkeit, zu sich, um seinen Magen zu beschwichtigen. Mäßigung in dieser Hinsicht wurde, gleichermaßen für die Gesundheit wie für das Geschäft, für so notwendig erachtet, daß die Sitte nur einer Tagesmahlzeit sich auch gegen den allmählich die Oberhand gewinnenden Luxus behauptete, den die Eroberungen und die Beutegüter des Ostens unter ihnen verbreitet hatten; selbst diejenigen, die ihre früheren frugalen Essensgewohnheiten aufgegeben hatten und Gelage veranstalteten, begannen diese nicht vor dem Abend. Und mehr als eine ordentliche Mahlzeit am Tage wurde für so ungeheuerlich gehalten, daß es bis zu Cäsars Zeiten als schwerer Vorwurf galt, vor Sonnenuntergang ein Gastmahl zu geben oder sich an eine üppige Tafel zu setzen. Wenn es also nicht zu streng erscheinen würde, möchte ich es für höchst zweckmäßig erachten, daß auch mein junger Herr zum Frühstück nichts als Brot haben sollte. Man kann sich nicht vorstellen, was für eine Macht die Gewohnheit ist; und einen großen Teil unserer Krankheiten in England schreibe ich der Tatsache zu, daß wir zuviel Fleisch und zu wenig Brot essen.

15. *Mahlzeiten [Meals].* – Hinsichtlich der Mahlzeiten halte ich es für am besten, daß sie, soweit es ohne Unbequemlichkeit vermieden werden kann, nicht regelmäßig zur selben Stunde eingenommen werden: denn wenn die Gewohnheit das Essen auf bestimmte Zeiten festgelegt hat, wird sein Magen zur gewohnten Stunde Nahrung verlangen und ärgerlich werden, wenn diese verstreicht; er steigert sich entweder in einen ärgerlichen Heißhunger hinein oder erschlafft zu regelrechter Eßunlust. Daher möchte ich nicht, daß man sich mit seinem Frühstück, Mittag- oder Abendessen an eine bestimmte Zeit hält, sondern lieber fast jeden Tag wechselt. Und wenn er zwischen diesen Mahlzeiten, wie ich sie nenne, essen will, gebt ihm, sooft er danach verlangt, gutes trockenes Brot. Wenn jemand meint, dies sei eine zu harte und karge Kost für ein Kind, möge er wissen, daß ein Kind niemals Hunger leiden oder aus Mangel an Nahrung abmagern wird, wenn es außer Fleisch zum Mittagessen und Löffelbrei oder dergleichen zum Abendessen gutes Brot und Bier haben kann, sooft der Magen danach verlangt. Denn so, würde ich meinen, wenn ich es mir recht überlege, sollte man es mit Kindern am besten halten. Der Morgen gehört im allgemeinen dem Studium; dafür ist ein voller Magen nur eine schlechte Vorbereitung. Trockenes Brot ist zwar die beste Nahrung, führt aber am wenigsten in Versuchung; und niemand, dem Geist und Körper des Kindes lieb sind, möchte doch wohl ein Kind zum Frühstück vollstopfen lassen und es stumpfsinnig und ungesund haben. Man meine auch nicht, dies sei für jemand von Vermögen und Stand unschicklich. Ein Gentleman sollte zu allen Zeiten so erzogen werden, daß er imstande ist, Waffen zu tragen und Soldat zu sein. Wer aber in unserer Zeit seinen Sohn so erzieht, als wolle er ihn dazu bestimmen, sein Leben zu verschlafen im Überfluß und in der Bequemlichkeit eines üppigen Besitzes, den er ihm hinterlassen will, der

denkt nur wenig über die Beispiele nach, die er gesehen hat, oder über das Zeitalter, in dem er lebt.

16. *Getränke [Drink].* – Sein Getränk sollte nur Dünnbier sein, und auch das sollte man ihm nie zwischen den Mahlzeiten erlauben, sondern nachdem er ein Stück Brot gegessen hat. Ich habe dafür folgende Gründe:

17. (1) Fieber und Magenbeschwerden entstehen häufiger durch Trinken in erhitztem Zustand, als mir sonst bekannt ist. Wenn er also vom Spiel erhitzt und ausgetrocknet ist, will das Brot nicht rutschen; und wenn er dann nur unter dieser Bedingung trinken darf, wird er darauf verzichten müssen; denn wenn er sehr erhitzt ist, sollte er unter keinen Umständen trinken; wenn er wenigstens erst ein gutes Stück Brot essen muß, wird man Zeit gewinnen, daß das Bier körperwarm wird, und dann kann er es unbedenklich trinken. Wenn er sehr ausgedörrt ist, wird es so angewärmt hinuntergehen und seinen Durst besser löschen; und wenn er es so angewärmt nicht trinken will, dann wird die Enthaltsamkeit ihm nicht schaden. Außerdem wird ihn das den Verzicht lehren, und das ist eine für die Gesundheit des Körpers wie auch des Geistes sehr nützliche Gewohnheit.

18. (2) Wenn man ihm nicht erlaubt zu trinken, ohne zu essen, wird man ihn vor der Gewohnheit bewahren, dauernd die Nase im Glas zu haben: ein gefährliches Beginnen und eine Vorbereitung zu fröhlichen Trinkgelagen. Häufig entstehen ständiger Hunger und Durst nur durch Gewohnheit. Und wenn man es versuchen will, so kann man in ihm, auch wenn er dessen entwöhnt ist, durch bloße Angewöhnung das Bedürfnis, nachts zu trinken, wieder wachrufen, so daß er ohne dieses nicht wird schlafen können. Es ist das übliche Wiegenlied der Ammen, mit dem sie schreiende Kinder stillen, und meiner Meinung nach der Grund, weshalb Mütter gewöhnlich einige Schwierigkeit haben, ihren

Kindern das Trinken in der Nacht abzugewöhnen, sobald sie diese zu sich nach Hause nehmen. Man glaube mir, Gewohnheit will ihr Recht bei Tag wie bei Nacht, und man kann, wenn man nur will, jeden Menschen so weit bringen, daß er jederzeit Durst hat.
Ich lebte einst in einem Hause, in dem man einem eigensinnigen Kinde, das man beruhigen wollte, zu trinken gab, sooft es schrie, so daß es dauernd am Nippen war. Es konnte zwar noch nicht sprechen, aber es trank in vierundzwanzig Stunden mehr als ich. Man versuche es nur einmal: man kann sich mit Dünnbier genauso gut einen Durst antrinken wie mit Starkbier. Das große Thema, mit dem sich die Erziehung zu befassen hat, ist die Frage, welche Gewohnheiten man entwickeln soll; daher hüte man sich, in diesem wie in allen anderen Fällen, etwas zur Gewohnheit werden zu lassen, dessen Ausübung man nicht fortgesetzt und gesteigert haben will. Es ist der Gesundheit und der Nüchternheit zuträglich, nicht mehr zu trinken, als der natürliche Durst erfordert; und wer keine salzigen Speisen ißt und keinen Alkohol zu sich nimmt, wird selten zwischen den Mahlzeiten Durst haben, es sei denn, er habe sich an so unzeitiges Trinken gewöhnt.
19. *Spirituosen [Strong Drink].* – Vor allem achte man sehr sorgfältig darauf, daß er, wenn überhaupt, nur selten Wein oder Spirituosen kostet. Nichts gibt man Kindern in England so gewohnheitsmäßig wie dieses, und nichts ist ihnen so schädlich. Niemals sollten sie Spirituosen zu sich nehmen, es sei denn, sie brauchen sie als Stärkungsmittel und der Arzt verordnet sie. Gerade in dieser Hinsicht müssen Dienstboten genauestens überwacht und strengstens zurechtgewiesen werden, wenn sie hiergegen verstoßen. Diese niedrige Klasse von Menschen fühlt sich großenteils nur bei Schnaps glücklich und ist immer bereit, sich um die Gunst meines jungen Herrn dadurch zu bemühen, daß sie ihm das anbieten, was sie selbst am meisten lieben; sie selbst

fühlen sich dadurch angeheitert und meinen törichterweise, es werde dem Kinde keinen Schaden tun. Man habe ein wachsames Auge darauf und verhindere es mit allem nur möglichen Geschick und Fleiß, denn nichts legt mit größerer Sicherheit den Grund zur Schädigung an Leib und Seele, als wenn Kinder daran gewöhnt werden, Spirituosen zu genießen, besonders heimlich mit Dienstboten.

20. *Obst [Fruit]* ist eines der schwierigsten Kapitel der Gesundheitspflege, besonders bei Kindern. Unsere ersten Eltern setzten das Paradies daran; da ist es kein Wunder, daß unsere Kinder der Versuchung nicht widerstehen können, und koste es ihre Gesundheit. Vorschriften darüber kann man nicht in eine allgemeine Regel fassen; denn ich bin durchaus nicht der Meinung derer, die Kinder am liebsten ganz von Obst fernhalten würden als von etwas für sie völlig Ungesundem; durch eine so strenge Einstellung macht man sie nur um so begieriger danach, so daß sie alles essen, was sie erreichen können, reif oder unreif, und wo immer sie es finden. Melonen, Pfirsiche, die meisten Pflaumensorten und alle Traubensorten in England sollten, so meine ich, Kindern vorenthalten werden, da sie einen sehr verlockenden Geschmack bei sehr ungesundem Saft haben; wenn es möglich ist, sollten sie nicht einmal sehen oder wissen, daß es so etwas gibt. Dagegen meine ich, Erdbeeren, Kirschen, Stachelbeeren oder Johannisbeeren könnten ihnen, wenn sie ganz reif sind, ohne Bedenken erlaubt werden, und zwar in recht freigebiger Weise, wenn sie bei Innehaltung folgender Vorsichtsmaßregeln gegessen werden: (1) Nicht nach den Mahlzeiten, wie wir es gewöhnlich tun, wenn der Magen schon mit anderer Speise gefüllt ist; ich meine hingegen, sie sollten lieber vor oder zwischen den Mahlzeiten gegessen werden, und Kinder sollten sie zum Frühstück haben. (2) Brot sollte dazu gegessen werden. (3) Vollständig reif. Wenn man Obst so ißt,

kann ich mir denken, ist es der Gesundheit eher zuträglich als schädlich. Sommerfrüchte, passend für die Jahreszeit, die sie hervorbringt, erfrischen unseren Magen, der unter ihr erschlafft und schmachtet; daher würde ich in diesem Punkt nicht so streng sein, wie manche ihren Kindern gegenüber sind: Erlaubt man ihnen eine mäßige Menge wohlausgesuchten Obstes, so werden sie damit zufrieden sein; hält man sie dagegen sehr kurz, dann brechen sie aus, wo sie können, oder bestechen einen Dienstboten, ihnen etwas zu verschaffen, und stillen ihr Begehren mit dem schlechtesten Zeug, das sie finden, und verderben sich den Magen.

Auch Äpfel und Birnen, die ganz reif und bereits seit einiger Zeit geerntet sind, können meiner Meinung nach jederzeit und in recht großer Menge gegessen werden, besonders Äpfel, die, soweit ich gehört habe, nach dem Oktober noch nie jemand geschadet haben.

Auch Früchte, die ohne Zucker getrocknet worden sind, halte ich für sehr gesund. Eingekochte Zuckerfrüchte aller Art sollte man dagegen meiden; es ist schwer zu sagen, ob sie dem, der sie macht[8], oder dem, der sie ißt, mehr schaden. Ich bin sicher, sie gehören zu den unzweckmäßigsten Ausgaben, die Gedankenlosigkeit je erfunden hat; so überlasse ich sie denn den Damen.

21. *Schlaf [Sleep].* – Von allem, was weich und verweichlicht erscheint, sollte man Kindern vor allem Schlaf gönnen. In diesem Punkt allein gewähre man ihnen volle Befriedigung ihres Wunsches, denn nichts trägt zum Wachstum und zur Gesundheit von Kindern mehr bei als der Schlaf. Alles, was man hier zu regeln hat, ist, wann sie ihn in den vierundzwanzig Stunden genießen sollen, und das kann man schnell entscheiden, indem man nur sagt, daß es sehr vorteilhaft ist, sie an frühes Aufstehen am Morgen zu gewöhnen. So ist es am besten für die Gesundheit; und wem von Kindheit an frühes Aufstehen durch feste Gewohnheit leicht und selbstverständlich geworden ist, der wird als Mann

nicht den besten und nützlichsten Teil seines Lebens schläfrig im Bett verbringen. Wenn Kinder demnach früh am Morgen geweckt werden sollen, so folgt daraus natürlicherweise, daß sie beizeiten zu Bett gehen müssen; dadurch werden sie daran gewöhnt, die gesundheitsschädlichen und gefährlichen Stunden der Ausschweifung zu meiden, welches die Abendstunden sind; und wer rechtzeitig nach Hause kommt, wird sich selten eines unordentlichen Lebenswandels schuldig machen. Ich sage nicht, daß dein Sohn, wenn er erwachsen ist, nicht nach acht Uhr in Gesellschaft sein oder nie bei einem Glas Wein bis Mitternacht plaudern sollte. Man soll ihm nur, so weit man kann, durch die Gewohnheit früher Jahre die Lust an solchen Unbekömmlichkeiten nehmen, und es wird kein kleiner Vorteil sein, daß er, wenn ein gegenteiliges Verhalten ihm durch spätes Aufbleiben Unbehagen bereitet hat, in vielen Fällen mitternächtliche Gelage meiden und nur selten selber veranstalten wird. Wenn man jedoch so weit nicht gehen kann und Mode und geselliger Umgang die Oberhand behalten und ihn dazu bringen, daß er lebt wie andere über zwanzig, so ist es doch der Mühe wert, ihn wenigstens bis dahin an frühes Aufstehen und frühes Schlafengehen zu gewöhnen; es dient im Augenblick seiner Gesundheit und hat auch sonst seine Vorteile.

Ich habe zwar gesagt, Kindern sollte, solange sie klein sind, ein großes Maß an Schlaf, ja soviel sie wollen, zugestanden werden; ich meine damit aber nicht, daß er ihnen nun immer so weiter ebenso reichlich zugemessen werden sollte und daß man zuläßt, daß sie sich schläfriger Faulheit im Bett überlassen, wenn sie größer werden. Ob man aber im Alter von sieben oder zehn Jahren oder zu anderer Zeit damit beginnen soll, den Schlaf einzuschränken, kann man unmöglich genau bestimmen. Wesensart, körperlicher Kräftezustand und natürliche Anlage müssen in Betracht gezogen werden.

Aber irgendwann im Alter zwischen sieben und vierzehn Jahren möchte es, wenn sie ihr Bett zu sehr lieben, an der Zeit sein, sie allmählich auf etwa acht Stunden zu beschränken, was im allgemeinen dem Ruhebedürfnis gesunder Erwachsener entspricht. Wenn man ihn, wie man sollte, an regelmäßiges frühes Aufstehen am Morgen gewöhnt hat, wird man den Fehler des zu langen Bettliegens leicht abstellen können, und die meisten Kinder werden diese Zeit selbst abkürzen wollen, weil sie gern mit der Gesellschaft am Abend aufbleiben möchten; nur werden sie, wenn man nicht auf sie achtet, darauf ausgehen, es am nächsten Morgen wieder hereinzuholen, und das sollte man auf keinen Fall zulassen. Man sollte sie regelmäßig zu ihrer frühen Stunde wecken und aufstehen lassen; doch sei man beim Wecken sehr vorsichtig; es sollte nicht hastig oder mit lauter oder schriller Stimme oder irgendeinem anderen plötzlichen und heftigen Geräusch geschehen. Das erschreckt die Kinder häufig und schadet ihnen sehr; wenn ein gesunder Schlaf so durch plötzlichen Lärm unterbrochen wird, reicht das aus, einen jeden von uns aus der Fassung zu bringen. Wenn Kinder aus ihrem Schlaf geweckt werden sollen, beginne man doch mit einem leisen Ruf und einer sanften Bewegung und bringe sie allmählich aus dem Schlummer und rede sie nur mit freundlichen Worten an und behandle sie gütig, bis sie völlig zu sich gekommen sind und man sich, wenn sie ganz angezogen sind, überzeugt hat, daß sie richtig wach sind. Den Schlaf aufgeben zu müssen, so sanft man sie auch dazu zwingt, ist ihnen schmerzlich genug; daher sollte man Sorge tragen, kein weiteres Unbehagen hinzuzufügen, vor allem aber nichts, was sie erschrecken mag.

22. *Bett [Bed].* – Das Bett sei hart, und Matratzen sind besser als Federbetten. Ein hartes Lager stärkt die Glieder, hingegen jede Nacht sich in Federn zu begraben verweichlicht den Körper und macht ihn un-

tüchtig, ist oft die Ursache von Schwächlichkeit und der Vorbote eines frühen Todes. Abgesehen von Nierensteinen, die häufig entstehen, wenn die Nieren zu warm eingepackt sind, sind verschiedene andere Gesundheitsstörungen und die Wurzel all dieser, nämlich eine zarte und schwächliche Konstitution, besonders den Daunenbetten zuzuschreiben. Ferner wird man, wenn man zu Hause an ein hartes Lager gewöhnt ist, den Schlaf nicht missen, wo man ihn am meisten nötig hat, nämlich auf ausgedehnten Reisen, auf denen man kein weiches Bett und keine zurechtgelegten Kissen vorfindet. Daher halte ich es nicht für falsch, wenn man sein Bett auf verschiedene Weise macht und den Kopf manchmal höher, manchmal niedriger legt, damit er nicht jede kleine Änderung spürt, auf die jeder sich gefaßt machen muß, der nicht damit rechnen kann, immer zu Hause im eigenen Bett zu liegen und ein Zimmermädchen zu haben, das alle Sachen prächtig zurechtlegt und ihn warm einpackt. Das große Labsal der Natur ist der Schlaf. Wer ihn vermißt, wird leiden; und wer dieses Labsal nur aus dem schönen, vergoldeten Becher seiner Mutter und nicht aus einer hölzernen Schale trinken kann, ist sehr unglücklich. Wer gesund schlafen kann, genießt das Labsal; dabei ist es gleichgültig, ob es in einem weichen Bett oder auf harten Brettern geschieht. Das einzig Notwendige ist der Schlaf.

23. *Verstopfung [Costiveness].* – Noch etwas anderes hat großen Einfluß auf die Gesundheit, und das ist regelmäßiger Stuhlgang. Menschen, die leicht Durchfall bekommen, haben selten starke Gedanken oder einen starken Körper. Da dieses Übel durch Diät oder Medizin aber viel leichter als das entgegengesetzte geheilt werden kann, braucht darüber nicht viel gesagt zu werden; denn wenn es durch Heftigkeit oder Dauer bedrohlich wird, schickt man schnell genug, und manchmal zu schnell, zum Arzt; und wenn es nur in milder

Form oder vorübergehend auftritt, ist es im allgemeinen am besten, man läßt der Natur ihren Lauf. Andererseits hat auch die Verstopfung ihre üblen Folgen; sie ist viel schwerer durch Arznei zu behandeln, denn Abführmittel, die Erleichterung zu geben scheinen, verschlimmern das Übel mehr, als daß sie es beseitigen.

24. Da es eine Unpäßlichkeit ist, zu deren Untersuchung ich besonderen Grund hatte, und da ich in den Büchern keine Heilmethode fand, ließ ich meine Gedanken spielen in der Überzeugung, größere Veränderungen als diese könnten in unserem Körper bewirkt werden, wenn man den rechten Weg einschlüge und Schritt für Schritt mit vernunftgemäßer Überlegung vorginge.

(1) Ich erwog also, daß der Stuhlgang die Folge gewisser Bewegungen des Körpers ist, besonders der peristaltischen Bewegungen des Darmes.

(2) Ich erwog ferner, daß verschiedene Bewegungen, die nicht völlig willkürlich sind, doch durch Übung und ständige Aufmerksamkeit zu gewohnheitsmäßigen gemacht werden können, wenn man sich bemüht, sie durch ununterbrochene Gewöhnung zu bestimmten Zeiten regelmäßig hervorzurufen.

(3) Ich hatte beobachtet, daß einige Männer, die nach dem Abendessen eine Pfeife rauchten, nie über Mangel an Stuhlgang klagten, und begann mich zu fragen, ob es nicht eher die Gewöhnung als der Tabak sei, was ihnen die Wohltat der Natur verschaffte; oder zumindest, wenn der Tabak es bewirkte, ob es nicht eher durch die Erregung einer kräftigen Bewegung im Darm als durch eine irgendwie geartete abführende Wirkung geschähe; denn sonst würden die Folgen andere gewesen sein.

Nachdem ich so zu der Ansicht gelangt war, es sei möglich, den Stuhlgang gewohnheitsmäßig zu machen, war als nächstes zu überlegen, mit welchen Mitteln und auf welchen Wegen man am ehesten dahin gelangen könne.

(4) Ich vermutete also, daß man, wenn man gleich nach der ersten Mahlzeit am Morgen die Natur reizen könnte und sich zu zwingen versuchte, einen Stuhl zu erzielen, es mit der Zeit durch ständige Aufmerksamkeit soweit bringen könnte, ihn gewohnheitsmäßig zu machen.

25. Die Gründe, die mich diese Zeit wählen ließen, waren folgende:

(1) Wenn der Magen leer ist und etwas ihm Zusagendes aufnimmt (ich möchte nie, außer im Notfalle, daß jemand ißt, was er nicht mag, oder daß er ohne Appetit ißt), dann wird er geneigt sein, es durch kräftiges Zusammenziehen seiner Muskelfasern zu umschlingen: und dieses Zusammenziehen, so nahm ich an, würde sich wahrscheinlich im Darm fortsetzen und auf diese Weise die peristaltische Bewegung steigern, wie wir bei der Darmverschlingung sehen, wo eine Bewegung in entgegengesetzter Richtung, die irgendwo unten beginnt, sich durch die ganze Länge hindurch fortsetzt und selbst den Magen zwingt, dieser unnatürlichen Bewegung nachzugeben.

(2) Wenn wir essen, entspannen sich in der Regel die Gedanken, und die Lebensgeister, die nunmehr frei von anderen Beanspruchungen sind, verteilen sich mit größerer Energie in den Unterleib und tragen dadurch zu derselben Wirkung bei.

(3) Wenn die Menschen Muße zum Essen haben, haben sie auch Muße genug, der Frau Cloacina[9] so ausgiebig den Hof zu machen, wie für unseren gegenwärtigen Zweck nötig ist; sonst würde es bei der Mannigfaltigkeit menschlicher Geschäfte und Zufälle unmöglich sein, dafür eine bestimmte Stunde anzusetzen, und die Gewohnheit würde so unterbrochen. Hingegen werden gesunde Menschen es selten unterlassen, einmal am Tage zu essen, obwohl die Stunde wechseln mag, und die Gewohnheit könnte beibehalten werden.

26. Auf diesen Grundlagen begann das Experiment,

und ich habe niemand gefunden, der es beständig durchgeführt und Sorge getragen hat, nach der ersten Mahlzeit, wann immer sie auch gewesen sein mag, regelmäßig zum Hause der Notdurft zu gehen, ob er sich dazu gedrängt fühlte oder nicht, und sich dort bemühte, die Natur zu ihrer Pflicht zu veranlassen, ich habe also niemand gefunden, der nicht in wenigen Monaten den gewünschten Erfolg erzielt und sich so an die Regelmäßigkeit gewöhnt hätte, daß er kaum jemals nach der ersten Mahlzeit nicht zum Stuhl kommen konnte, es sei denn durch eigene Nachlässigkeit; denn wenn einer zu dem Ort geht und das Seine tut, ob er ein Bedürfnis verspürt oder nicht, kann er sicher sein, daß die Natur ihm gehorcht.

27. Ich möchte deshalb den Rat geben, dieses Verfahren täglich nach der ersten Mahlzeit bei einem Kind anzuwenden. Man lasse ihn auf den Stuhl setzen, als ob die Entleerung so sehr in seiner Macht stünde wie das Füllen seines Leibes; das Kind und das Kindermädchen sollten es nicht anders wissen, als daß es so ist; und wenn man ihn zwingt, sich zu bemühen, indem man ihn am Spiel oder am weiteren Essen hindert, bis er mit dem Stuhl Erfolg gehabt oder doch sein Äußerstes versucht hat, dann zweifle ich nicht, daß es ihm in kurzer Zeit zur Natur werden wird. Denn da Kinder im allgemeinen spielen wollen und allem anderen keine Beachtung schenken, darf man annehmen, daß sie diese Regungen der Natur vorübergehen lassen, die sie nur sanft ermahnt; sie versäumen die rechtzeitige Gelegenheit und ziehen sich so allmählich eine bleibende Verstopfung zu. Daß sich durch diese Methode eine Verstopfung verhindern läßt, ist mehr als bloße Vermutung; denn ich habe erlebt, wie man durch beharrliche und einige Zeit lang fortgesetzte Übung ein Kind dazu gebracht hat, jeden Morgen nach dem Frühstück regelmäßig Stuhlgang zu haben.

28. Wieweit Erwachsene es passend finden mögen,

einen Versuch damit zu machen, muß ihnen selbst überlassen bleiben; ich muß aber sagen, daß ich in Anbetracht der vielen Übel, die von dem Mangel an erforderlicher Erleichterung der Natur herrühren, kaum etwas kenne, das der Erhaltung der Gesundheit förderlicher ist als dies. Einmal in vierundzwanzig Stunden ist, glaube ich, genug, und niemand, vermute ich, wird es für zuviel halten. Und auf diese Weise läßt es sich ohne Medizin erreichen, die sich im allgemeinen bei der Behandlung einer hartnäckigen chronischen Verstopfung als unwirksam erweist.

29. *Arznei [Physic].* – Das ist alles, womit ich dich hinsichtlich der Behandlung des Kindes in normalen Gesundheitsverhältnissen zu behelligen habe. Vielleicht erwartet man von mir, daß ich einige Hinweise auf Arzneimittel zur Vorbeugung von Krankheiten gebe; dazu habe ich nur einen einzigen, den man geradezu als eine heilige Pflicht betrachten sollte, nämlich Kindern niemals irgendein Arzneimittel zur Vorbeugung zu geben. Wenn man befolgt, was ich bereits angeraten habe, so wird das, meine ich, bessere Dienste tun als alle Heiltränke der Damen oder alle Medizinen der Apotheker. Man hüte sich sehr vor solcher Pfuscherei, damit man nicht Krankheiten herbeiführt, anstatt sie zu verhüten. Auch soll man Kindern nicht bei jeder kleinen Unpäßlichkeit Medizin geben oder den Arzt rufen, besonders wenn dieser ein geschäftiger Mann ist, der die Fensterbänke gleich mit Salbentöpfen und ihre Mägen mit Medikamenten anfüllt. Es ist sicherer, sie ganz der Natur zu überlassen, als sie in die Hände eines Mannes zu geben, der gleich mit dem Verarzten anfängt oder der meint, Kinder seien bei ganz gewöhnlichem Unwohlsein anders zu kurieren als durch Diät oder eine nur wenig davon abweichende Methode; denn es entspricht meiner Theorie wie meiner Erfahrung, daß man Kinder bei ihrer zarten Konstitution möglichst wenig und nur dann in Behandlung geben

sollte, wenn zwingende Notwendigkeit es einmal erfordert. Ein bißchen kalt abgezogenes Mohnwasser, das wahre Magenelixier, Ruhe und Enthaltsamkeit von Fleischgenuß machen häufig manchem beginnenden Unwohlsein ein Ende, das bei zu voreiligem Eingreifen sich zu wuchernder Krankheit hätte entwickeln können. Wenn eine so sanfte Behandlung dem wachsenden Schaden nicht Einhalt gebieten und nicht verhindern kann, daß er zu einer ausgesprochenen Krankheit wird, wird es an der Zeit sein, den Rat eines besonnenen und bedächtigen Arztes einzuholen. In diesem Punkte wird man mir, so hoffe ich, leicht glauben; denn niemand kann Veranlassung haben, den Rat eines Mannes zu bezweifeln, der einige Zeit auf das Studium der Medizin verwandt hat, wenn er empfiehlt, sich nicht zu voreilig der Medizin und der Ärzte zu bedienen.

30. Und so bin ich denn am Ende mit dem, was den Körper und die Gesundheit betrifft; es läuft alles auf diese wenigen und leicht zu befolgenden Regeln hinaus: viel frische Luft, körperliche Bewegung und Schlaf, einfaches Essen, kein Wein oder starke alkoholische Getränke und sehr wenig oder gar keine Medizin, nicht zu warme und enge Kleidung, besonders Kopf und Füße kühl halten und die Füße an kaltes Wasser gewöhnen und oft der Nässe aussetzen.

31. *Geist [Mind].* – Wenn man nun gehörig Sorge getragen hat, den Körper kräftig und tüchtig zu erhalten, so daß er imstande ist, dem Geist zu gehorchen und dessen Befehle auszuführen, kommt es zunächst und hauptsächlich darauf an, den Geist in die rechte Verfassung zu bringen, so daß er bei allen Anlässen geneigt ist, nur dem zuzustimmen, was der Würde und dem hohen Rang eines vernunftbegabten Wesens angemessen ist.

32. Wenn es wahr ist, was ich zu Beginn dieser Abhandlung gesagt habe, und ich zweifle nicht daran,

nämlich, daß die Unterschiede, die man in den Sitten und Fähigkeiten der Menschen findet, mehr der Erziehung als allem übrigen zuzuschreiben sind, so haben wir Grund zu der Folgerung, daß der Geistesbildung der Kinder große Aufmerksamkeit geschenkt werden muß; in sie muß frühzeitig die Saat gelegt werden, von der ihr ganzes zukünftiges Leben beeinflußt werden soll: denn wenn sie gut oder böse handeln, werden Lob oder Tadel hier ansetzen; und wenn irgend etwas an ihrem Benehmen peinlich ist, wird das allgemeine Urteil lauten, das sei ganz so, wie man nach ihrer Erziehung erwarten könne.

33. Wie die Stärke des Körpers hauptsächlich darin liegt, daß er Mühsal und Beschwernis ertragen kann, so verhält es sich auch mit der des Geistes. Der Wesensgrund aller Tugend und allen Wertes besteht darin: daß ein Mensch imstande ist, sich selbst seine eigenen Wünsche zu versagen, seinen eigenen Neigungen entgegenzutreten und lediglich dem zu folgen, was die Vernunft ihm als das beste anweist, mag auch die Begierde in andere Richtung gehen.

34. *Frühzeitig [Early].* – Der große Fehler, den ich immer wieder in der Erziehung der Kinder beobachtet habe, ist der, daß man diesen Punkt nicht zur rechten Zeit hinreichend beachtet hat: daß man den Geist der inneren Zucht nicht gehorsam und der Vernunft nicht gefügig gemacht hat, als er am Anfang noch nachgiebig und sehr leicht zu beugen war. Eltern sind von der Natur in weiser Voraussicht dazu ausersehen worden, ihre Kinder zu lieben; sie neigen jedoch dazu, wenn die Vernunft diese natürliche Zuneigung nicht sehr sorgsam überwacht, sie zur Affenliebe anwachsen zu lassen. Sie lieben ihre Kleinen, und das ist ihre Pflicht; aber oft hätscheln sie mit ihnen auch ihre Fehler. Wahrlich, man darf ihnen doch nicht entgegentreten; in allem sollen sie ihren Willen haben; und da sie in ihrem Kindsein keiner großen Laster fähig sind, meinen die

Eltern, man könne ihnen ihre kleinen Verstöße gegen die Ordnung ruhig hingehen lassen; sie belustigen sich an jener niedlichen Unart, die, wie sie meinen, dem unschuldigen Alter so wohl ansteht. Einem solchen zärtlichen Vater, der sein Kind wegen eines unartigen Streiches nicht zurechtweisen lassen wollte, sondern es damit entschuldigte, es sei ja nur eine kleine Sache, antwortete Solon sehr treffend: »Freilich, aber die Gewohnheit ist eine große Sache.«

35. Dem Liebling muß beigebracht werden zu schlagen und mit Schimpfwörtern um sich zu werfen, er muß haben, wonach er schreit, und tun, was ihm gefällt. So verderben die Eltern durch Nachsicht und Verhätscheln der Kleinen die Grundlagen der Natur ihrer Kinder und wundern sich später über den bitteren Geschmack des Wassers, dessen Quelle sie doch selbst vergiftet haben. Denn wenn ihre Kinder erwachsen sind, und diese üblen Gewohnheiten mit ihnen, wenn sie nun zu groß sind, um auf den Knien geschaukelt zu werden, und die Eltern sie nicht mehr als Spielzeug behandeln können, dann klagen sie, daß die Rangen störrisch und widerspenstig sind; dann sind sie aufgebracht über ihren Eigensinn und bekümmert über jene üblen Neigungen, die sie selbst in sie hineingelegt und angefacht haben; und nun, da es vielleicht zu spät ist, würden sie gern das Unkraut ausreißen, das sie mit eigener Hand gepflanzt haben und das nun zu tief Wurzel geschlagen hat, als daß man es leicht ausrotten könnte. Denn wer daran gewöhnt ist, in allem seinen Willen zu haben, solange er in Kinderkleidern steckt, warum sollte es uns wundern, daß er danach strebt und noch darum kämpft, wenn er Hosen trägt? In der Tat, je mehr er zum Manne wird, desto mehr zeigt das zunehmende Alter seine Fehler; so daß wenige Eltern dann so blind sind, sie nicht zu sehen, und wenige so unempfindlich, die üblen Folgen ihrer eigenen Nachsicht nicht zu spüren. Er setzte seinen Willen gegen

das Kindermädchen durch, ehe er sprechen oder laufen konnte; er war der Herr seiner Eltern, seit er plappern konnte; und nun, da er erwachsen ist, stärker und verständiger als damals, warum soll er nun plötzlich in seine Grenzen gewiesen und an die Kandare gelegt werden? Warum soll er im Alter von sieben, vierzehn oder zwanzig Jahren das Vorrecht verlieren, das die Nachsicht der Eltern ihm bis dahin so freigebig eingeräumt hat? Man versuche es bei einem Hund oder Pferd oder einem beliebigen anderen Wesen und sehe zu, ob die üblen und störrischen Angewohnheiten, die sie sich jung angeeignet haben, leicht abgestellt werden können, wenn sie sich verhärtet haben; und doch ist keines dieser Geschöpfe nur halb so eigensinnig und stolz, nur halb so begierig, Herr seiner selbst und über andere zu sein, wie der Mensch.

36. Wir sind im allgemeinen einsichtsvoll genug, bei jenen anderen Geschöpfen zu beginnen, wenn sie sehr jung sind, und erziehen die, aus denen wir etwas Brauchbares und Nützliches machen wollen, rechtzeitig. Nur unsere eigenen Sprößlinge vernachlässigen wir in dieser Hinsicht; wir haben aus ihnen schlimme Kinder gemacht und erwarten törichterweise, sie sollten gute Männer sein. Denn wie der Knabe Trauben oder Zuckerplätzchen haben muß, wenn es ihn danach gelüstet, lieber als daß das arme Kindchen schreit oder übellaunig wird: warum soll ihm als Erwachsenem nicht auch stattgegeben werden, wenn seine Begierden ihn zu Wein oder Weibern hinziehen? Das sind Dinge, die dem Verlangen eines erwachsenen Mannes so entsprechen, wie das, wonach das Kind schrie, den Neigungen eines Kindes entsprach. Nicht darin liegt der Fehler, daß man Wünsche hat, die den Begriffen und dem Geschmack jener verschiedenen Altersstufen angemessen sind, sondern darin, daß man sie nicht den Gesetzen vernunftgemäßer Beschränkung unterwirft: der Unterschied liegt nicht darin, daß wir Begierden

haben oder nicht haben, sondern darin, ob wir uns in der Gewalt haben, sie zu beherrschen und uns selbst in ihnen zu verleugnen. Wer nicht daran gewöhnt wird, seinen Willen der Vernunft anderer zu unterwerfen, solange er jung ist, wird sich kaum dazu verstehen, sich seiner eigenen Vernunft zu unterwerfen, wenn er in dem Alter ist, daß er sich ihrer bedienen kann. Als was für ein Mann sich ein solcher aber erweisen wird, das ist leicht vorauszusehen.

37. Das ist die allgemeine Kurzsichtigkeit derer, die der Erziehung ihrer Kinder größte Sorgfalt zu schenken scheinen. Wenn wir uns aber ansehen, wie man im allgemeinen mit Kindern verfährt, dann haben wir allen Grund zur Verwunderung, daß in dem großen Sittenverfall, über den man klagt, überhaupt noch Spuren eines ordentlichen Lebenswandels geblieben sind. Ich möchte wissen, welches Laster man noch nennen kann, an das Eltern und alle, die mit Kindern zu tun haben, sie nicht gewöhnen und dessen Samen sie nicht in sie hineinlegen, sobald sie in der Lage sind, ihn aufzunehmen. Ich meine nicht durch das Beispiel, das sie ihnen geben, und das Muster, das sie ihnen vor Augen stellen, was schon Anreiz genug wäre; sondern was ich hier anmerken wollte, ist, daß man das Laster regelrecht lehrt und sie geradezu vom Weg der Tugend abbringt. Ehe sie laufen können, legt man in ihnen den Grund von Gewalt, Rachsucht und Grausamkeit. Schlag mich, auf daß ich ihn schlage, ist eine Lehre, welche die meisten Kinder täglich hören, und man hält es für nichts, weil ihre Hände nicht die Kraft haben, Schaden anzurichten.[10] Ich frage aber, verdirbt das nicht ihr Gemüt? Ist dies nicht der Weg der Gewalt und der Leidenschaftlichkeit, auf den man sie führt? Wenn man ihnen in der Kindheit beigebracht hat, andere schlagen zu lassen und anderen durch einen Stärkeren weh tun zu lassen, und wenn man sie ermuntert hat, sich über den Schmerz, den sie andern haben zu-

fügen lassen, und deren Leiden zu freuen, sind sie dann nicht vorbereitet, es genauso zu tun, wenn sie selbst stark genug sind, ihre eigene Hand spüren zu lassen, und in beliebiger Absicht zuschlagen können?
Was wir an Kleidung auf unserem Körper tragen aus Gründen des Anstandes, der Warmhaltung und des Schutzes, wird den Kindern durch die Torheit oder Verirrung der Eltern zu anderen Zwecken empfohlen. Man macht sie zu Gegenständen der Eitelkeit und des Ehrgeizes. Man weckt in einem Kind das Verlangen nach einem neuen Anzug, weil er stattlich aussieht; und wenn das kleine Mädchen aufgeputzt ist in seinem neuen Kleid und Kopfputz, was kann seine Mutter weniger tun als es lehren, sich selbst zu bewundern, indem sie es »meine kleine Königin« und »mein Prinzeßchen« nennt? So lehrt man die Kleinen, auf ihre Kleidung stolz zu sein, ehe sie sie anziehen können. Und warum sollten sie nicht auch in Zukunft ihren Wert nach der äußeren Eleganz einschätzen, die sie dem Schneider oder der Putzmacherin verdanken, wenn ihre Eltern sie so früh dazu angeleitet haben?
Lügen, Ausflüchte und Entschuldigungen, die wenig besser als Lügen sind, werden dem jungen Volk in den Mund gelegt und Lehrlingen und Kindern empfohlen, solange sie den Lehrherren oder den Eltern nützlich sind. Kann man sich aber vorstellen, daß, wer die Beeinträchtigung der Wahrheit entschuldigt und ermuntert sieht, solange es nur zum Besten seines biederen Herrn geschieht, nicht dasselbe Vorrecht für sich in Anspruch nehmen wird, wenn es zu seinem eigenen Vorteil sein wird?
Angehörige des niederen Standes werden durch die Beschränktheit ihrer Verhältnisse daran gehindert, mehr als genug zu essen oder zu trinken und ihre Kinder durch verlockende Kost oder Aufforderung zur Unmäßigkeit zu ermuntern; wenn jedoch Überfluß bei ihnen einkehrt, zeigt ihr eigenes böses Beispiel, daß

nicht Abneigung gegen Trunksucht oder Völlerei sie von Ausschweifungen abhält, sondern Mangel an Mitteln. Wenn wir aber in die Häuser derjenigen blicken, die das Schicksal ein wenig wärmer gebettet hat, dann sehen wir, daß Essen und Trinken so sehr die Hauptbeschäftigung und das Glück ihres Lebens ausmachen, daß man Kinder für vernachlässigt hält, wenn sie nicht ihren Anteil daran haben. Saucen und Ragouts und durch Kochkünste zur Unkenntlichkeit entstellte Speisen müssen ihren Gaumen reizen, wenn der Leib voll ist; und dann findet man in der Sorge, der Magen möchte überladen sein, einen Vorwand für das nächste Glas Wein, das der Verdauung zu Hilfe kommen soll, während es doch nur die Magenbeschwerden noch steigern hilft.

Ist mein junger Herr einmal nicht ganz in Ordnung, heißt es gleich: »Was will mein Liebling essen? Was soll ich dir holen?« Gleich wird er zum Essen und Trinken überredet; die Erfindungsgabe aller wird aufgerufen, etwas Leckeres und Schmackhaftes zu finden, um den Appetitmangel zu überkommen, den die Natur in weiser Regelung an den Anfang von Krankheiten gesetzt hat, um eine Verschlimmerung zu verhüten, damit sie von der gewohnten Arbeit, eine neue Ladung im Magen verdauen zu müssen, entlastet wird und Zeit hat, der bösartigen Säfte Herr zu werden und sie in Ordnung zu bringen.

Wo aber Kinder in der Obhut ihrer Eltern so glücklich sind, daß deren Einsicht sie vor dem Übermaß der Tafel bewahrt und sie zur Nüchternheit einer naturgemäßen und einfachen Kost anhält, selbst da kann man sie kaum vor der Ansteckung bewahren, die das Gemüt vergiftet; durch verständige Behandlung unter Aufsicht ihrer Erzieher mag ihre Gesundheit zwar recht wohl behütet sein, dennoch müssen ihre Wünsche notwendigerweise den Lehren erliegen, die man ihnen überall über diesen Teil des Epikureismus predigt. Der

Wert, den man überall auf gutes Essen legt, ist unfehlbar ein wirksamer Anreiz für die natürlichen Gelüste und bringt sie schnell dahin, daß sie eine vornehme Tafel lieben und die Kosten nicht scheuen. Das soll bei jedermann, selbst bei denen, die das Laster tadeln, gut leben heißen. Und was soll die grämliche Vernunft gegen das Zeugnis der Allgemeinheit zu sagen wagen? Kann sie denn auf Gehör hoffen, wenn sie Luxus nennt, wozu sich Angehörige der besten Stände bekennen und was sie ohne Ausnahme betreiben?

Das ist jetzt zu einem solchen Laster geworden und findet so große Billigung, daß ich nicht weiß, ob es nicht auf den Namen der Tugend Anspruch erhebt und ob es nicht Torheit oder Mangel an Weltkenntnis genannt werden wird, wenn man seine Stimme dagegen erhebt. Ich würde in der Tat vermuten, was ich hier darüber gesagt habe, könnte als eine kleine, nicht hierher gehörige Satire verurteilt werden, würde ich es nicht in der Absicht erwähnen, die Sorge und Aufmerksamkeit der Eltern für die Erziehung ihrer Kinder zu wecken, wenn sie sehen, wie diese von allen Seiten bestürmt werden, nicht nur von Versuchungen, sondern auch von Angriffen des Lasters, und zwar vielleicht sogar bei denen, die man für einen Hort der Sicherheit gehalten hat.

Ich werde mich nicht länger mit diesem Gegenstand aufhalten, viel weniger noch alle Besonderheiten durchgehen, die zeigen würden, welche Mühe man sich macht, Kinder zu verderben und ihnen Grundsätze des Lasters einzuflößen; ich wünschte aber doch, die Eltern möchten ganz nüchtern überlegen, ob es irgendeine Ausschweifung oder ein Laster gibt, das man Kinder nicht offen lehrt, und ob Pflicht und Einsicht es nicht erheischen, ihnen andere Unterweisung zu verschaffen.

38. *Begehrlichkeit [Craving].* – Es ist für mich keine Frage, daß der Grund aller Tugend *[virtue]* und Vor-

trefflichkeit in der Fähigkeit liegt, uns selbst die Befriedigung unserer Wünsche zu versagen, wo sie nicht durch die Vernunft gerechtfertigt sind. Diese Fähigkeit muß erworben und gestärkt werden durch eine Gewohnheit, die durch frühe Übung leicht und selbstverständlich wird. Wollte man daher auf mich hören, würde ich raten, man möge im Gegensatz zu dem, was gemeinhin geschieht, Kinder daran gewöhnen, ihre Begierden zu unterdrücken und auf ihre Wünsche zu verzichten, schon von der Wiege an. Das erste, was sie zu lernen hätten, wäre, daß sie nie etwas bekommen dürfen, weil es ihnen gefällt, sondern weil man es als für sie geeignet hält. Wenn man ihnen gewährte, was ihren Bedürfnissen entspricht, und nie zuließe, daß sie bekommen, wonach sie schreien, würden sie lernen, auch ohne es zufrieden zu sein, und sie würden nicht mit Heulen und Schmollen ihren Kopf durchsetzen wollen und sich selbst und anderen nur halb soviel zur Last sein, wie sie es sind, da man sie von Anfang an nicht so behandelt hat. Würde man niemals einen Wunsch erfüllen bloß wegen der Ungeduld, mit der sie ihm Ausdruck gaben, würden sie nicht mehr nach etwas schreien als nach dem Mond.

39. Damit sage ich nicht, daß man Kindern in nichts nachgeben sollte oder daß ich erwarte, sie sollten in Kinderkleidern den Verstand und das Benehmen von Staatsräten zeigen. Ich sehe sie als Kinder an, die man zärtlich behandeln muß und die spielen und Spielzeug haben müssen. Was ich meine, ist dies: sobald sie nach etwas Verlangen tragen, was sie nicht haben oder tun sollten, weil es für sie ungeeignet ist, sollte es ihnen nicht gewährt werden, nur weil sie klein sind und es wünschen; im Gegenteil, sie sollten wissen, daß man ihnen das, was sie aufdringlich verlangen, gerade deshalb abschlägt. Ich habe Kinder bei Tisch gesehen, die nie nach anderem verlangten und zufrieden nahmen, was man ihnen gab, was auch immer aufgetragen war;

anderswo habe ich andere gesehen, die schrien nach allem, was sie sahen, und mußten von jedem Gericht haben, und zwar zuerst. Woher kam dieser große Unterschied als davon, daß die einen gewöhnt waren, alles zu haben, wonach sie riefen oder schrien, und die anderen, auf etwas zu verzichten? Je jünger sie sind, desto weniger sollte man, meine ich, ihren unmäßigen und unordentlichen Gelüsten nachgeben; und je weniger Vernunft sie selbst haben, desto mehr müssen sie unter der uneingeschränkten Macht und dem Zwang derer stehen, in deren Händen sie sind. Daraus wird, wie ich gestehe, sich ergeben, daß nur verständige Menschen um sie sein sollten. Wenn die Welt gewöhnlich anders verfährt, kann ich nichts dafür. Ich sage hier, was nach meiner Meinung sein sollte; würde man schon so verfahren, hätte ich nicht nötig, die Welt mit einer Abhandlung über diesen Gegenstand zu behelligen. Dennoch zweifle ich nicht, wenn man es recht betrachtet, werden andere mit mir der Meinung sein, daß es, je früher man diesen Weg mit Kindern einschlägt, um so leichter sein wird für sie und auch ihre Erzieher; daher sollte man als unverletzlichen Grundsatz beachten, daß sie, was man ihnen einmal versagt hat, ganz sicher nicht durch Schreien oder ungebärdiges Verhalten bekommen werden, es sei denn, man wolle sie lehren, ungeduldig und lästig zu sein dadurch, daß man sie belohnt, wenn sie es sind.

40. *Frühzeitig [Early].* – Wer also überhaupt die Absicht hat, seine Kinder anzuleiten, sollte damit anfangen, solange sie sehr klein sind, und aufpassen, daß sie sich dem Willen der Eltern völlig unterwerfen. Willst du, daß dein Sohn dir noch gehorcht, wenn er kein Kind mehr ist, so lege den Grund der väterlichen Autorität, sobald er fähig ist, sich zu unterwerfen und zu verstehen, in wessen Gewalt er sich befindet. Wenn du willst, daß er dir mit Ehrfurcht begegne, präge sie ihm in der Kindheit ein; und in dem Maße, wie er sich dem

Mannesalter nähert, schließe ihn enger in dein Vertrauen; so wirst du an ihm (wie es sich gehört) einen gehorsamen Untergebenen haben, solange er Kind ist, und einen aufrichtigen Freund, wenn er Mann ist. Denn mir scheint, wer nachsichtig und vertraut mit seinen Kindern umgeht, solange sie klein sind, dagegen streng zu ihnen ist und sie von sich abstößt, wenn sie erwachsen sind, der vergreift sich gewaltig in der den Kindern gebührenden Behandlung: denn Freiheit und Nachsicht sind Kindern nicht bekömmlich; ihr Mangel an Urteilskraft macht Zucht und Disziplin für sie erforderlich; während im Gegenteil Herrschsucht und Strenge ein schlechtes Verhalten gegenüber Menschen sind, die über Vernunft zur eigenen Lebensführung verfügen; es sei denn, du wolltest erreichen, daß deine Kinder, wenn sie erwachsen sind, deiner überdrüssig werden und sich insgeheim fragen: »Wann wirst du endlich sterben, Vater?«

41. Ich denke mir, jedermann wird es für vernünftig halten, daß Kinder, solange sie klein sind, ihre Eltern als ihre Herren und unumschränkten Gebieter ansehen und gegen sie als solche Ehrfurcht hegen und daß sie, zu reiferen Jahren gelangt, dieselben als ihre besten, als ihre einzigen zuverlässigen Freunde betrachten und sie als solche lieben und verehren. Der von mir angegebene Weg ist, wenn ich nicht irre, der einzige, der zu diesem Ziel führt. Wir müssen unsere Kinder, wenn sie erwachsen sind, als unseresgleichen ansehen, mit den gleichen Leidenschaften und den gleichen Wünschen. Wir möchten als vernunftbegabte Wesen gelten und unsere Freiheit haben; wir mögen nicht durch beständige Zurechtweisung und anmaßendes Wesen verstimmt werden und können hochfahrende Strenge und übermäßige Zurückhaltung an denen, mit denen wir verkehren, nicht ertragen. Wer als Mann eine solche Behandlung erfährt, wird sich nach einer anderen Gesellschaft, anderen Freunden, anderem Umgang um-

sehen, wo er sich wohl fühlen kann. Wenn man daher von Anfang an eine strenge Hand über den Kindern hält, werden sie in diesem Alter lenksam sein und sich ihr ruhig fügen, da sie eine andere nie kennengelernt haben: und wird dann, wenn sie heranwachsen und sich ihrer Verstandeskräfte bedienen können, die Strenge der Führung, wie es ihnen zukommt, unmerklich gelockert, glättet sich die Stirn des Vaters und mindert sich nach und nach seine Zurückhaltung, dann wird die frühere Strenge die Liebe nur vergrößern, da die Kinder einsehen, daß es nur Güte gegen sie war und Fürsorge, sie möchten fähig werden, die Gunst ihrer Eltern und die Achtung aller anderen Menschen zu verdienen.

42. Soviel im allgemeinen über die Grundlegung deiner Autorität über deine Kinder. Furcht und Ehrfurcht sollten dir die erste Gewalt über ihre Gemüter geben, Liebe und Freundschaft in reiferen Jahren sie dir erhalten; denn die Zeit muß kommen, da sie der Rute und der Zucht entwachsen sein werden; und wenn dann die Liebe zu dir sie nicht gehorsam und pflichtbewußt macht, wenn nicht die Liebe zu Tugend und Ehre sie auf löblichem Pfade hält, so frage ich, was wirst du in Händen haben, um sie darauf zu führen? Freilich, die Befürchtung, nur ein schmales Erbteil zu erhalten, wenn sie deinen Unwillen erregen, mag sie zu Sklaven deines Vermögens machen; im Inneren aber werden sie trotzdem schlecht und lasterhaft sein; und sie werden sich dadurch nicht für immer in Schranken halten lassen. Jeder Mensch muß früher oder später sich selbst und seiner eigenen Führung überlassen werden; und wer ein guter, rechtschaffener und tüchtiger Mensch ist, muß es von innen heraus geworden sein. Daher muß alles, was er von der Erziehung empfängt, was sein Leben beherrschen und beeinflussen soll, etwas sein, das beizeiten in ihn hineingelegt wird: Gewohnheiten, die in den Grund seiner Natur selbst hinein-

verwoben werden, und nicht ein unechtes Getue, eine heuchlerische Maske, die er sich aus Furcht aufsetzt, nur um den gegenwärtigen Zorn eines Vaters zu vermeiden, der ihn vielleicht enterben könnte.

43. *Strafen [Punishments].* – Nachdem dies als allgemeine Richtung festgelegt ist, die man einschlagen sollte, ist es angebracht, daß wir nun ein wenig mehr ins einzelne gehen und uns Gedanken über die anzuwendenden Zuchtmittel machen. Ich habe soviel davon gesprochen, man solle eine strenge Hand über Kinder halten, daß ich vielleicht in den Verdacht gerate, ich berücksichtigte nicht genug, was man ihrem zarten Alter und Körper schuldig ist. Der Eindruck wird aber schwinden, wenn man mich ein wenig weiter anhört: denn ich neige sehr zu der Annahme, daß große Strenge bei Strafen nur wenig gut tut, ja, im Gegenteil großen Schaden anrichtet; und ich glaube, man wird finden, daß, *caeteris paribus*[11], diejenigen Kinder, die am meisten gezüchtigt worden sind, selten die besten Männer werden. Alles, für das ich bis jetzt eingetreten bin, ist dies: was auch immer an Strenge erforderlich sei, ist um so mehr anzuwenden, je jünger die Kinder sind; und wenn sie durch richtige Anwendung ihre Wirkung getan hat, muß sie gelockert und in eine andere Form der Führung umgewandelt werden.

44. *Ehrfurcht [Awe].* – Willfährigkeit und Fügsamkeit des Willens werden Kindern natürlich erscheinen, wenn sie von den Eltern mit stetiger Hand eingeführt worden sind, bevor das Gedächtnis des Kindes so weit entwickelt ist, daß es die Anfänge bewahrt; sie werden in ihnen als etwas Selbstverständliches wirken und jeden Anlaß zu Widersetzlichkeit oder Murren verhindern. Es kommt nur darauf an, daß man früh damit beginnt und unbeugsam daran festhält, bis ihnen Ehrfurcht und Achtung zur Natur geworden sind und sie nicht mehr im geringsten zögern, ihre Unterwürfigkeit und den bereitwilligen Gehorsam ihres Gemüts zu erken-

nen zu geben. Wenn diese Ehrerbietung auf solche Weise einmal fest gegründet ist (und das muß früh geschehen, sonst kostet es Schmerzen und Schläge, sie wiederzugewinnen, und das um so mehr, je länger man es hinausschiebt), müssen die Kinder durch sie, immer in Verbindung mit soviel Nachsicht als dienlich, in der Zeit des Heranwachsens zu größerem Verständnis geführt werden, nicht aber durch Schlagen, Schelten oder andere knechtische Strafen.

45. Daß das so ist, wird man leicht zugeben, wenn man nur erwägt, was das Ziel einer echten Erziehung ist und worum es sich dabei handelt.

(1) *Selbstverleugnung [Self-denial].* – Wer nicht Herr seiner Neigungen ist, wer dem Andrängen augenblicklicher Lust oder Unlust nicht zu widerstehen weiß, wie die Vernunft ihm anempfehlen würde, dem fehlt die echte Grundlage der Tugend und Strebsamkeit; er läuft Gefahr, nie für irgend etwas brauchbar zu sein. Diese der ungeleiteten Natur so entgegengesetzte Geistesverfassung muß daher frühzeitig erworben werden; diese Gewohnheit, die wahre Grundlage künftiger Fähigkeiten und künftiger Glückseligkeit, muß dem Gemüt so früh wie möglich eingepflanzt werden, ja, vom ersten Dämmern der Erkenntnis oder der Begriffsfähigkeit an, sie muß mit aller Sorgfalt und allen nur vorstellbaren Mitteln in den Kindern gefestigt werden von allen, die ihre Erziehung zu überwachen haben.

46. (2) *Niedergeschlagen [Dejected].* – Wenn andererseits der Geist der Kinder zu sehr gezügelt und gedemütigt wird, wenn ihre Lebensgeister durch eine zu streng auf ihnen lastende Hand niedergedrückt und gebrochen werden, dann verlieren sie alle Kraft und Strebsamkeit und befinden sich in einem schlimmeren Zustand als vorher. Denn ausschweifende junge Burschen, die lebhaft und unternehmend sind, kommen manchmal noch auf den rechten Weg und werden noch brauchbare und bedeutende Menschen; aber niederge-

schlagene Gemüter, die furchtsam und zaghaft sind, und solche, denen es an Unternehmungsgeist fehlt, können kaum je aufgerichtet werden und bringen es nur selten zu etwas. Beide Gefahren zu vermeiden ist die große Kunst; und wer einen Weg gefunden hat, den Geist eines Kindes ungehemmt, tatkräftig und frei zu erhalten und es doch gleichzeitig von vielen Dingen fernzuhalten, die es erstrebt, und es zu manchem hinzuziehen, was ihm unbequem ist; wer, sage ich, diese scheinbaren Gegensätze zu versöhnen weiß, der hat nach meiner Meinung das wahre Geheimnis der Erziehung gefunden.

47. *Schlagen [Beating].* – Der gewöhnliche bequeme und kurze Weg durch Züchtigung und Rute, das einzige Werkzeug der Führung, das Erzieher im allgemeinen kennen und das ihnen immer einfällt, ist für die Zwecke der Erziehung von allen das ungeeignetste, weil es zu jenen beiden Übeln führt, welche, wie wir gezeigt haben, die Scylla und Charybdis sind, die so oder so alle verderben, welche scheitern.

48. (1) Diese Art der Strafe trägt keineswegs zur Beherrschung unserer natürlichen Neigung bei, sich körperlicher und augenblicklicher Lust hinzugeben und Unlust auf jeden Fall zu vermeiden, sondern ermutigt sie geradezu und stärkt das in uns, was die Wurzel des Ursprungs aller menschlichen Handlungen und Ausschweifungen des Lebens ist. Denn welch anderer Beweggrund als sinnliche Lust und Unlust treibt ein Kind an, das sich aus Furcht vor Prügelstrafe entgegen seiner Neigung mit seinem Buch abquält oder sich des Genusses einer ungesunden Frucht, die es gern hätte, enthält? In diesem Falle zieht es nur die größere körperliche Lust vor oder meidet die größere körperliche Unlust. Und was bedeutet es, wenn man sein Tun von solchen Beweggründen bestimmt, sein Verhalten so geleitet sein läßt? Was heißt das, sage ich, anders, als die Wurzel in ihm pflegen, die wir ausreißen und zerstören sollen?

Daher kann ich keine Zurechtweisung für ein Kind gutheißen, wo nicht die Scham, für ein Vergehen leiden zu müssen, ihm näher geht als der Schmerz.

49. (2) Diese Art der Zurechtweisung erzeugt ganz natürlich eine Abneigung gegen das, wofür Neigung zu erwecken Aufgabe des Erziehers ist. Wie augenscheinlich ist die Beobachtung, daß Kinder Dinge hassen lernen, die ihnen zunächst angenehm erschienen, wenn sie erfahren, daß man sie darum schlägt, schilt und quält. Und das ist bei ihnen nicht verwunderlich, da auch Erwachsene auf solche Weise sich mit nichts befreunden können. Wer würde denn nicht an einem ihm an sich gleichgültigen kleinen Vergnügen den Geschmack verlieren, wenn er mit Schlägen oder Schimpfworten dazu gezwungen würde, ohne daß ihm der Sinn danach steht? Oder wenn er ständig so behandelt würde wegen irgendwelcher Umstände, unter denen er sich ihm widmet? Das liegt in der Natur der Sache. Unangenehme Zufälligkeiten vergiften in der Regel harmlose Dinge, mit denen sie verbunden sind; und der bloße Anblick einer Schale, worin man eine Übelkeit erregende Medizin zu nehmen pflegt, führt zum Erbrechen, so daß nichts aus ihr schmecken wird, sei die Schale auch noch so rein und schön und aus dem kostbarsten Material.

50. (3) Eine solche Art sklavischer Zucht erzeugt eine sklavische Wesensart. Das Kind unterwirft sich und heuchelt Gehorsam, solange die Furcht vor der Rute über ihm schwebt. Wenn diese aber entfernt ist und es sich Straffreiheit verspricht, weil niemand zusieht, läßt es seiner natürlichen Neigung um so freieren Lauf; diese wird auf solche Weise keineswegs geändert, sondern im Gegenteil erhöht und verstärkt und bricht nach solchem Zwang gewöhnlich mit um so größerer Heftigkeit aus; oder:

51. (4) Wenn die auf die Spitze getriebene Strenge die Oberhand behält und eine Heilung der gegenwärtigen

widerspenstigen Wesensart bewirkt, setzt sie an deren Stelle oft eine schlimmere und gefährlichere Krankheit: sie zerbricht den Geist, und dann hat man anstelle eines ungebärdigen jungen Burschen ein niedergeschlagenes, trübseliges Geschöpf, das zwar mit seiner unnatürlichen Gesetztheit einfältigen Leuten gefallen mag, die stille und energielose Kinder loben, weil sie keinen Lärm machen und auch sonst nicht zur Last fallen, das aber letztlich in aller Wahrscheinlichkeit sich für seine Freunde als ebenso unerfreulich erweisen wird, da es sein Leben lang sich selbst und anderen unnütz sein wird.

52. *Belohnungen [Rewards].* – Schlagen und alle anderen Arten sklavischer und körperlicher Strafen sind nicht das geeignete Zuchtmittel, wenn man weise, gute und aufrechte Männer erziehen will; man sollte sie daher nur sparsam und bei ernsten Anlässen und im äußersten Falle anwenden. Andererseits muß ebenso sorgfältig vermieden werden, Kindern zu schmeicheln dadurch, daß man sie mit Dingen belohnt, die sie gern haben. Wer seinem Sohn Äpfel oder Zuckerplätzchen oder dergleichen Ergötzliches gibt, damit er in seinem Buch lerne, billigt nur seine Freude am sinnlichen Genuß und hätschelt eine gefährliche Neigung, die er mit allen Mitteln unterjochen und ersticken sollte. Man kann nie hoffen, ihn zur Beherrschung seiner Neigung zu erziehen, wenn man ihr in einem Falle Einhalt gebietet und im anderen Falle Befriedigung in Aussicht stellt. Einen guten, weisen und tugendhaften Mann zu erziehen erfordert, daß er lernt, seinen Begierden entgegenzutreten und sich seine Neigung zu üppigem und vornehmem Leben, zu Feinschmeckerei usw. zu versagen, sooft die Vernunft es ihm anrät und die Pflicht es erfordert. Wenn man ihn aber durch Geldangebote zum rechten Tun bringt oder die Mühe des Buchlesens durch den Genuß eines Leckerbissens belohnt; wenn man ihm für die Erfüllung irgendwelcher kleinen

Pflichten eine Spitzenkrawatte oder einen schönen neuen Anzug verspricht: wenn man diese Dinge als Belohnungen in Aussicht stellt, was tut man dann anderes, als daß man zugibt, dies seien die guten Dinge, nach denen er streben sollte, und daß man sein Verlangen danach unterstützt und ihn daran gewöhnt, seine Glückseligkeit in ihnen zu sehen. Um sie zu veranlassen, beim Lernen der Grammatik, beim Tanzen oder bei ähnlichen Dingen, die für die Glückseligkeit oder Tüchtigkeit im Leben nur von geringer Bedeutung sind, Fleiß an den Tag zu legen, opfern die Eltern durch falsch angewandte Belohnungen und Strafen die Tugend ihrer Kinder, verdrehen ihre Erziehung in das Gegenteil und lehren sie Luxus, Stolz, Begehrlichkeit usw. Denn indem die Eltern so jenen schädlichen Neigungen schmeicheln, die sie in Schranken halten und unterdrücken sollten, legen sie den Grund zu jenen späteren Lastern, die man nur vermeiden kann, wenn man seine Wünsche zügelt und frühzeitig daran gewöhnt, sich der Vernunft zu unterwerfen.

53. Ich sage dies nicht, weil ich die Kinder von den Annehmlichkeiten und Freuden des Lebens fernhalten will, die ihrer Gesundheit oder Tugend nicht schaden. Im Gegenteil, ich möchte, man solle ihnen ihr Leben so vergnüglich und angenehm wie möglich machen, und sie sollen all das voll genießen, was ihnen unschuldige Freude geben kann, unter der Voraussetzung, daß man darauf sieht, daß ihnen diese Freuden nur als Folge ihrer Achtung und Anerkennung der Stellung ihrer Eltern und Erzieher zustehen; sie sollten ihnen dagegen nie angeboten oder gewährt werden als Belohnung dieser oder jener Leistung, gegen die sie Abneigung zeigen oder der sie sich ohne jene Belohnung nicht unterzogen hätten.

54. Aber wenn du einerseits die Rute wegnimmst und andererseits diese kleinen Aufmunterungen, wie (so wird man fragen) sollen Kinder denn regiert werden?

Nimm Hoffnung und Furcht weg, und alle Zucht ist am Ende! Ich gebe zu, daß Behagen und Unbehagen, Lohn und Strafe die einzigen Beweggründe eines vernunftbegabten Wesens sind: sie sind Sporn und Zügel, durch die das ganze Menschengeschlecht in Bewegung gesetzt und geleitet wird, und darum müssen sie auch bei Kindern angewendet werden. Denn ich rate Eltern und Erziehern, sich immer vor Augen zu halten, daß Kinder als vernunftbegabte Wesen zu behandeln sind.

55. Lohn und Strafe, gebe ich zu, müssen Kindern in Aussicht gestellt werden, wenn wir auf sie einwirken wollen. Der Fehler liegt, wie ich meine, darin, daß die gewöhnlich angewandten Arten schlecht gewählt sind. Körperlicher Schmerz und Lust ziehen meiner Meinung nach böse Folgen nach sich, wenn man sie zu Lohn und Strafe macht, mit denen man seine Kinder zu beherrschen sucht; denn, wie ich schon gesagt habe, sie dienen nur zur Steigerung und Stärkung jener Neigungen, die wir unterdrücken und beherrschen sollen. Was für einen Grund der Tugend legst du in ein Kind, wenn du seine Begierde nach einem Genuß gegen das Anerbieten eines anderen austauschst? Das heißt nur seine Begehrlichkeit steigern und sie lehren, weiter zu gehen. Wenn ein Kind nach einer unbekömmlichen und gefährlichen Frucht schreit, erkaufst du dir deine Ruhe, indem du ihm eine weniger schädliche Süßigkeit gibst. Das mag vielleicht seine Gesundheit bewahren, verdirbt aber seinen Charakter und bringt ihn noch mehr in Unordnung. Denn hier wechselst du nur den Gegenstand, schmeichelst aber dennoch seiner Begehrlichkeit [appetite] und gibst zu, man müsse das befriedigen, worin, wie ich gezeigt habe, die Wurzel des Übels liegt; und bis du es dahin gebracht hast, daß es die Verweigerung jener Befriedigung ertragen kann, mag das Kind für den Augenblick ruhig und gesittet sein, aber die Krankheit ist nicht geheilt. Wenn du so vorgehst, nährst und pflegst du in ihm das, woraus als aus

seiner Quelle all das Übel fließt, das mit Sicherheit bei nächster Gelegenheit mit größerer Heftigkeit wieder ausbrechen, ihm stärkeres Verlangen und dir größeren Kummer bereiten wird.

56. *Guter Ruf [Reputation].* – Die Belohnungen und Strafen also, mit denen wir Kinder im Zaume halten sollten, sind ganz anderer Art und so mächtig, daß, wenn wir sie einmal wirken lassen können, die Arbeit, wie ich meine, getan und die Schwierigkeit überwunden ist. Achtung [esteem] und Schande [disgrace] sind vor allem anderen die mächtigsten Antriebe für den Geist, wenn er einmal dazu gebracht worden ist, sie zu würdigen. Wenn man die Kinder nur einmal so weit hat, daß sie gutes Ansehen schätzen und Schande und Entehrung fürchten, dann hat man den wahren Grundsatz in sie gelegt, der beständig wirken und sie in die rechte Richtung weisen wird. Aber man wird fragen: Wie soll das geschehen?

Ich gestehe, es fehlt hier dem ersten Anschein nach nicht an gewissen Schwierigkeiten; dennoch glaube ich, es lohnt sich, die Wege zu suchen (und sie zu gehen, wenn wir sie gefunden haben), die zu diesem Ziel führen, das ich als das große Geheimnis der Erziehung ansehe.

57. Erstens sind Kinder (vielleicht früher, als wir meinen) sehr empfänglich für Lob und Anerkennung. Es tut ihnen wohl, geachtet und geschätzt zu werden, besonders von ihren Eltern und denen, von denen sie abhängig sind. Wenn daher der Vater sie liebkost und lobt, wenn sie artig sind, dagegen eine kalte und abweisende Miene aufsetzt, wenn sie unartig gewesen sind, und wenn die Mutter und alle anderen, die mit ihnen zu tun haben, dem Vater durch gleiches Verhalten beipflichten, so werden die Kinder in kurzer Zeit den Unterschied spüren; und wenn das beständig befolgt wird, wird es zweifellos von selbst mehr als Drohungen oder Schläge wirken, die ihre Macht verlieren, wenn man sich einmal an sie gewöhnt hat, und nutzlos

sind, wenn sie nicht von dem Gefühl der Schande begleitet sind, und daher vermieden und nie angewendet werden sollten, außer in dem später erwähnten Falle, wenn es zum Äußersten kommt.

58. Zweitens aber, um das Gefühl für Achtung oder Schande tiefer zu gründen und um ihm um so mehr Gewicht zu geben, sollten andere angenehme oder unangenehme Dinge diese unterschiedlichen zwei Zustände ständig begleiten, nicht als besondere Belohnungen oder Strafen für diese oder jene besondere Tat, sondern als Dinge, die mit Notwendigkeit denjenigen ständig und regelmäßig betreffen, der sich durch sein Verhalten selbst in den Zustand der Schande oder der Belobigung gebracht hat. Wenn man Kinder so behandelt, werden sie, soweit sie nur können, begreifen lernen, daß diejenigen, die wegen ihrer Artigkeit gelobt und geachtet werden, notwendigerweise auch von jedermann geliebt und geschätzt werden und alle anderen Dinge als eine Folge davon genießen, und daß anderseits jemand, der durch schlechtes Benehmen in Mißachtung geraten und nicht darauf bedacht ist, seinen guten Ruf [credit] zu wahren, unvermeidlich der Geringschätzung und Verachtung anheimfallen wird und in diesem Zustand folgerichtig alles entbehren muß, was ihm Befriedigung oder Vergnügen bereiten könnte. Auf diese Weise macht man die Gegenstände ihrer Wünsche zu Helfern der Tugend, indem beständige Erfahrung von Anfang an die Kinder lehrt, daß die Dinge, an denen sie Freude haben, nur denen zukommen und nur von denen genossen werden dürfen, die sich eines guten Rufes erfreuen. Wenn man sie mit diesen Mitteln einmal so weit gebracht hat, daß sie aus Scham ihre Fehler ablegen (denn sonst möchte ich keine andere Strafe haben) und das angenehme Gefühl, daß man gut über sie denkt, schätzen, dann mag man sie leiten, wohin man will, und alle Wege der Tugend werden ihnen gefallen.

59. Die große Schwierigkeit liegt hier, wie mir scheint, in der Torheit und dem falschen Verhalten der Dienstboten, die man kaum daran hindern kann, die Absichten des Vaters und der Mutter zu durchkreuzen. Kinder, die von den Eltern wegen irgendeines Vergehens zurechtgewiesen worden sind, finden gewöhnlich Zuflucht und Trost in den Liebkosungen jener törichten Schmeichler, die hierdurch zerstören, was die Eltern mühsam aufbauen. Wenn der Vater oder die Mutter unfreundlich auf das Kind herabschauen, sollte jeder andere ihm die gleiche Kälte entgegenbringen und keiner ihm Gunst erweisen, bis erbetene Verzeihung und Wiedergutmachung des Vergehens wieder alles in Ordnung gebracht und ihm die frühere Achtung zurückgegeben haben. Wenn man dies ständig beachtete, würde man, vermute ich, wenig Schläge und Schelte nötig haben: das eigene Wohlbehagen und die eigene Befriedigung würde die Kinder schnell lehren, nach Lob zu trachten und zu vermeiden, was erfahrungsgemäß jedermann verdammt und wofür sie mit Sicherheit leiden müßten, ohne gescholten oder geschlagen zu werden. Dadurch würden sie Bescheidenheit und Scham lernen und schnell dahin kommen, natürlichen Abscheu vor dem zu empfinden, was ihnen nach ihrer Erfahrung Verachtung und Mißbilligung seitens aller eingebracht hat. Wie aber diese Schwierigkeit mit den Dienstboten behoben werden könnte, muß ich der Sorge und Überlegung der Eltern überlassen. Ich halte es nur für sehr wichtig und diejenigen für sehr glücklich, die für ihre Kinder verständige Menschen finden können.

60. *Scham [Shame].* – Häufiges Schlagen oder Schelten muß daher sorgfältig vermieden werden, da diese Art der Zurechtweisung niemals etwas Gutes bringt, insofern sie nicht dazu dient, Scham und Abscheu wegen des ungehörigen Betragens zu erwecken, das die Bestrafung herbeigeführt hat. Wenn aber der größte Teil

der Unannehmlichkeit nicht das Gefühl ist, daß sie unrecht getan haben, und die Einsicht, daß sie sich das Mißfallen ihrer besten Freunde mit Recht zugezogen haben, wird der Schmerz der Rute nur eine unvollkommene Heilung bewirken. Er deckt die wunde Stelle nur für den Augenblick zu und läßt Haut über sie wachsen, geht aber nicht bis auf den Grund des Übels; aufrichtige Scham und die Furcht zu mißfallen sind die einzig richtigen Abschreckungsmittel. Sie allein sollten das Kind zügeln und lenken. Körperliche Strafen müssen aber notwendigerweise diese Wirkung verlieren und das Gefühl der Scham abstumpfen, wo sie häufig wiederkehren. Scham nimmt bei Kindern denselben Platz ein wie Schamhaftigkeit bei Frauen, die nicht zu bewahren ist, wenn oft gegen sie verstoßen wird. Die Furcht aber, den Eltern zu mißfallen, wird ihre Bedeutung völlig verlieren, wenn die Zeichen dieses Mißfallens schnell vergehen und ein paar Schläge als volle Sühne gelten. Eltern sollten gut überlegen, welche Fehler ihrer Kinder gewichtig genug sind, die Kundgebung ihres Zornes zu verdienen: wenn aber ihr Mißfallen einmal in einem Grade erklärt ist, daß es die Strafe schon in sich trägt, dann sollten sie ihre strengen Mienen nicht gleich wieder ablegen, sondern den Kindern ihre Gunst mit einem gewissen Zögern wieder zuwenden und eine volle Versöhnung so lange hinausschieben, bis Fügsamkeit und ein mehr als gewöhnliches gutes Betragen das Gelöbnis ihrer Besserung wahr machen. Wenn man es nicht so einrichtet, wird die Strafe als etwas Gewohntes zur Selbstverständlichkeit werden und all ihren Einfluß verlieren; sich vergehen, geprügelt werden und dann Vergebung erlangen wird so natürlich und notwendig erscheinen, wie Mittag, Nacht und Morgen aufeinanderfolgen.

61. *Guter Ruf [Reputation].* – Was den guten Ruf betrifft, so will ich nur noch dieses eine dazu anmerken, daß er zwar nicht die wahre Grundlage und das Maß

der Tugend ist (denn dieses besteht darin, daß der Mensch seine Pflicht erkennt, und in der Befriedigung, seinem Schöpfer zu gehorchen, indem er den Geboten jenes Lichts folgt, das Gott ihm verliehen hat, mit der Hoffnung, erhört und erlöst zu werden), daß er diesem jedoch am nächsten kommt: und da er das Zeugnis und der Beifall ist, den die Vernunft anderer Menschen wie durch allgemeine Übereinkunft tugendhaften und rechtschaffenen Handlungen zollt, ist er der geeignete Führer und eine Ermunterung für Kinder, bis sie fähig werden, für sich selbst Entscheidungen zu treffen und durch eigene Vernunft herauszufinden, was recht ist.

62. Diese Überlegung mag den Eltern zeigen, wie sie sich zu verhalten haben, wenn sie ihre Kinder tadeln und loben. Verweis und Schelte, die wegen der begangenen Fehler manchmal kaum vermeidbar erscheinen werden, sollten nicht nur in gelassenen, ernsten und leidenschaftslosen Worten, sondern auch ohne Zeugen ausgesprochen werden; aber das Lob, das Kinder verdienen, sollten sie in Gegenwart anderer empfangen. Das verdoppelt die Belohnung, indem es ihr Lob verbreitet; während das Zögern der Eltern, ihre Fehler unter die Leute zu bringen, sie veranlassen wird, ihrem eigenen guten Namen größeren Wert beizumessen, und sie lehren wird, sich um so sorgfältiger die gute Meinung anderer über sie zu bewahren, solange sie diese zu besitzen glauben. Wenn sie diese aber, durch das Bekanntwerden ihrer Vergehen öffentlicher Schande ausgesetzt, verloren geben müssen, ist die Schranke, die sie zurückhielt, weggenommen, und sie werden es sich um so weniger angelegen sein lassen, sich die gute Meinung anderer zu erhalten, je mehr sie den Verdacht hegen, daß ihr guter Ruf schon befleckt ist.

63. *Kindliches Wesen [Childishness].* – Wenn man aber den rechten Weg mit Kindern einschlägt, wird man die gewöhnlichen Belohnungen und Strafen nicht in dem Maße anwenden müssen, wie man denkt und wie es

allgemein geübter Brauch ist. Denn all ihre unschuldige Ausgelassenheit, ihr Spiel und kindliches Treiben muß völlig frei und uneingeschränkt bleiben, soweit es sich mit dem schuldigen Respekt vor anwesenden Personen verträgt, und zwar mit weitestgehender Nachsicht. Wenn man diese Fehler, mehr Fehler des kindlichen Alters als der Kinder selbst, wie es sein sollte, nur der Zeit, dem guten Beispiel und reiferen Jahren zu heilen überließe, würden Kinder mancher unangebrachten und nutzlosen Zurechtweisung entgehen, die entweder versagt, die natürliche Veranlagung der Kindheit zu überwinden, und infolgedessen durch unwirksame Gewöhnung eine Zurechtweisung in anderen notwendigen Fällen noch weniger wirksam macht oder, wenn sie stark genug ist, den natürlichen Frohsinn jenes Alters einzuschränken, nur dazu taugt, die körperliche und seelische Verfassung zu verderben. Wenn Lärm und Tumult ihres Spiels sich einmal als störend erweisen oder für den Ort oder die Gesellschaft, in der sie sich befinden (und das kann nur sein, wo ihre Eltern sind), unpassend erscheinen, wird ein Blick oder ein Wort vom Vater oder der Mutter hinreichen, sie für diese Zeit entweder zu entfernen oder zur Ruhe zu bringen, falls die Eltern die erforderliche Autorität besitzen. Aber diese Spielfreudigkeit, welche ihrem Alter und ihrer Konstitution von der Natur weislich angepaßt worden ist, sollte man eher ermutigen, um sie lebendig zu erhalten und ihre Kraft und Gesundheit zu festigen, als zügeln und beschränken; ja, die größte Kunst besteht darin, alles, was sie zu tun haben, zu vergnüglichem Spiel und Kurzweil zu machen.

64. *Gebote [Rules].* – Und hier erlaube man mir, auf eines hinzuweisen, das ich als Fehler in der herkömmlichen Erziehungsmethode ansehe: man belastet das Gedächtnis der Kinder bei jeder Gelegenheit mit Geboten und Vorschriften, die sie häufig nicht verstehen und regelmäßig so schnell vergessen, wie sie gegeben

werden. Will man etwas von ihnen getan oder anders getan haben und sie vergessen es oder machen es ungeschickt, so lasse man sie es wieder und wieder tun, bis sie es tadellos können; dadurch erreichen wir zwei Vorteile: Erstens sieht man, ob es etwas war, was sie verrichten können oder was man vernünftigerweise von ihnen erwarten konnte; denn manchmal werden Kindern Dinge zu tun aufgetragen, die sie, wenn man es genauer untersucht, zu tun gar nicht imstande waren und die man sie hätte lehren und üben lassen müssen, bevor man sie von ihnen verlangte. Aber es ist natürlich für einen Erzieher viel leichter zu befehlen als zu lehren. Zweitens erreicht man, daß durch die Wiederholung einer Handlung so lange, bis sie zur Gewohnheit geworden ist, ihre Ausführung nicht vom Gedächtnis oder vom Nachdenken abhängt, den Gefährten der Klugheit und des Alters und nicht der Kindheit, sondern daß sie zur Natur wird. So ist die Verbeugung vor einem Gentleman, der ihn grüßt, und der Aufblick zu seinem Gesicht, wenn er mit ihm spricht, einem wohlerzogenen Menschen durch ständige Gewohnheit so natürlich geworden wie das Atmen; es bedarf dazu keines Nachdenkens und keiner Überlegung. Hat man auf diese Weise einen Fehler des Kindes abgestellt, ist er für immer abgestellt; und so kann man sie alle nacheinander ausjäten und alle Gewohnheiten einpflanzen, die man nur will.

65. Ich habe erlebt, daß Eltern ihren Kindern so viele Verhaltensgebote aufluden, daß es für die armen Kleinen unmöglich war, nur den zehnten Teil davon zu merken, geschweige denn zu beachten. Dennoch wurden sie sowohl durch Worte als auch durch Schläge für die Verletzung jener vielfachen und oft recht belanglosen Vorschriften zurechtgewiesen. Daraus folgte ganz natürlich, daß die Kleinen nicht beachteten, was man ihnen sagte, da es ihnen klar wurde, daß alle Aufmerksamkeit, deren sie fähig waren, nicht hinreichte,

sie vor der Überschreitung und dem darauf folgenden Verweis zu bewahren.
Laß daher der Gebote für deinen Sohn so wenige wie möglich sein und lieber weniger als mehr, als unbedingt nötig erscheint. Denn wenn du ihm viele Gebote auferlegst, muß notwendig eines von diesen beiden die Folge sein: entweder muß er sehr oft bestraft werden, was böse Folgen haben wird, weil es die Strafe zu häufig und zu gewohnt macht; oder aber du mußt die Übertretung eines deiner Gebote ungestraft hingehen lassen, wodurch diese natürlich in seinen Augen verächtlich werden und deine Autorität untergraben wird. Gib nur wenige Gesetze, aber sieh darauf, daß sie, einmal gegeben, auch wohl befolgt werden. Wenige Jahre bedürfen nur weniger Gesetze, und bei zunehmendem Alter magst du, wenn ein Gebot sich durch Übung recht gefestigt hat, ein weiteres hinzufügen.
66. *Gewohnheiten [Habits].* – Bedenke aber bitte, daß man Kinder nicht durch Gebote belehren kann, die ihrem Gedächtnis immer wieder entschlüpfen. Was sie nach deiner Meinung unbedingt tun müssen, das festige in ihnen durch unerläßliche Übung [practice], sooft die Gelegenheit dazu wiederkehrt; und wenn es möglich ist, schaffe die Gelegenheiten. Das wird Gewohnheiten in ihnen erzeugen, die, einmal eingewurzelt, von selbst zwanglos und selbstverständlich wirken, ohne Hilfe des Gedächtnisses. Hier möchte ich jedoch zwei Vorsichtsmaßregeln geben. (1) Die eine ist, man halte sie zur Übung dessen an, was man in ihnen zur Gewohnheit entwickeln möchte, mit freundlichen Worten und sanften Ermahnungen, mehr als wolle man sie an etwas erinnern, das sie vergessen haben, als mit schroffem Verweis und Schelten, wie wenn sie absichtlich schuldig wären. (2) Ein weiteres, auf das man achten sollte, ist, daß man nicht versucht, zu viele Gewohnheiten auf einmal einzupflanzen, damit die Mannigfaltigkeit nicht Verwirrung stifte und so keine zur Vollkommenheit

gelangt. Wenn ständige Gewöhnung ihnen etwas leicht und natürlich gemacht hat und sie es tun, ohne überlegen zu müssen, dann mag man zu weiterem übergehen.

Übung [Practice]. – Diese Methode, Kinder durch wiederholte Übung zu lehren und dadurch, daß man sie unter den Augen und unter Anleitung des Erziehers immer wieder dasselbe tun läßt, bis es ihnen zur Gewohnheit geworden ist, es gut zu tun, nicht aber die, sich auf Gebote zu verlassen, die man ihrem Gedächtnis anvertraut hat, diese Methode bietet so viele Vorteile, von welcher Seite man sie auch ansehen mag, daß ich mich nur wundern kann (wenn man sich überhaupt über schlechte Gewohnheiten in irgendeiner Hinsicht wundern mag), wie es möglich war, sie so sehr zu vernachlässigen. Ich will eine weitere anführen, die sich hier gerade anbietet. Bei dieser Methode werden wir sehen, ob das, was man von dem Kind verlangt, seinen Fähigkeiten angepaßt und seiner natürlichen Anlage und Konstitution überhaupt gemäß ist; denn auch das muß bei einer rechten Erziehung bedacht werden. Wir können nicht hoffen, die Grundlage des Charakters völlig zu ändern, den Fröhlichen nachdenklich und ernst oder den Schwermütigen lustig zu machen, ohne ihn zu verderben. Gott hat den Gemütern der Menschen bestimmte Charakterzüge aufgeprägt, die wie ihre Körpergestalt vielleicht ein wenig gebessert, aber schwerlich vollkommen geändert und in das Gegenteil umgebildet werden können.

Wer also mit Kindern zu tun hat, sollte ihre Natur und ihre Fähigkeiten wohl studieren und durch häufige Versuche zu erkennen suchen, in welche Richtung sie von sich aus streben und was ihnen gemäß ist; er sollte beobachten, welche Veranlagung sie haben, wie man sie fördern kann und wofür sie geeignet ist; er sollte in Betracht ziehen, was ihnen mangelt, ob sie fähig sind, es durch Fleiß zu erreichen und durch Übung sich anzueignen, und ob es sich lohnt, sich darum zu bemühen. Denn in vielen Fällen ist alles, was wir tun können oder anstreben sollten, das Beste aus dem zu machen, was die Natur ihnen verliehen hat, den Lastern und Fehlern vorzubeugen, denen eine solche Wesensart am meisten zuneigt, und ihr alle erdenkliche Förderung angedeihen zu lassen. Jedermanns natürliche Anlage sollte soweit wie möglich gefördert werden; jedoch zu versuchen, ihm eine andere aufzuzwingen, wird nur vergebliche Mühe sein; und was so aufgepflastert ist, wird im besten Falle nur schief sitzen und immer den plumpen Charakter des Gezwungenen und der Affektiertheit tragen.

Affektiertes Wesen [Affectation] ist, wie ich gestehe, nicht ein früher Fehler der Kindheit oder das Erzeugnis einer ungebildeten Natur. Es gehört zu jenen Unkräutern, die nicht in der wilden, unbebauten Einöde wachsen, sondern im Gartenland unter der nachlässigen Hand oder der ungeschickten Pflege eines Gärtners. Beeinflussung und Belehrung und ein gewisser Sinn für die Notwendigkeit guter Lebensart sind erforderlich; sie machen einen jeden reif zur Affektiertheit, die sich bemüht, angeborene Mängel zu verbessern, und immer die lobenswerte Absicht hat zu gefallen, obwohl sie ihr Ziel immer verfehlt; je mehr sie sich anstrengt, den Schein der Anmut zu gewinnen, desto weiter ist sie von ihr entfernt. Aus diesem Grunde muß sie um so sorgfältiger überwacht werden, weil sie der eigentliche Fehler der Erziehung ist; zwar einer verkehrten Erziehung, aber einer solchen, der junge Menschen oft zum Opfer fallen, sei es durch eigenen Irrtum, sei es infolge der schlechten Leitung derer, die mit ihnen zu tun haben.

Wer untersuchen will, worin jene Anmut [gracefulness] liegt, die immer gefällt, wird finden, daß sie aus jener natürlichen Übereinstimmung entsteht, die in Erscheinung tritt zwischen dem Tun und einer seelischen Ein-

stellung, die so geartet ist, daß man sie immer als der Gelegenheit angemessen gutheißen kann. Ein menschenfreundliches, wohlwollendes und höfliches Wesen gefällt uns notwendigerweise, wo wir ihm auch begegnen. Ein freier, sich selbst und alle seine Handlungen beherrschender Charakter, nicht niedrig und engherzig, nicht hochmütig und anmaßend, von keinem großen Makel befleckt, nimmt jedermann für sich ein. Die Handlungen, die einem so wohlgeformten Wesen ganz natürlich entspringen, gefallen uns ebenso, da sie echtes Zeugnis von ihm ablegen; und da sie sozusagen natürliche Ausflüsse des Geistes und einer inneren Veranlagung sind, können sie nur natürlich und zwanglos sein. Hierin scheint mir jene Schönheit zu liegen, die das Handeln mancher Menschen durchleuchtet, alles was sie tun, hervorhebt, und alle, die ihnen nahekommen, für sie einnimmt; denn durch ständige Übung haben sie ihr Benehmen so gestaltet, und alle jene kleinen Äußerungen der Höflichkeit und der Achtung, die Natur oder Sitte im geselligen Umgang ausgebildet haben, sind ihnen so selbstverständlich geworden, daß sie nicht erkünstelt oder gesucht erscheinen, sondern sich ganz natürlich aus ihrem angenehmen Wesen und ihrer glücklichen Anlage zu ergeben scheinen.
Dagegen ist Affektiertheit eine plumpe und gezwungene Nachahmung dessen, was natürlich und ungezwungen sein sollte, und ermangelt der Schönheit, die alles begleitet, was natürlich ist; denn hier findet sich immer ein Widerstreit zwischen äußerem Tun und innerem Wesen, und zwar in zweierlei Hinsicht: (1) Entweder will jemand nach außen hin eine Gemütsstimmung zeigen, in der er sich zur Zeit in Wirklichkeit nicht befindet, die er aber durch gezwungenes Benehmen zur Schau zu stellen sich bemüht, jedoch so, daß der Zwang, den er sich auferlegt, sich selbst offenbart; so tun manche Menschen, als seien sie traurig, fröhlich oder freundlich, während sie es in der Tat nicht sind.

(2) Im anderen Falle bemühen sie sich nicht, Gemütsverfassungen zur Schau zu stellen, die sie nicht haben, sondern jene, die sie haben, durch ein ihnen nicht angemessenes Verhalten zu äußern. Solcher Art sind im geselligen Umgang alle gezwungenen Bewegungen, Handlungen, Worte oder Blicke, die zwar beabsichtigen, der Gesellschaft Achtung oder Höflichkeit zu erweisen oder zu zeigen, wie sehr man sich in ihrer Mitte wohl fühlt und zufrieden ist, die aber keine natürlichen oder echten Anzeichen des einen oder des anderen sind, sondern vielmehr Anzeichen eines inneren Mangels oder Fehlers. Eine große Rolle spielt dabei die Nachahmung anderer, ohne daß man unterscheidet, was anmutig an ihnen ist oder was das Besondere ihres Charakters ausmacht. Affektiertheit jeder Art, woher sie auch stammt, stößt immer ab, weil wir von Natur aus hassen, was nachgemacht ist, und diejenigen verurteilen, die nichts Besseres aufzuweisen haben, womit sie sich empfehlen könnten.
Einfache und ungekünstelte, sich selbst überlassene Natur ist viel besser als künstliches, gezwungenes Wesen und derart einstudiertes verkehrtes Benehmen. Daß wir irgend etwas nicht können oder einen Fehler haben, der uns vollkommene Anmut in unserem Benehmen nicht erreichen läßt, wird der Beobachtung und dem Tadel oft entgehen. Affektiertes Wesen hingegen in irgendeinem Teil unseres Benehmens rückt unsere Mängel ins helle Licht und läßt uns unfehlbar auffallen als jemand, dem es entweder an Verstand oder an Aufrichtigkeit mangelt. Darauf sollten Erzieher um so sorgfältiger achten, weil es, wie ich oben bemerkt habe, eine erworbene Häßlichkeit ist, die falsch verstandener Erziehung zu verdanken ist und deren sich nur die wenigen schuldig machen, die auf gesellschaftliche Bildung Anspruch erheben und nicht angesehen werden möchten, als wüßten sie nicht, was der gute Ton als schicklich im geselligen Umgang fordert; und wenn ich

mich nicht irre, liegt der Ursprung dafür oft in den bequemen Ermahnungen derjenigen, die Gebote erlassen und Beispiele hinstellen, ohne ihre Belehrungen mit Übung zu verbinden und ihre Schüler unter ihren Augen die Übung wiederholen zu lassen, um abzustellen, was unschicklich oder gezwungen daran ist, bis es sich zu gewohnheitsmäßiger und wohlanständiger Selbstverständlichkeit vervollkommnet hat.

67. *Gute Manieren [Manners]*, wie man es nennt, derentwegen Kinder so oft Kummer leiden und so viele gut gemeinte Ermahnungen weiser Kindermädchen und Gouvernanten anhören müssen, sollten meiner Meinung nach lieber durch Beispiele als durch Regeln gelernt werden; denn wenn man Kinder von schlechtem Umgang fernhält, werden sie auch ihren Stolz dareinsetzen, sich nach der Art anderer anständig zu benehmen, da sie sich deswegen geachtet und gelobt sehen. Wenn aber infolge einer kleinen Vernachlässigung in dieser Hinsicht der junge Mann seinen Hut nicht ziehen oder keinen gefälligen Kratzfuß machen sollte, wird ein Tanzmeister diesem Mangel abhelfen und all jene natürliche Ungekünsteltheit auslöschen, die das »modische« Volk bäurisch nennt. Und da mir nichts den Kindern mehr gefällige Sicherheit und Anstand zu geben scheint und ihren geselligen Umgang mit Älteren fördert als das *Tanzen [Dancing]*, meine ich, man sollte sie tanzen lehren, sobald sie es zu lernen imstande sind. Denn obwohl es nur in äußerer Anmut der Bewegung besteht, gibt es den Kindern doch irgendwie, mehr als alles andere, Männlichkeit im Denken und Auftreten. Darüber hinaus möchte ich aber nicht, daß man kleine Kinder viel mit ausgeklügelten Spitzfindigkeiten guter Lebensart plagt.

Kümmere dich nie um solche Fehler, die, wie man weiß, das Alter abstellen wird; daher sollte, solange sie jung sind, Mangel an ausgeformter Höflichkeit [civility] im Benehmen die geringste Sorge der Eltern sein, wenn Höflichkeit nur nicht im Wesen fehlt (denn da muß man sie früh einzupflanzen trachten). Wenn das zarte Gemüt mit Verehrung für Eltern und Lehrer erfüllt ist, welche in Liebe und Achtung besteht und in der Furcht, sie zu verletzen, und mit Achtung und Wohlgesonnenheit gegenüber jedermann, wird diese Achtung sich selbst zum Ausdruck bringen können in Formen, die nach eigener Beobachtung am willkommensten sind. Sieh zu, daß die Grundsätze natürlicher Güte und Freundlichkeit in ihm erhalten bleiben; mache sie ihm zur Gewohnheit, soweit du kannst, durch Anerkennung und Lob und die Annehmlichkeiten, die jenen Zustand begleiten; und wenn sie in seinem Wesen verwurzelt sind und durch fortgesetzte Übung sich gefestigt haben, sei unbesorgt: der Schmuck feinen geselligen Umgangs und das Äußere vornehmer Manieren werden zur rechten Zeit kommen, wenn man sie nur, nachdem sie der Obhut des Kindermädchens entzogen sind, in die Hand eines wohlerzogenen Mannes gibt, der ihr Erzieher sein soll.

Solange die Kinder noch sehr jung sind, muß man ihnen jegliche Unachtsamkeit nachsehen, die nicht das Zeichen des Hochmuts oder der Böswilligkeit an sich trägt; zeigen sich diese jedoch bei irgendwelchem Tun, müssen sie sofort in der angeführten Weise bekämpft werden. Was ich über die Manieren gesagt habe, möchte ich nicht so verstanden wissen, als wollte ich nicht, daß diejenigen, die verständig genug sind, die Bewegungen und das Benehmen der Kinder, solange sie noch sehr jung sind, behutsam formen. Es wäre für sie sehr vorteilhaft, wenn sie, sobald sie gehen können, jemand um sich hätten, der dazu geschickt wäre und es auch richtig anzufangen wüßte. Worüber ich Klage führe, ist der falsche Weg, den man in dieser Beziehung meistens einschlägt. Kinder, denen man nie etwas über Benehmen und dergleichen gesagt hat, werden häufig (besonders wenn Fremde dabei sind) gescholten, weil sie

es in dieser oder jener Hinsicht an guten Manieren haben fehlen lassen, und müssen sich dafür mit Vorwürfen und Vorschriften überhäufen lassen, wie man etwa seinen Hut abnimmt oder einen Kratzfuß macht. Obgleich die Betreffenden dabei vorgeben, das Kind belehren zu wollen, dient es in Wahrheit meistens nur dazu, die eigene Beschämung zu verdecken; sie geben den armen Kleinen die Schuld, um sie von sich selbst abzuwälzen, und manchmal mit übergroßer Heftigkeit, weil sie befürchten, die Anwesenden möchten das schlechte Benehmen des Kindes dem eigenen Mangel an Sorgfalt und Geschicklichkeit zuschreiben.
Denn was die Kinder selbst anlangt, werden sie durch solche Gelegenheitspredigten auch nicht um ein Jota gebessert. Man sollte ihnen zu anderen Zeiten zeigen, was sie zu tun haben, und sie vorher durch wiederholte Übung zu dem erziehen, was sich gehört und schickt, sie aber nicht auf der Stelle anfahren, damit sie das tun, woran sie nie gewöhnt worden sind und wovon sie nicht wissen, wie sie es tun sollen. Sie so bei jeder Gelegenheit schikanieren und schelten, heißt nicht sie belehren, sondern sie sinnlos quälen und peinigen. Man sollte sie lieber in Ruhe lassen als für einen Fehler schelten, der nicht ihr eigener ist und den sie auch gar nicht abstellen können dadurch, daß man sie anfährt. Es wäre viel besser, man überließe ihre natürliche kindliche Achtlosigkeit oder Unbekümmertheit der Sorge reiferer Jahre, als daß man sie mit unangebrachtem Tadel überhäuft, der ihnen anmutige Bewegungen weder verleiht noch verleihen kann. Wenn ihr Wesen gute Anlagen und innere Höflichkeit zur Grundlage hat, werden Zeit und Achtsamkeit einen großen Teil der Rauheit abschleifen, die dem Äußeren mangels besserer Unterweisung anhaftet, falls sie nur in guter Gesellschaft heranwachsen und aufgezogen werden; wenn aber in schlechter, dann werden alle Regeln der Welt und alle nur vorstellbare Zurechtweisung sie nicht glät-

ten können. Denn man muß dies als eine sichere Wahrheit hinnehmen: Wieviel man ihnen auch an Lehren mit auf den Weg gibt und an noch so ausgeklügelten Lebensregeln täglich einprägt, was ihr Benehmen am meisten beeinflußt, ist die Gesellschaft, in der sie verkehren, und die Art, wie ihre Umgebung sich benimmt. Kinder (ja, selbst Erwachsene) folgen meistens einem Beispiel. Wir sind alle eine Art Chamäleon und nehmen die Farbe der Dinge an, die in unserer Nähe sind; also darf man sich darüber nicht bei Kindern wundern, die besser verstehen, was sie sehen, als was sie hören.

68. *Umgang [Company].* – Ich habe oben einen großen Schaden erwähnt, der Kindern von Dienstboten zugefügt wird, wenn diese durch Schmeicheleien die elterlichen Zurechtweisungen abstumpfen und schwächen und dadurch ihre Autorität vermindern; hier nun ist ein weiterer großer Übelstand, dem Kinder durch das schlechte Beispiel, das sie unter den geringeren Dienstboten antreffen, ausgesetzt sind.

Sie müssen, wenn möglich, von solchem Umgang [conversation] ganz ferngehalten werden; denn die Ansteckung durch solche schlimmen Beispiele vergiftet Kinder in schrecklicher Weise, sooft sie damit in Berührung kommen, und zwar hinsichtlich ihres Benehmens wie auch der Tugend. Sie lernen häufig von ungebildeten oder sittenlosen Dienstboten Redensarten, böse Streiche oder Laster, über die sie sonst möglicherweise ihr Leben lang in Unwissenheit bleiben würden.

69. Es ist schwer, diesen Schaden ganz zu verhüten. Du bist glücklich dran, wenn du niemals einen bäurischen oder lasterhaften Dienstboten hast und deine Kinder von diesen Menschen niemals angesteckt werden; aber man muß doch dagegen soviel tun, wie man nur kann, und die Kinder soviel wie möglich in der Gesellschaft ihrer Eltern[12] und der Obhut derer halten, denen sie anvertraut sind. Dabei sollten sich die Kinder wohl

fühlen; man sollte ihnen die ihrem Alter angemessene Freiheit und Ungebundenheit erlauben und sie nicht unter unnötigem Zwang halten, wenn sie unter den Augen ihrer Eltern oder Erzieher sind. Wenn das für sie ein Gefängnis ist, ist es kein Wunder, wenn sie es nicht mögen. Man darf sie nicht hindern, Kinder zu sein, zu spielen, sich als Kinder zu geben, sondern nur, Böses zu tun; alle andere Freiheit sei ihnen zugestanden. Weiter, um sie die Gesellschaft ihrer Eltern lieben zu lehren, sollten sie alles, was ihnen Freude macht, dort und aus ihren Händen empfangen. Den Dienstboten sollte untersagt sein, sich bei ihnen einzuschmeicheln, indem sie ihnen alkoholische Getränke, Wein, Obst, Spielsachen und dergleichen geben, was ihnen den Umgang mit jenen wünschenswert erscheinen lassen könnte.

70. *Gesellschaft [Company].* – Da ich die Gesellschaft genannt habe, möchte ich fast meine Feder wegwerfen und dich nicht länger mit diesem Gegenstand behelligen; denn da sie mehr vermag als alle Vorschriften, Gebote und Unterweisungen, scheint es mir fast ganz vergeblich zu sein, eine lange Abhandlung über andere Dinge anzustellen, da über diesen Gegenstand zu reden fast zwecklos ist. Denn man wird geneigt sein zu fragen: Was soll ich mit meinem Sohn anfangen? Wenn ich ihn immer zu Hause behalte, besteht die Gefahr, daß er immer mein junger Herr bleibt; und wenn ich ihn hinausschicke, wie ist es möglich, ihn vor der Ansteckung der Roheit und des Lasters zu bewahren, die so allgemein im Schwange sind? In meinem Hause wird er vielleicht unschuldiger bleiben, aber auch unerfahrener in den Dingen der Welt; da er hier der Abwechslung im Umgang entbehrt und immer nur an dieselben Gesichter gewöhnt ist, wird er, wenn er hinauskommt, ein Tölpel oder ein eingebildeter Wicht sein.

Ich gebe zu, beides hat seine Schattenseiten. Der Verkehr mit der Außenwelt wird ihn zwar kühner machen, ihn besser befähigen, sich mit Knaben gleichen Alters zu tummeln und sich unter ihnen zu bewegen; und der Wetteifer unter Schulkameraden bringt oft Leben und Eifer in junge Burschen. Aber bis man eine Schule findet, in der es dem Lehrer möglich ist, sich um die Sitten der Schüler zu kümmern, und die in der Bemühung um die Ausbildung ihres Wesens zur Tugend und ihres Benehmens zu guter Lebensart gleich große Erfolge aufweisen kann wie in der Heranbildung ihrer Zungen zur Fertigkeit in den gelehrten Sprachen, muß man gestehen, daß man eine seltsame Vorliebe für Worte hat. Denn man zieht die Sprache der alten Griechen und Römer dem vor, was sie zu so tüchtigen Männern gemacht hat, und hält es für lohnend, die Unschuld und Tugend seines Sohnes für ein bißchen Griechisch und Latein aufs Spiel zu setzen. Was nämlich jene Kühnheit und Unternehmungslust anlangt, welche junge Burschen unter ihren Spielkameraden auf der Schule erwerben, so ist im allgemeinen ein solcher Beigeschmack von Roheit und übler Dreistigkeit dabei, daß jene unziemliche und unredliche Art, sich in der Welt durchzusetzen, wieder verlernt und all diese Tünche wieder abgewaschen werden muß, um Platz zu machen für bessere Grundsätze und Manieren, die einen wahrhaft würdigen Mann kennzeichnen. Wer in Erwägung zieht, in wie krassem Gegensatz die Kunst recht zu leben und seine Angelegenheiten in der Welt so zu führen, wie ein Mann es tun sollte, zu jener Frechheit, Verschmitztheit und Gewalttätigkeit steht, die man unter Schuljungen lernt, der wird die Mängel einer mehr häuslichen Erziehung solchen Errungenschaften unendlich vorziehen und Sorge tragen, die Unschuld und Sittenreinheit seines Sohnes zu Hause zu bewahren; denn sie sind den Eigenschaften, die einen tüchtigen und fähigen Mann ausmachen, näher verwandt und führen leichter darauf hin. Kein Mensch meint oder befürchtet auch nur, daß jene Zurückgezogenheit und Schamhaftigkeit, in der seine Töchter aufgewachsen sind, sie zu weniger gebildeten und weniger fähigen Frauen macht. Geselliger Umgang gibt ihnen, sobald sie in die Welt hinaustreten, bald eine gefällige Sicherheit; und was darüber hinaus an rohem und lärmendem Wesen vorhanden ist, kann man auch bei Männern wohl entbehren; denn Mut und Festigkeit, wie ich sie auffasse, bestehen nicht in Roheit und Ungezogenheit.

Tugend ist schwerer zu erlangen als Weltkenntnis und selten wiederzugewinnen, wenn ein junger Mann sie verloren hat. Schüchternheit und Weltfremdheit, Mängel, die man der Einzelerziehung zuschreibt, sind weder notwendige Folgen der häuslichen Erziehung noch, wenn sie es wären, unheilbare Übel. Das Laster ist das hartnäckigere wie auch das gefährlichere Übel von beiden; gegen dieses sind daher in erster Linie Schranken zu errichten. Wenn jene schüchterne Weichheit, die oft diejenigen entnervt, die zu Hause verzärtelt worden sind, sorgfältig vermieden werden soll, so geschieht das in erster Linie um der Tugend willen, damit eine solche nachgiebige Wesensart nicht zu empfänglich für lasterhafte Einflüsse wird und den Neuling zu leicht dem Verderben ausliefert. Bevor ein junger Mann die Geborgenheit des Vaterhauses und die Obhut seines Erziehers verläßt, sollte er mit Entschlossenheit gewappnet und mit Männern bekannt geworden sein, um seine Tugenden zu sichern, damit er nicht auf verderbliche Pfade oder an einen verhängnisvollen Abgrund gerät, ehe er mit den Gefahren geselligen Umgangs hinreichend bekannt ist und genügend Festigkeit hat, nicht jeder Versuchung zu erliegen. Ginge es nicht darum, bedürften die Schüchternheit und Weltunkenntnis eines jungen Mannes nicht so frühzeitiger Vorsorge. Geselliger Umgang würde sie großenteils abstellen; wenn dies aber nicht früh genug erreicht wird, liegt eine um so zwingendere Notwendigkeit für einen guten Hauslehrer vor. Denn wenn man sich Mühe geben muß, ihm beizeiten männliches Benehmen und Sicherheit zu geben, so hauptsächlich deswegen, weil es ein Schutz für seine Tugend ist, sobald er unter eigener Verantwortung in die Welt hinausgeht.

Es ist daher absurd, seine Unverdorbenheit zu opfern, um ihm dafür Selbstvertrauen und ein gewisses Geschick, sich unter anderen durchzusetzen, durch Umgang mit schlecht erzogenen und lasterhaften Knaben zu verschaffen, da der Hauptzweck jener Festigkeit, jenes Stehens auf eigenen Füßen nur die Bewahrung seiner Tugend ist. Denn wenn Selbstvertrauen oder Geschicklichkeit sich einmal mit dem Laster verbindet und die Verirrungen unterstützt, ist er nur um so sicherer verloren; und man muß ungeschehen machen und ihm wieder wegnehmen, was er von seinen Kameraden gelernt hat, oder ihn dem Verderben anheimgeben. Sobald junge Leute in den Umgang mit Männern eingeführt werden, lernen sie Selbstsicherheit, und das ist früh genug. Bescheidenheit und Unterwürfigkeit machen sie bis dahin für den Unterricht geeigneter; daher bedarf es keiner großen Vorsorge, sie vor der Zeit mit Selbstvertrauen zu erfüllen. Am meisten Zeit, Mühe und Beharrlichkeit erfordert es, in ihnen die Grundsätze und die Ausübung der Tugend und der guten Lebensart zu verankern. Mit dieser Würze sollten sie so durchsetzt werden, daß sie nicht leicht wieder herausgeht. Damit sollten sie wohlversehen sein; denn wenn sie in die Welt treten, wird der gesellige Umgang ihre Kenntnisse bereichern und ihre Selbstsicherheit steigern, aber nur zu leicht ihre Tugend vermindern; mit dieser sollten sie daher reichlich versehen und tief durchtränkt sein.

Wie sie für den geselligen Umgang mit Menschen vorgebildet und in die Welt eingeführt werden sollten, wenn sie reif dazu sind, werden wir an anderer Stelle

betrachten. Wie aber jemand, den man in eine bunte Herde ausgelassener Knaben steckt und der dort lernt, beim Schlagballspiel sich um den Ball zu raufen und beim Pfennigwerfen zu betrügen, zu feinem Umgang oder für seinen Beruf befähigt werden soll, kann ich nicht einsehen. Und was für Eigenschaften sollten in der Regel von einer solchen Schar Spielgenossen, wie Schulen sie gewöhnlich von Eltern aller Arten zusammenbringen, übernommen werden? Daß ein Vater darauf aus sein sollte, ist schwer zu verstehen. Ich bin überzeugt, wer sich einen Erzieher in seinem Hause leisten kann, wird seinem Sohn feineres Benehmen, männlichere Gedanken und einen Sinn für Würde und Anstand, mit größeren Fortschritten in den Wissenschaften obendrein, verschaffen und ihn schneller zum Manne reifen lassen, als irgend jemand in der Schule es kann. Nicht, daß ich damit den Schulmeister tadeln wollte oder meinte, es könne ihm zur Last gelegt werden. Es ist ein großer Unterschied zwischen zwei oder drei Schülern im selben Haus und drei oder vier Dutzend Schülern, von denen der eine hier, der andere da wohnt: denn mögen Fleiß und Geschick des Lehrers noch so groß sein, es ist unmöglich, daß er fünfzig oder hundert Schüler im Auge behält über die Zeit hinaus, die sie in der Schule zusammen sind; auch kann man nicht erwarten, daß er ihnen mit Erfolg mehr beibringt, als was in den Büchern steht; denn die Formung ihres Charakters und ihrer Sitten erfordert beständige Aufmerksamkeit und besondere Hinwendung zu jedem einzelnen Knaben, was in einer zahlreichen Herde unmöglich ist und völlig vergeblich wäre (selbst wenn er Zeit hätte, die besonderen Fehler und schlechten Neigungen jedes einzelnen zu studieren und zu bessern), da der Junge den größten Teil der vierundzwanzig Stunden sich selbst oder der übermächtigen Ansteckung durch seine Kameraden überlassen bleibt.
Aber Väter, die beobachten, daß gerade kühne und

rührige Männer sich häufig mit größtem Erfolg um die Gunst des Schicksals bemühen, sehen es gern, wenn ihre Söhne beizeiten keck und vorwärtsdrängend sind; sie halten es für ein gutes Vorzeichen, daß sie als Männer ihr Glück machen werden, und sehen die Streiche, die sie ihren Schulkameraden spielen oder die sie von ihnen lernen, als Fortschritt in der Kunst an, das Leben zu meistern und sich einen Weg durch die Welt zu bahnen. Ich muß mir jedoch die Freiheit nehmen zu sagen, daß, wer den Grund zu dem Glück seines Sohnes in Tugend und gute Erziehung legt, den einzig sicheren und zuverlässigen Weg wählt. Denn es sind nicht die unter Schuljungen üblichen Späße und Betrügereien, nicht ihr grobes Benehmen gegeneinander und auch nicht die gut ausgeheckten Pläne, gemeinsam einen Obstgarten zu plündern, die einen tüchtigen Mann machen, sondern die Grundsätze der Gerechtigkeit, der Großzügigkeit und der Besonnenheit, verbunden mit Achtsamkeit und Fleiß, Eigenschaften, die, wie ich meine, Schuljungen kaum voneinander lernen. Wenn aber ein junger, zu Hause erzogener Gentleman nicht mehr davon gelernt hat, als er in der Schule lernen könnte, dann hat der Vater hinsichtlich des Erziehers eine sehr schlechte Wahl getroffen. Nimm einen Jungen von der Spitze der Lateinschule und einen gleichen Alters, der, wie es sein sollte, zu Hause in der Familie seines Vaters erzogen worden ist, und bringe sie zusammen in gute Gesellschaft und dann vergleiche, wer von beiden das männlichere Benehmen zeigt und mit gefälligerer Sicherheit sich Unbekannten zuwendet. Ich kann mir vorstellen, daß das Selbstvertrauen den Schuljungen hier entweder im Stiche läßt oder ihn in Mißkredit bringt; ist es aber von solcher Art, daß es ihm nur im Umgang mit Jungen hilft, dann sollte er besser darauf verzichten.

Wenn wir der allgemeinen Klage glauben dürfen, reift das Laster heutzutage so schnell und schießt bei jungen

Leuten so früh ins Korn, daß es unmöglich ist, einen jungen Menschen vor der sich ausbreitenden Anstekkung zu bewahren, wenn man es wagt, ihn unter die Herde hinauszulassen und die Wahl seines geselligen Umgangs an der Schule dem Zufall oder seiner eigenen Neigung anzuvertrauen. Durch welches Verhängnis das Laster in den letzten Jahren bei uns so aufgeschossen und durch wessen Hände es zu so unumschränkter Herrschaft aufgezogen worden ist, will ich anderen zur Untersuchung überlassen. Ich möchte nur, daß diejenigen, die über den großen Verfall christlicher Frömmigkeit und Tugend ganz allgemein und über den Verfall der Wissenschaften und der Bildung unter den gehobenen Ständen in dieser Generation Klage führen, sich Gedanken machten, wie man sie in der nächsten wiedergewinnen könnte. Darüber bin ich mir aber klar: wenn der Grund dazu nicht mit der Erziehung und Charakterfestigkeit der Jugend gelegt wird, werden alle anderen Bemühungen vergeblich sein. Und wenn die Unverdorbenheit, der besonnene Ernst und der Fleiß der Heranwachsenden nicht fürsorglich bewahrt werden, ist es lächerlich zu erwarten, daß die, die als unsere Nachfolger die Bühne betreten werden, jenes Maß an Tugend, Fähigkeit und Wissen besitzen, das bis jetzt England zu seiner Bedeutung in der Welt geführt hat. Ich wollte eigentlich noch den Mut hinzufügen, obwohl man ihn immer als natürliches Erbteil der Engländer angesehen hat. Was man in einer unseren Vorfahren unbekannten Art über einige kürzliche Seegefechte geredet hat,[13] gibt mir Veranlassung zu bemerken, daß Sittenlosigkeit den Mut der Menschen sinken läßt und Tapferkeit nur selten länger Bestand hat, wenn zügellose Ausschweifung den Sinn für wahre Ehre angefressen hat. Ich halte es sogar für unmöglich, daß man auch nur eine Nation als Beispiel anführen kann, mag sie wegen ihrer Tapferkeit auch noch so berühmt gewesen sein, die ihre Waffenehre aufrecht hielt oder von ihren Nachbarn gefürchtet wurde, nachdem moralische Verderbnis einmal die Schranken der Zucht durchbrochen und niedergerissen hatte und das Laster zu solcher Höhe angewachsen war, daß es sich mit unverhülltem Gesicht zeigen durfte, ohne in Verlegenheit zu geraten.

Tugend [Virtue] also, reine Tugend ist der schwierige und wertvolle Teil, der in der Erziehung erstrebt werden muß, und nicht rührige Keckheit oder irgendwelche kleinen Künste der Weltklugheit. Alle anderen Rücksichten, alle andere Ausbildung sollte ihr Platz machen und hintangesetzt werden. Sie ist das dauerhafte und wesentliche Gute, über das Erzieher nicht nur Vorträge halten und reden sollten; vielmehr sollte die Erziehung durch ihr Wirken und ihre Kunst das Gemüt damit ausstatten, sie in ihm festigen und nicht ruhen, bis der junge Mann eine echte Neigung zu ihr empfindet und seine Stärke, seine Ehre und sein Vergnügen darauf richtet.

Je weiter man damit vorankommt, desto leichter wird der Weg für andere Vervollkommnungen zu gegebener Zeit werden. Denn wer dazu gebracht worden ist, sich der Tugend zu unterwerfen, wird in nichts, das ihm ziemt, widerspenstig oder störrisch sein; und daher kann ich nicht umhin, der Erziehung eines jungen Gentleman zu Hause unter den Augen seines Vaters und unter einem guten Erzieher den Vorzug zu geben; das ist bei weitem der beste und zuverlässigste Weg zu dem großen und hauptsächlichen Ziel der Erziehung, wenn man es sich leisten kann und so einrichtet, wie es sein sollte. Vornehme Häuser sind selten ohne mannigfaltige Gesellschaft. Die Söhne sollten sich an all die fremden Gesichter, die hierher kommen, gewöhnen und den Verkehr mit Männern von Talent und guter Erziehung aufnehmen, sobald sie dessen fähig sind. Und warum jene, die auf dem Lande leben, ihre Söhne nicht mitnehmen sollten, wenn sie ihren Nachbarn Höflichkeitsbesuche abstatten, weiß ich nicht. Dessen aber bin ich sicher: ein Vater, der seinen Sohn zu Hause erzieht, hat Gelegenheit, ihn mehr in seiner eigenen Gesellschaft zu haben und ihm dort alle Ermunterung zu geben, die er für richtig hält. Und er kann ihn besser vor der Verführung durch Dienstboten und gemeinere Sorten von Menschen bewahren, als es draußen möglich ist. Welche Entscheidung man aber im Einzelfall treffen will, muß in großem Maße den Eltern überlassen werden; sie hängt von ihren Verhältnissen und persönlichen Umständen ab; ich halte es jedoch für die verkehrteste Art guter Hausführung, wenn ein Vater sich hinsichtlich der Erziehung seines Sohnes nicht ein wenig anstrengt; denn sie ist, was auch immer seine Lebensstellung sein mag, das beste Erbteil, das er ihm hinterlassen kann. Wenn aber nach all dem einige meinen sollten, die häusliche Erziehung biete zu wenig geselligen Umgang und die Erziehung an gewöhnlichen Schulen nicht den, den ein junger Gentleman haben sollte, so glaube ich, man könnte Wege finden, die Mißstände auf der einen wie auf der anderen Seite zu vermeiden.

71. *Beispiel [Example].* – Da ich hier Betrachtungen darüber anstelle, wie groß der Einfluß der Gesellschaft ist und wie wir alle, besonders Kinder, zur Nachahmung neigen, muß ich mir die Freiheit nehmen, die Eltern an eines zu erinnern: wer will, daß sein Sohn Ehrfurcht vor ihm und seinen Befehlen habe, muß selber Achtung vor seinem Sohn haben.

Maxima debetur pueris reverentia.[14] Du mußt vor ihm nichts tun, was er nicht nachahmen soll. Wenn dir irgend etwas entschlüpft, wird er sich mit Sicherheit hinter deinem Beispiel verschanzen und sich so verschanzen, daß es nicht leicht sein wird, an ihn heranzukommen und den Fehler auf rechte Weise abzustellen. Wenn du ihn für etwas bestrafst, was er dich selber tun sieht, wird er nicht glauben, daß diese Strenge deiner Güte entspringt, die darauf bedacht ist, einen seiner Fehler abzustellen; er wird vielmehr geneigt sein, sie als schlechte Laune und tyrannische Herrschsucht eines Vaters auszulegen, der ohne jeden Grund seinem Sohn die Freiheit und Vergnügungen versagen möchte, die er sich selbst herausnimmt. Wenn du aber die Freiheit, die du dir erlaubt hast, als ein Vorrecht in Anspruch nimmst, das reiferen Jahren zukommt und nach dem ein Kind nicht trachten darf, dann gibst du deinem Beispiel nur größeres Gewicht und empfiehlst ihm die Handlung um so nachdrücklicher. Denn du mußt immer dessen eingedenk sein, daß Kinder früher erwachsen sein wollen, als man denkt, und daß sie Hosen haben wollen, nicht wegen ihres Schnittes oder der Bequemlichkeit, sondern weil sie zu tragen ein Zeichen oder eine Vorstufe der Männlichkeit ist. Was ich von dem Verhalten des Vaters gegenüber seinen Kindern sage, muß sich auf alle erstrecken, die irgendwie Autorität für sie sind oder denen sie mit Achtung begegnen sollen.

72. *Strafe [Punishment]*. – Aber zurück zu dem Geschäft der Belohnungen und Strafen. Da, wie ich gesagt habe, alles kindische Tun, linkisches Benehmen, und was sonst noch Zeit und Alter von selbst sicherlich abstellen werden, von der Zucht der Rute ausgenommen ist, wird es nicht nötig sein, Kinder so häufig zu schlagen, wie es allgemein Brauch ist. Wenn wir dasselbe Vorrecht auf das Erlernen des Lesens, Schreibens, Tanzens, der Fremdsprachen usw. ausdehnen, wird in einer echten Erziehung nur sehr selten Veranlassung zu Schlägen oder Gewaltanwendung gegeben sein. Die rechte Art, sie diese Dinge zu lehren, ist, ihnen Liebe und Neigung beizubringen für das, was man ihnen zu lernen aufgibt, und das wird ihren Fleiß und Eifer anspornen. Das halte ich nicht für schwer, wenn Kinder so behandelt werden, wie es sein sollte, und die oben erwähnten Belohnungen und Strafen sorgsam an-

gewandt und mit ihnen in der Lehrmethode die folgenden wenigen Regeln beachtet werden:

73. (1) *Aufgabe [Task]*. – Nichts von dem, was sie zu lernen haben, sollte je zu einer Last für sie gemacht oder ihnen als Aufgabe auferlegt werden. Was so aufgegeben wird, wird sofort lästig; der Geist faßt Abneigung dagegen, wenn es auch vorher ein Gegenstand der Freude oder etwas Gleichgültiges war. Man befehle einem Kind nur, seinen Kreisel jeden Tag zu einer bestimmten Zeit zu peitschen, ob es Lust dazu hat oder nicht, man fordere nur, sich dieser Pflicht so und so viele Stunden am Vor- und Nachmittag zu widmen, und man sehe, ob es nicht auf diese Weise bald jeden Spiels überdrüssig wird. Ist das bei Erwachsenen nicht ebenso? Was sie von sich aus mit Freuden tun, werden sie es nicht sofort leid und können es nicht mehr aushalten, sobald sie sehen, daß man es als eine Pflicht von ihnen erwartet? Kinder sind genauso darauf aus zu zeigen, daß sie frei sind, daß ihr eigenes gutes Tun aus freien Stücken erfolgt, daß sie ungebunden und unabhängig sind, wie der selbstbewußteste von euch großen Männern, was man sonst auch immer von ihnen halten mag.

74. (2) *Stimmung [Disposition]*. – Infolgedessen sollten sie selten veranlaßt werden, selbst jene Dinge zu tun, für die man ihnen Neigung eingeflößt hat, wenn sie keine Lust dazu haben und nicht in Stimmung sind. Wer gern liest, schreibt, musiziert usw., kennt doch gewisse Zeiten, zu denen er solchen Dingen keinen Geschmack abgewinnen kann, und wenn er sich in solchen Augenblicken dazu zwingt, so plagt und müht er sich nur nutzlos ab. So ist es auch bei Kindern. Stimmungswechsel sollten sorgfältig beobachtet und die günstigen Gelegenheiten der Bereitschaft und Neigung sorgsam ergriffen werden; und wenn sie von sich aus nicht oft genug gut aufgelegt sind, sollte man sie zu guter Stimmung überreden, bevor man sie an eine Arbeit setzt.

Das ist, glaube ich, nicht schwer für einen verständigen Erzieher, der den Charakter seines Schülers studiert hat und sich ein bißchen Mühe gibt, seinen Kopf mit passenden Gedanken zu erfüllen, die ihm die jeweilige Aufgabe schmackhaft machen. Man könnte auf diese Weise viel Zeit und Mühe sparen; denn ein Kind lernt dreimal soviel, wenn es in Stimmung ist, als es bei doppelter Zeit und Mühe lernt, wenn es verdrossen an die Arbeit geht oder unwillig herangezerrt wird. Wenn man dies so beherzigen würde, könnte man Kindern erlauben, sich im Spiel auszutoben, und sie hätten doch noch Zeit genug zu lernen, was der Fassungskraft jeder Altersstufe angemessen ist. In der herkömmlichen Erziehung wird aber nichts dergleichen bedacht, und es ist auch nicht möglich. Jene rohe Zucht der Rute ist auf anderen Grundsätzen aufgebaut; sie hat keine Anziehungskraft in sich; sie beachtet nicht, in welcher Stimmung die Kinder sind, und sucht nicht die günstigen Augenblicke der Bereitschaft. Und in der Tat, wenn Zwang und Schläge im Kind eine Abneigung gegenüber seiner Aufgabe erweckt haben, wäre es lächerlich zu erwarten, es solle aus eigenen freien Stükken sein Spiel verlassen und die Gelegenheiten zum Lernen mit Vergnügen ergreifen; während man, wenn alles seine rechte Ordnung hätte, das Lernen all dessen, was sie lernen sollten, genauso zu einer Erholung vom Spiel machen könnte, wie das Spiel Erholung vom Lernen ist. Beides bedarf der gleichen Anstrengung. Das ist es auch gar nicht, was sie unwillig macht; denn sie wollen tätig sein, und Abwechslung und Mannigfaltigkeit machen ihnen von Natur aus Freude. Der einzige Unterschied ist der: in dem, was wir Spiel nennen, handeln sie in Freiheit und machen sie freien Gebrauch von ihrer Anstrengung (mit der sie, wie man beobachten kann, keineswegs sparsam umgehen); was sie aber lernen sollen, wird ihnen aufgezwungen; man ruft, zwingt und treibt sie dazu. Das ist es, was sie von Anfang an abschreckt und abkühlt; sie vermissen ihre Freiheit. Man bringe sie nur so weit, daß sie ihren Erzieher bitten, er möge sie unterrichten (wie sie ihre Spielkameraden oft bitten), anstatt daß er sie zum Lernen auffordert; und in dem Gefühl der Befriedigung, hier genauso frei zu handeln wie anderswo, werden sie mit ebensoviel Vergnügen auch hier voranschreiten, und es wird kein Unterschied bestehen zu anderem Zeitvertreib und ihrem Spiel. Befolgt man diese Methode sorgfältig, kann man ein Kind dazu bringen, daß es danach verlangt, in allem unterrichtet zu werden, was man es zu lehren beabsichtigt. Am schwersten ist es, ich gestehe, mit dem Ersten oder Ältesten; wenn es aber bei ihm erst einmal geht, ist es leicht, durch ihn die übrigen zu führen, wohin man will.

75. Obwohl kein Zweifel besteht, daß die günstigsten Augenblicke zum Lernen für Kinder diejenigen sind, in denen ihr Geist in Stimmung und gut aufgelegt ist, in denen weder geistige Abspannung noch Anspannung der Gedanken in anderer Richtung sie ungeschickt und abgeneigt macht, muß man doch auf zweierlei achten: (1) Wenn diese Augenblicke entweder nicht sorgsam wahrgenommen und genutzt werden, sooft sie wiederkehren, oder auch, wenn sie nicht so oft wiederkehren, wie sie sollten, darf die Ausbildung des Kindes deswegen nicht vernachlässigt werden, damit es nicht gewohnheitsmäßigem Müßiggang verfällt und in diesem Charakterzug bestärkt wird. (2) Obgleich manche Dinge schlecht gelernt werden, wenn der Geist nicht gut aufgelegt oder anderweitig in Anspruch genommen ist, ist es doch von großer Bedeutung und unserer Bemühungen wert, den Geist zu schulen, Herrschaft über sich selbst zu erlangen und imstande zu sein, nach eigener Wahl sich von der leidenschaftlichen Verfolgung eines bestimmten Gegenstandes loszureißen und sich mit Leichtigkeit und Freude einem anderen zu widmen, oder jederzeit seine Trägheit abzuschütteln und sich

entschlossen mit dem zu beschäftigen, was die Vernunft oder der Rat anderer gebietet. Dies muß bei Kindern geschehen, indem man sie zuweilen ausforscht, wenn sie lustlos und träge sind oder infolge von Ablenkung anderen Dingen zuneigen, und indem man versucht, sie dazu zu bewegen, sich an eine ihnen gestellte Aufgabe zu machen. Wenn auf diese Weise der Geist eine zur Gewohnheit gewordene Herrschaft über sich selbst erlangen, Gedanken und Beschäftigungen je nach Erfordernis der Situation von sich abweisen und sich ohne Zögern oder Verstimmung neuen und weniger angenehmen Beschäftigungen zuwenden kann, so ist dies ein Vorteil von größerer Bedeutung als Latein oder Logik oder die meisten anderen Dinge, die man Kindern in der Regel zu lernen aufgibt.

76. *Zwang [Compulsion].* – Da Kinder aktiver und betriebsamer sind als in jeder anderen Zeit ihres späteren Lebens und da es ihnen gleich ist, was sie tun, wenn sie nur überhaupt etwas tun können, würde Tanzen und Hüpfen[15] ihnen dasselbe bedeuten, wenn Aufmunterung und Entmutigung in gleichem Maße angewendet würden. Die einzige und große Entmutigung aber in Dingen, die wir ihnen zu lernen aufgeben, besteht nach meiner Beobachtung darin, daß man sie dazu antreibt, daß man sie ihnen zur Aufgabe macht, daß man sie deswegen zankt und schilt, so daß sie nur mit Furcht und Zittern getan werden; oder aber darin, daß sie, wenn sie willig an die Sache gehen, zulange daran festgehalten werden, bis sie ganz ermüdet sind; all das beschneidet zu sehr jene natürliche Freiheit, auf die sie so außerordentlich großen Wert legen. Es ist aber diese Freiheit allein, die sie an ihren gewöhnlichen Spielen den richtigen Geschmack und echte Freude finden läßt. Man mache es umgekehrt, und man wird sehen, daß sie sich bald anderen Dingen zuwenden, vor allem, wenn sie das Beispiel anderer sehen, die sie achten und zu denen sie aufblicken. Und wenn das, was sie andere

tun sehen, so ist, daß es ihnen als das Vorrecht eines höheren Alters oder Standes verlockend erscheint, dann werden Ehrgeiz und das Verlangen, immer weiter voran und höher hinauf zu steigen und den über ihnen Stehenden gleich zu sein, sie anfeuern, mit Entschlossenheit und Lust weiterzumachen; mit der Lust an dem, was sie auf eigenes Verlangen begonnen haben; und so wird der Genuß der über alles geliebten Freiheit ihnen kein geringer Ansporn sein. Wenn zu all dem das befriedigende Gefühl kommt, in Gunst und Ansehen zu stehen, dann, so möchte ich meinen, bedarf es keines anderen Sporns, um ihren Eifer und ihre Ausdauer, soweit es nötig ist, anzuregen. Ich gebe zu, es braucht Geduld und Geschick, sanftes Umgehen und Aufmerksamkeit und kluges Vorgehen, um dies gleich zu erreichen. Aber wozu hätte man einen Erzieher, wenn es keine Mühe brauchte? Jedoch einmal begonnen, wird alles übrige folgen, und zwar leichter als mit jeder strengeren und tyrannischeren Disziplin. Es ist auch nicht schwer, bis zu diesem Punkt zu gelangen; sicher ist es leicht, wo Kinder kein schlechtes Beispiel vor Augen haben. Die große Gefahr liegt, so fürchte ich, nur bei Dienstboten und unordentlichen anderen Kindern oder bei anderen lasterhaften und törichten Leuten, die Kinder verderben durch das schlechte Beispiel, das sie ihnen durch ihre eigenen schlechten Sitten vor Augen stellen, wie auch dadurch, daß sie ihnen die beiden Dinge gewähren, die sie nie zu gleicher Zeit haben sollten, nämlich lasterhafte Vergnügungen und Lob.

77. *Schelten [Chiding].* – Wie Kinder sehr selten durch Schläge zurechtgewiesen werden sollten, so halte ich häufiges und besonders leidenschaftliches Schelten für fast ebenso folgenschwer. Es setzt die Autorität der Eltern und die Achtung der Kinder herab; denn ich bitte dich, immer daran zu denken, daß sie früh zwischen Leidenschaftlichkeit und Vernunft unterscheiden;

und da sie nur vor dem Achtung haben können, was aus der Vernunft entspringt, zeigen sie schnell Verachtung für die Leidenschaftlichkeit; wenn diese auch für den Augenblick Einschüchterung bewirkt, so nutzt sie sich doch bald ab, und die natürliche Neigung lernt leicht solche Vogelscheuchen verachten, die Lärm machen, aber nicht von Vernunft durchdrungen sind. Kinder sollten von den Eltern nur bei Bösartigkeit (die bei ihren zarten Jahren nur selten auftritt) in Schranken verwiesen werden; ein Blick oder eine Kopfbewegung allein sollte sie zurechtweisen, wenn sie nicht artig sind, oder wenn man manchmal Worte gebrauchen muß, dann sollten diese ernst, freundlich und besonnen sein; sie sollten mehr das Schlimme oder Unziemliche der Fehler ausdrücken als das Kind übereilt auszanken; sonst kann es nicht hinreichend unterscheiden, ob das Mißfallen nicht mehr ihm als seinem Fehler gilt. Heftiges Schelten ist häufig von rohen und üblen Worten begleitet, was die weitere üble Wirkung hat, daß die Kinder sie lernen und für gerechtfertigt halten. Und mit den Schimpfworten, die ihre Eltern oder Lehrer ihnen zuwerfen, werden sie ohne Scham und Zögern andere bedenken, da sie so gute Autorität für ihre Anwendung haben.

78. *Widersetzlichkeit [Obstinacy].* – Hier sehe ich voraus, daß man mir einwerfen wird: Wie denn, du willst also, daß Kinder nie wegen eines Fehlers geschlagen oder gescholten werden? Das heißt doch jeder Art von Zuchtlosigkeit die Zügel schießen lassen! Nicht so sehr, wie man sich einbildet, wenn von Anfang an der rechte Weg eingeschlagen worden ist, auf ihre Wesensart einzuwirken und ihr die oben erwähnte Ehrfurcht vor den Eltern einzupflanzen. Denn Schläge, so findet man bei fortgesetzter Beobachtung, tun selten gut, wenn der Schmerz die alleinige Strafe ist, die gefürchtet oder gefühlt wird; denn seine Wirkung nutzt sich schnell ab und mit ihr die Erinnerung daran. Dennoch gibt es

einen, und nur einen, Fehler, weshalb, wie ich meine, Kinder geschlagen werden sollten, und das ist Widersetzlichkeit oder Aufsässigkeit. Und auch hier möchte ich es, wenn möglich, so geregelt haben, daß die Schande der Züchtigung und nicht der Schmerz den größten Teil der Strafe ausmacht. Die Scham, sich vergangen und Züchtigung verdient zu haben, ist der einzige Zwang, der mit der Tugend in Einklang zu bringen ist. Wenn das Gefühl ihn nicht begleitet, hört der Schmerz der Rute bald auf, er wird vergessen und verliert durch Gewöhnung schnell seinen Schrecken. Ich weiß von den Kindern einer hochgestellten Persönlichkeit, daß sie in Furcht gehalten wurden durch die Angst, man werde ihnen die Schuhe ausziehen, so wie andere durch die Angst vor der Rute, die über ihnen schwebt. Eine derartige Strafe halte ich für besser als Schläge; denn die Scham über das Vergehen und die Schande, die es begleitet, sollten sie mehr fürchten als den Schmerz, wenn man will, daß sie ein wahrhaft edles Wesen entwickeln. Halsstarrigkeit jedoch und eigensinniger Ungehorsam müssen mit Gewalt und mit Schlägen gebrochen werden; dagegen gibt es kein anderes Mittel. Was man ihm im einzelnen auch zu tun oder zu lassen befiehlt, man muß sicher sein, daß man Gehorsam findet; hier gibt es keinen Pardon, keinen Widerstand; denn wenn es einmal hart auf hart geht und zu einem Kampf zwischen euch kommt, wer der Herr ist, wie es geschieht, wenn du befiehlst und er sich weigert, so mußt du unter allen Umständen den Sieg davontragen, koste es auch noch so viele Schläge, da ein Wink oder Worte nichts vermögen; es sei denn, du willst für den Rest deines Lebens deinem Sohn gehorchen. Eine kluge und gütige Mutter aus meiner Bekanntschaft sah sich aus solchem Anlaß genötigt, ihre kleine Tochter, die gerade von der Amme nach Hause zurückgekehrt war,[16] am gleichen Morgen achtmal nacheinander zu schlagen, bevor sie ihre Halsstarrig-

keit brechen und erreichen konnte, daß sie sich in einer an sich unbedeutenden und gleichgültigen Angelegenheit fügte. Hätte sie früher nachgelassen und beim siebten Male mit dem Schlagen aufgehört, hätte sie das Kind für immer verdorben und es durch ihre wirkungslosen Schläge in seiner Widerspenstigkeit, die später nur sehr schwer abzustellen gewesen wäre, noch bestärkt; indem sie jedoch weise ausharrte, bis sie seinen Sinn gebeugt und seinen Willen gefügig gemacht hatte, was das einzige Ziel der Zurechtweisung und Züchtigung ist, begründete sie bei der allerersten Gelegenheit ihre unantastbare Autorität und hatte in dem Kind von da an eine in allen Dingen immer bereitwillige, fügsame und gehorsame Tochter; denn wie dies das erste Mal, so war es, glaube ich, auch das letzte Mal, daß sie sie je schlug.
Der Schmerz der Rute, den man bei der ersten erforderlichen Gelegenheit ohne Unterbrechung steigert, bis man einen vollen Sieg davongetragen hat, sollte zu Anfang den Sinn beugen und die elterliche Autorität begründen; und dann sollte Ernst, mit Güte gepaart, diese für immer aufrechterhalten.
Wenn die Menschen darüber einmal recht nachdenken wollten, würden sie im Gebrauch der Rute und des Stockes vorsichtiger sein; sie würden sich nicht so leicht verleiten lassen, das Schlagen für das unfehlbare und allgemeine Heilmittel zu halten, das man wahllos bei allen Gelegenheiten anwenden kann. Das ist jedoch sicher: wenn es nichts nützt, so schadet es sehr; wenn es nicht bis zum Wesen dringt und nicht den Willen gefügig macht, verhärtet es den Sünder; und welchen Schmerz er auch dafür erduldet hat, es macht ihn nur noch verliebter in seine Halsstarrigkeit, die ihm diesmal den Sieg beschert hat, und es macht ihn bereit, zu kämpfen und auch in Zukunft seine Hoffnung darauf zu setzen. Ich zweifle nicht daran, daß durch falsch angewandte Zurechtweisung viele dazu gebracht wor-

den sind, eigensinnig und widerspenstig zu sein, und daß sie sonst ganz gefügig und folgsam wären. Denn wenn du ein Kind strafst, als ginge es nur darum, ein Vergehen zu rächen, das deinen Zorn erregt hat, welche Wirkung kann das auf seinen Charakter haben, der ja gebessert werden soll? Wenn mit seinem Vergehen nicht Trotz oder Absicht verbunden war, machte nichts die Strenge der Schläge erforderlich. Freundliche oder ernste Ermahnung ist genug, die Fehler der Schwäche, Vergeßlichkeit oder Unaufmerksamkeit abzustellen, mehr braucht es nicht. Aber wenn böse Neigung im Willen lag, wenn es absichtlicher, entschlossener Ungehorsam war, muß die Strafe nicht nach der Größe oder Geringfügigkeit der Sache bemessen werden, sondern nach dem damit verbundenen und sich behauptenden Widerstand gegen die den Befehlen des Vaters gebührende Achtung und Unterwürfigkeit; diese Unterwürfigkeit muß immer streng erzwungen und die Schläge müssen mit eingelegten Pausen solange verhängt werden, bis sie zum Wesen vordringen und man die Anzeichen echter Betrübnis und echter Scham und den Vorsatz zum Gehorsam wahrnimmt.
Das erfordert allerdings etwas mehr, als den Kindern eine Aufgabe zu stellen und sie ohne Umschweife zu schlagen, wenn sie nicht oder nicht zu unserer Befriedigung erledigt wird. Es erfordert Sorgfalt, Aufmerksamkeit, Beobachtung und genaues Studium der Wesensart von Kindern und vorsichtiges Abwägen ihrer Fehler, bevor wir zu dieser Art von Strafe schreiten. Aber ist das nicht besser, als immer die Rute als einziges Instrument der Herrschaft in Händen zu halten; als durch häufigen Gebrauch derselben dieses letzte wirksame Heilmittel bei jeder Gelegenheit zu mißbrauchen und es damit unwirksam zu machen, wo man seiner wirklich bedarf? Denn was kann man anderes erwarten, wenn es unterschiedslos bei jedem kleinen Versehen angewandt wird? Wenn die Strenge der Rute

ein Versehen beim Nachschlagen in der Konkordanz[17] oder eine falsche Position im Vers bei einem gutartigen und fleißigen Knaben so unvermeidlich trifft wie das vorsätzliche Vergehen eines hartnäckigen und verdorbenen Sünders, wie soll eine solche Methode der Zurechtweisung eine heilsame Wirkung auf den Charakter haben und ihn in Ordnung bringen? Und das ist doch das einzige, was man ins Auge fassen muß; ist dies erreicht, so kommt alles andere, was man verlangen kann, von selbst.

79. Wo eine schlimme Neigung des Willens nicht vorliegt, die Besserung verlangen würde, können Schläge nicht notwendig sein. Alle anderen Fehler, bei denen die Wesensart nicht gestört ist und Herrschaft und Autorität des Vaters und des Erziehers nicht abgelehnt werden, sind nur Mängel, über die häufig hinweggesehen werden kann oder die, wenn man von ihnen Notiz nimmt, nur der sanften Mittel des Rates, der Anleitung und des Tadels bedürfen, bis wiederholte und absichtliche Mißachtung dieser Mittel zeigt, daß der Fehler im Wesen liegt und daß offensichtliche Böswilligkeit die Wurzel des Ungehorsams ist. Wo immer aber Widerspenstigkeit und offene Auflehnung sich zeigen, darf man sie nicht übersehen und kein Auge zudrücken; man muß sie beim ersten Auftreten unterdrücken und zähmen; man soll nur darauf achten, daß man sich nicht irrt, und man muß seiner Sache sicher sein, daß es sich um Widerspenstigkeit handelt und um nichts anderes.

80. Da aber Veranlassungen zu Strafen, insbesondere zum Schlagen, soweit wie möglich vermieden werden müssen, meine ich, sollte es nicht oft soweit kommen. Wenn die Ehrfurcht, von der ich sprach, einmal gewonnen ist, wird ein Blick in den meisten Fällen genügen. Auch sollte wirklich nicht das gleiche Betragen, der gleiche Ernst oder Fleiß von jüngeren Kindern erwartet werden wie von Kindern in reiferem Alter. Man muß ihnen, wie ich sagte, das den Jahren ange-

messene närrische und kindliche Tun nachsehen und es nicht weiter beachten. Unachtsamkeit, Sorglosigkeit und Munterkeit liegen im Wesen jenes Alters. Ich meine, die Strenge, von der ich sprach, darf sich nicht auf unzeitgemäße Einschränkungen erstrecken. Auch darf man das, was eine natürliche Folge ihres Alters oder ihrer Wesensart ist, nicht voreilig als Widerspenstigkeit oder Eigensinn auslegen. Bei solchem fehlerhaften Verhalten muß man ihnen beispringen und zur Besserung verhelfen wie schwachen Menschen, die an einem natürlichen Gebrechen leiden; und wenn man sie auch gewarnt hat, darf doch nicht jeder Rückfall durchaus als Geringschätzung angesehen und dürfen sie nicht gleich als widerspenstig behandelt werden. Fehler aus Schwäche sollte man zwar nie übersehen oder unbeachtet hingehen lassen; man sollte sie aber auch, wenn nicht der Wille mit im Spiel ist, niemals übertreiben oder zu scharf tadeln, sondern mit sanfter Hand, wie Zeit und Alter es gestatten, abstellen. Auf diese Weise werden Kinder einsehen lernen, was bei fehlerhaftem Verhalten das eigentliche Vergehen ist, und so lernen, es zu vermeiden. Es wird sie ermutigen, ihrem Willen die rechte Richtung zu geben, und darauf kommt es in erster Linie an; denn sie werden merken, daß sie so vor jedem großen Mißfallen bewahrt werden und daß sie bei jedem anderen Versagen auf gütige Anteilnahme und Hilfe stoßen, nicht aber auf den Zorn und die leidenschaftlichen Vorwürfe ihres Erziehers und ihrer Eltern. Halte sie vom Laster und von lasterhaften Neigungen fern; dann wird sich mit jeder Altersstufe ganz allgemein ein Verhalten einstellen, wie es dem Alter und der Gesellschaft, in der sie sich normalerweise bewegen, entspricht; und wie sie an Jahren zunehmen, werden sie auch an Achtsamkeit und Beflissenheit zunehmen. Wenn es aber einmal vorkommt, daß du ihm selbst kindliches Tun untersagst, so mußt du, damit deine Worte immer Gewicht und

Autorität bei ihm haben, auf jeden Fall dein Ziel erreichen und nicht nachgeben. Dennoch, sage ich, soll der Vater seine Autorität und seinen Befehl in solchen oder ähnlichen Fällen nur selten einsetzen, wenn nicht eine Neigung zu lasterhaften Gewohnheiten vorliegt. Ich denke, es gibt bessere Wege, damit fertig zu werden: sanfte Überredung in vernünftigem Gespräch wird, wenn das erste, nämlich Unterwerfung unter deinen Willen, erreicht ist, meistens mehr nützen.

81. *Gespräch [Reasoning]*. – Man wird sich vielleicht darüber wundern, daß ich von vernünftigem Gespräch mit Kindern rede; und doch kann ich nicht umhin, dies als die rechte Art des Umgangs mit ihnen anzusehen. Sie verstehen es so früh, wie sie die Sprache verstehen; und wenn ich recht sehe, wollen sie gern als vernunftbegabte Wesen behandelt werden, und zwar früher, als man denkt. Es ist dies ein Stolz, den man in ihnen nähren und, soweit es geht, zum wichtigsten Werkzeug ihrer Bildung machen sollte.

Wenn ich aber von vernünftigem Gespräch rede, meine ich nur ein solches, das den Fähigkeiten und der Fassungskraft des Kindes angepaßt ist. Niemand kann meinen, man müsse mit einem drei- oder siebenjährigen Knaben Erörterungen anstellen wie mit einem erwachsenen Mann. Lange Auseinandersetzungen und philosophische Beweisführungen verwirren Kinder bestenfalls und stoßen sie vor den Kopf, belehren sie aber nicht. Wenn ich also sage, man müsse sie als vernunftbegabte Wesen behandeln, meine ich damit, man solle sie durch Milde im Verhalten und durch Gelassenheit selbst in der Zurechtweisung fühlen lassen, daß, was man tut, vernünftig ist, daß es nützlich und notwendig für sie ist, und daß es nicht aus *caprichio*[18], Leidenschaft oder Laune geschieht, wenn man ihnen etwas befiehlt oder verbietet. Das können sie verstehen; und es gibt keine Tugend, zu der sie angeregt, und keinen Fehler, vor dem sie bewahrt werden sollten, wovon sie meiner

Meinung nach nicht überzeugt werden könnten; es muß aber mit solchen Gründen geschehen, die ihrem Alter einsichtig sind, und selbst diese müssen immer mit sehr wenigen und einfachen Worten vorgebracht werden. Die Prinzipien, auf die verschiedene Pflichten sich zurückführen lassen, und die Quellen des Rechts und Unrechts, aus denen sie entspringen, sind vielleicht nicht einmal dem Verständnis erwachsener Menschen nahezubringen, die nicht gewohnt sind, ihre Gedanken von landläufigen Meinungen zu lösen. Viel weniger sind weit hergeholte grundsätzliche Erörterungen Kindern zugänglich. Sie können die zwingende Kraft langer Beweisführungen nicht verstehen. Die Gründe, die sie bewegen, müssen auf der Hand liegen, sie dürfen ihren geistigen Horizont nicht überschreiten; sie müssen, wenn ich so sagen darf, gefühlt und mit Händen gegriffen werden können. Aber selbst wenn man ihr Alter, ihr Wesen und ihre Neigungen berücksichtigt, wird es nie an Beweggründen fehlen, die hinreichen, sie zu überzeugen. Und wenn es wirklich keine besonderen Gründe gäbe, so werden doch die folgenden immer verständlich und wirksam sein, wenn es darum geht, sie von einem Verhalten abzuschrecken, das man überhaupt als Fehler an ihnen vermerken könnte, nämlich diese: daß sie sich Unehre und Schande und dein Mißfallen zuziehen werden.

82. *Beispiele [Examples].* – Von allen Arten aber, Kinder zu belehren und ihnen gesittetes Benehmen beizubringen, ist die einfachste, leichteste und wirksamste die, ihnen Beispiele dessen vor Augen zu stellen, was sie tun oder lassen sollten; weist man sie darauf hin, wie Personen, die sie kennen, handeln, knüpft man daran Bemerkungen über das Gefällige und Ungefällige ihres Tuns, so ist das wirksamer, sie zur Nachahmung anzuregen oder sie abzuschrecken, als alle Reden, die man ihnen darüber halten könnte. Tugend und Laster können ihnen durch keine Worte so klar

zum Verständnis gebracht werden, wie durch das Tun anderer Menschen, wenn man ihre Beobachtung lenkt und sie auffordert, diese oder jene gute oder schlechte Eigenschaft bei anderen Leuten ins Auge zu fassen. Und das Anziehende oder Abstoßende an gutem oder schlechtem Benehmen wird besser und nachdrücklicher gelernt am Beispiel anderer als durch alle Regeln oder Lehren.

Diese Methode muß nicht nur angewendet werden, solange sie jung sind; sie muß fortgesetzt werden, solange sie unter Anleitung oder Führung stehen; ja, ich weiß nicht, ob es nicht die beste Methode ist, die ein Vater bei jeder Gelegenheit anwenden sollte, solange er es für erforderlich hält, alles, was er an seinem Sohn bessern möchte, in Ordnung zu bringen; denn nichts senkt sich so sanft und so tief in das menschliche Gemüt wie das Beispiel. Was wir an Schlimmem an uns selbst übersehen oder hingehen lassen, erregt unweigerlich Mißfallen und Scham, wenn es uns bei anderen entgegentritt.

83. *Schlagen [Whipping].* – Man kann hinsichtlich des Schlagens, wenn es als letztes Mittel notwendig wird, im Zweifel sein, zu welcher Zeit und durch wen es geschehen sollte; ob unmittelbar nach begangenem Vergehen, wenn es noch frisch und lebendig ist; und ob die Eltern selbst ihre Kinder schlagen sollten. Was das erstere betrifft, glaube ich, es sollte nicht sofort geschehen, damit sich nicht Erregung einmischt und dadurch die Strafe zwar das rechte Maß übersteigt, an gebührendem Gewicht aber verliert: denn selbst Kinder können beurteilen, ob wir in Erregung handeln. Hingegen hat, wie ich schon gesagt habe, größeres Gewicht, was ruhig und besonnen aus der Überlegung der Eltern zu kommen scheint; das können sie durchaus unterscheiden. Sodann, wenn du einen vernünftigen Diener hast, der es tun kann und der die Aufgabe hat, dein Kind zu erziehen (denn wenn du einen Erzieher

hast, ist alles klar), halte ich es für das beste, daß der Schmerz unmittelbar von einem anderen kommt, allerdings auf Befehl der Eltern, die dabei sein sollten; dadurch wird die Autorität der Eltern erhalten bleiben und die Abneigung des Kindes infolge des Schmerzes, den es erduldet, sich eher der Person zuwenden, die ihn unmittelbar zufügt. Denn ich möchte, daß ein Vater sein Kind selten schlägt, nur aus zwingender Notwendigkeit und als letztes Mittel; dann wird es aber vielleicht angebracht sein, es so zu tun, daß das Kind es so leicht nicht wieder vergißt.

84. Wie ich aber schon gesagt habe, sind Schläge das schlimmste und daher das letzte Mittel, das man bei Zurechtweisung der Kinder anwenden muß, und zwar nur in Notfällen, nachdem alle sanften Mittel versucht worden sind und sich als unwirksam erwiesen haben; wenn man das recht beachtet, werden Schläge sehr selten nötig sein. Man wird sich nicht vorstellen können, daß ein Kind oft, wenn überhaupt, in irgendeinem Einzelfall dem Vater das Recht zu einem bestimmten Befehl abstreitet; der Vater hingegen wird seine absolute Autorität nicht mit unumstößlichen Vorschriften einsetzen, wo es sich um kindliches oder harmloses Tun handelt, in dem sein Sohn Freiheit haben soll, oder um das Lernen und die Ausbildung, worin kein Zwang herrschen soll: es bleibt also nur die Verhütung gewisser böswilliger Handlungen, bei denen ein Kind Widersetzlichkeit zeigen und folglich Schläge verdienen kann; und aus diesem Grunde wird jeder, der die Erziehung seines Kindes recht überlegt und sie so durchführt, wie es sein sollte, nur wenig Veranlassung haben, jenes Zuchtmittel anzuwenden. Welcher Laster kann denn ein Kind in den ersten sieben Lebensjahren schuldig werden, abgesehen vom Lügen oder von gewissen bösartigen Streichen, deren Wiederholung nach dem ausgesprochenen Verbot seitens des Vaters so weit führen könnte, daß das Kind der Widersetzlichkeit schuldig

befunden und mit der Rute gezüchtigt werden sollte? Wenn irgendeine bösartige Neigung beim ersten Sichtbarwerden und Auftreten in der rechten Weise behandelt, zunächst mit Befremden angesehen und dann, wenn sie wieder in Erscheinung tritt, ein zweites Mal mißbilligt würde mit dem Stirnrunzeln des Vaters, des Erziehers und der ganzen Umgebung und einer Behandlung, die dem oben erwähnten Zustand der Unehre entspricht; wenn dies fortgesetzt würde, bis das Kind seinen Fehler einsieht und sich schämt, dann, so denke ich mir, wäre keine andere Zurechtweisung nötig und niemals Veranlassung gegeben, zu Schlägen Zuflucht zu nehmen. Die Notwendigkeit einer solchen Züchtigung ist gewöhnlich nur die Folge früherer Nachsicht und Versäumnisse: wenn bösartige Neigungen von Anfang an überwacht und die ersten Vergehen durch jene sanfteren Mittel geahndet würden, hätten wir es selten mit mehr als einem Übel auf einmal zu tun; dies aber ließe sich leicht ohne Aufregung oder Lärm abstellen und bedürfte nicht eines so harten Zuchtmittels wie des Schlagens. So könnte man sie alle nacheinander, wie sie in Erscheinung treten, ausjäten, ohne eine Spur oder Erinnerung an sie zu bewahren. Wenn wir aber ihre Fehler ins Kraut schießen lassen (dadurch, daß wir unseren Kleinen nachgeben und sie verwöhnen), bis sie kräftig und zahlreich dastehen und uns in ihrer Häßlichkeit Scham und Ärger bereiten, dann greifen wir wohl zu Pflug und Egge; Spaten und Hacke müssen tief gehen, um an die Wurzeln zu kommen; und alle Kraft und alles Geschick und aller aufgebotene Fleiß reichen kaum aus, die verdorbene, von Unkraut überwucherte Pflanzschule zu säubern und die Hoffnung zu retten auf Früchte, die unsere Mühe belohnen sollen, wenn ihre Zeit gekommen ist.

85. Wenn man so verfährt, wird dem Vater und dem Kind das Peinliche wiederholter Ermahnungen und zahlreicher Vorschriften, dies zu tun und jenes zu las-

sen, erspart bleiben. Denn ich bin der Meinung, jede Handlung, die zu bösartigen Gewohnheiten führen könnte (und nur bei solchen sollte ein Vater mit seiner Autorität und seinen Befehlen eingreifen), sollte Kindern erst verboten werden, nachdem sie sich ihrer schuldig gemacht haben. Denn unzeitige Verbote führen, wenn sie nichts Schlimmeres ausrichten, doch mindestens dazu, Kinder mit gewissen Vergehen bekanntzumachen, und legen die Vermutung nahe, sie könnten sich ihrer schuldig gemacht haben, während sie ohne Kenntnis davon möglicherweise besser behütet wären. Das beste Mittel, ihnen Einhalt zu gebieten, ist jedoch, wie ich gesagt habe, Befremden und Verwunderung bei jeder Handlung zu zeigen, der eine Tendenz zur Bösartigkeit innewohnt, sobald man sie bei einem Kind beobachtet. Wenn es zum Beispiel zum erstenmal bei einer Lüge oder einem bösartigen Streich ertappt wird, sollte das erste Mittel sein, mit ihm darüber zu sprechen als über etwas Befremdliches und Ungeheuerliches, das man sich von ihm nicht habe vorstellen können, und das Kind so durch Beschämung davon abzubringen.

86. Es wird mir (wahrscheinlich) entgegengehalten werden, daß bei aller von mir angenommenen Lenkbarkeit der Kinder und Wirksamkeit jener sanfteren Mittel der Beschämung und des Lobes es doch viele gibt, die sich nun einmal nie an ihre Bücher machen und an das, was sie zu lernen haben, wenn sie nicht herangeprügelt werden. Ich fürchte, das ist nur die Sprache der üblichen Schulen und der Gewohnheit, die niemals, wie es nötig wäre, einen Versuch in anderer Richtung zugelassen haben, wo man davon hätte Kenntnis nehmen können. Warum denn braucht man zum Lernen des Latein und des Griechischen die Rute, wenn Französisch und Italienisch sie nicht brauchen? Kinder lernen Tanzen und Fechten ohne Prügel; ja, selbst des Rechnens und Zeichnens usw. befleißigen sie sich eifrig genug ohne Schläge, was die Vermutung

nahelegt: entweder, es ist etwas Fremdes, Unnatürliches und für jenes Alter Unangenehmes in den Dingen, die man an Lateinschulen verlangt, oder an den dort üblichen Methoden, wenn man Kinder nicht ohne die Strenge der Rute dazu bringen kann und auch mit dieser nur mühsam; oder es ist ein Irrtum, daß man ihnen jene Sprachen nicht ohne Schläge beibringen kann.

87. Aber angenommen, manche seien so nachlässig oder faul, daß man sie durch die vorgeschlagenen sanften Mittel nicht zum Lernen bringen kann (und man muß ja zugeben, daß man Kinder jeder Wesensart findet), so folgt daraus doch nicht, daß die rauhe Disziplin des Prügelns bei allen anzuwenden ist. Auch darf bei keinem der Schluß gezogen werden, er sei unlenkbar durch sanftere Erziehungsmethoden, wenn sie nicht gründlich an ihm versucht worden sind; und wenn sie bei ihm nicht bewirken können, daß er sich anstrengt und tut, was in seinen Kräften steht, dann wollen wir die Widerspenstigen nicht in Schutz nehmen. Für diese sind Schläge das rechte Mittel, aber Schläge, die auf andere als die herkömmliche Art erteilt werden. Wer sich mit Absicht nicht an seine Bücher macht und sich hartnäckig weigert zu tun, was er tun kann und was sein Vater durch ausdrücklichen, bestimmten und ernsten Befehl von ihm verlangt, der sollte wegen der Nichterfüllung seiner Aufgabe nicht zurechtgewiesen werden dadurch, daß man ihm zwei oder drei zornige Hiebe versetzt und die gleiche Strafe bei gleichem Versagen immer wiederholt; sondern wenn es so weit gekommen ist, daß Vorsätzlichkeit sich offen zeigt und Schläge erforderlich sind, sollte die Züchtigung, so meine ich, ein bißchen überlegter und ein bißchen strenger sein; die Schläge sollten, mit Ermahnungen durchsetzt, so lange fortgesetzt werden, bis ihre Wirkungen auf den Sinn des Kindes an seinem Gesicht, an seiner Stimme und an seiner Unterwürfigkeit abgelesen wer-

den können und es selbst nicht so sehr den Schmerz fühlt als den Fehler einsieht, den es begangen hat, und darüber in echtem Kummer zerfließt. Wenn eine solche Zurechtweisung mehrere Male in passendem zeitlichen Abstand versucht und bis zu äußerster Strenge durchgeführt wird, immer mit dem sichtlichen Mißfallen des Vaters, und wenn sie dann noch nicht ihre Wirkung tut, den Sinn nicht ändert und nicht eine künftige Fügsamkeit hervorbringt, was kann man dann von Schlägen erhoffen und zu welchem Zweck sollten sie dann noch angewendet werden? Schläge, die nichts Gutes hoffen lassen, gleichen viel mehr dem Rasen eines wütenden Feindes als dem guten Willen eines mitleidigen Freundes; solche Züchtigung ist bloße Herausforderung ohne Hoffnung auf Besserung. Wenn ein Vater so unglücklich dran ist, einen so verdorbenen und schwer zu behandelnden Sohn zu haben, dann weiß ich nicht, was er mehr tun kann, als für ihn zu beten. Ich meine aber, wenn man von Anfang an den rechten Weg mit Kindern einschlägt, werden sich nur sehr wenige als solche erweisen; und wenn es doch solche Beispiele gibt, so dürfen sie nicht die Regel für die Erziehung derjenigen abgeben, die besser veranlagt sind und sich durch bessere Behandlung lenken lassen.

88. *Hauslehrer [Tutor].* – Wenn man einen Hauslehrer bekommen kann, der sich als Stellvertreter des Vaters fühlt, sich dessen Fürsorge zur Aufgabe macht, Freude an diesen Dingen hat und sich von Anfang an bemüht, sie ins Werk zu setzen, wird dieser später seine Arbeit sehr leicht finden; und du wirst, so vermute ich, in kurzer Zeit an deinem Sohn größere Fortschritte im Lernen wie auch in seinem Verhalten feststellen, als du vielleicht denkst. Aber er soll ihn unter keinen Umständen und zu keiner Zeit ohne deine Zustimmung und Anordnung schlagen, wenigstens nicht, bevor du dich von seinem Takt und seinem Charakter überzeugt hast. Um aber die Autorität bei seinem Schüler zu er-

halten, mußt du nicht nur verbergen, daß er nicht die Gewalt der Rute hat, sondern ihm selbst unter allen Umständen mit großer Achtung begegnen und dazu auch dein ganzes Haus veranlassen; denn du kannst nicht erwarten, daß dein Sohn die geringste Achtung vor einem Mann hat, den er von dir oder der Mutter oder anderen geringschätzig behandelt sieht. Wenn du ihn der Geringschätzung für würdig hältst, so hast du falsch gewählt; und wenn du nur die geringste Verachtung für ihn zu erkennen gibst, wird er ihr von seiten deines Sohnes kaum entgehen. Wenn das aber eintritt, sind aller Wert, den er in sich tragen mag, und alle Befähigung für sein Amt für dein Kind verloren und können hinterher nie mehr nutzbar gemacht werden.

89. Wie das Beispiel des Vaters dem Kinde Achtung vor seinem Hauslehrer beibringen muß, muß das Beispiel des Erziehers das Kind zu solchem Tun veranlassen, das ihm vorschwebt. Sein eigenes Tun darf seinen Vorschriften unter keinen Umständen zuwiderlaufen, wenn er seinen Zögling nicht verderben will. Es ist nutzlos, daß der Erzieher von der Beherrschung der Leidenschaften spricht, wenn er selbst nur der geringsten Leidenschaft freies Spiel läßt, und er wird sich vergeblich bemühen, seinen Zögling von einem Laster oder einer Unart zu befreien, die er sich selber erlaubt. Schlechte Beispiele finden mit Sicherheit mehr Nachahmung als gute Vorschriften; daher muß er ihn immer sorgfältig vor dem Einfluß schlechter Vorbilder bewahren, besonders vor den gefährlichsten von allen, dem Beispiel der Dienstboten, von deren Umgang er fernzuhalten ist, nicht durch Verbote – denn diese werden in ihm nur ein Gelüste wecken – sondern durch andere Mittel, die ich schon erwähnt habe.

90. *Erzieher [Governor].* – Bei dem ganzen Geschäft der Erziehung gibt es nichts, worauf weniger gehört wird oder dessen Befolgung größere Schwierigkeiten

macht, als was ich nun vorzubringen habe: nämlich, daß Kinder, sobald sie zu sprechen anfangen, einen verständigen, besonnenen, ja, weisen Mann um sich haben sollten, dessen Sorge es zu sein hätte, sie recht heranzubilden und sie vor allem Schlechten zu bewahren, besonders vor der Ansteckung durch schlechten Umgang. Dieses Amt erfordert meines Erachtens große Besonnenheit, Mäßigung, Sorgfalt, Hingabe und Vorsicht, Eigenschaften, die, alle vereint, schwer zu finden sind unter Personen, die man für ein normales Gehalt bekommen kann, und überhaupt nirgends leicht anzutreffen sind. Was die Kosten betrifft, so meine ich, man könne sein Geld nicht besser ausgeben als für seine Kinder; daher kann man es eigentlich nicht teuer nennen, wenn es auch außergewöhnliche Kosten verursacht. Wer seinem Kind um jeden Preis einen guten, mit richtigen Grundsätzen ausgestatteten, zu Tugend und Tüchtigkeit erzogenen, mit Höflichkeit und guter Lebensart geschmückten Sinn verschafft, erwirbt ihm etwas Wertvolleres, als wenn er sein Geld ausgibt, um seinem bisherigen Grundbesitz weitere Morgen hinzuzufügen. Man spare an Tand und Spielsachen, an Seide und Bändern, Spitzen und anderen nutzlosen Ausgaben, soviel man will; man spare aber nicht in einer so notwendigen Sache wie dieser. Es ist keine gute Ökonomie, sein Kind an Vermögen reich und an Geist und Gemüt arm zu machen. Ich habe oft mit großer Verwunderung gesehen, wie die Menschen Geld hinauswerfen, indem sie ihre Kinder mit schönen Kleidern aufputzen, in Wohnung und Nahrung großen Aufwand treiben, ihnen mehr als genügend Dienstboten erlauben und doch gleichzeitig ihren Geist und ihr Gemüt verkümmern lassen und nicht hinreichend Sorge tragen, das zu bedecken, was die beschämendste Blöße ist, nämlich ihre angeborenen schlechten Neigungen und ihre Unwissenheit. Ich kann dies nur als ein Opfer ansehen, das sie ihrer eigenen Eitelkeit bringen, zeigt es doch mehr ihren Stolz als echte Sorge um das Wohl ihrer Kinder. Alles, was du zum Vorteil der Geistes- und Gemütsbildung deines Sohnes aufwendest, wird deine wahre Güte bezeugen, wenn es auch zur Minderung seines Erbteils führen mag. Ein weiser und guter Mann dürfte sowohl in den Augen der Welt als auch in der Tat groß und glücklich sein; wer aber töricht oder lasterhaft ist, kann weder groß noch glücklich sein, wie groß auch das Erbe sein mag, das du ihm hinterläßt; und ich frage dich, ob du nicht lieber möchtest, dein Sohn wäre einer von denen mit fünfhundert Pfund jährlich als mancher andere, den du kennst, mit fünftausend Pfund.

91. Die Kostenfrage sollte daher diejenigen nicht abschrecken, die genug besitzen. Die große Schwierigkeit wird sein, einen geeigneten Mann zu finden. Denn Personen geringen Alters, geringer Anlagen und mäßiger Tugend sind untauglich für dieses Amt, und diejenigen, die damit besser ausgestattet sind, werden sich kaum dazu hergeben, eine solche Aufgabe zu übernehmen. Du mußt dich also beizeiten umsehen und überall Erkundigungen einziehen; denn die Welt hat Menschen aller Art. Ja, ich erinnere mich, daß Montaigne in einem seiner Essays sagt, der gelehrte Castalio habe sich damit zufrieden geben müssen, in Basel Holzteller zu schnitzen, während sein Vater alles Geld hingegeben hätte, um einen solchen Erzieher für seinen Sohn zu gewinnen, und Castalio würde nur zu gern ein solches Amt unter sehr annehmbaren Bedingungen übernommen haben; aber sie wußten eben nichts voneinander.[19]

92. Wenn du es schwer findest, einem Erzieher zu begegnen, wie wir ihn uns wünschen, darfst du dich nicht wundern. Ich kann nur sagen: spare keine Mühe und kein Geld, einen solchen zu bekommen. Alles kann man so bekommen; und ich versichere dir, wenn du einen guten bekommen kannst, wird dich die Ausgabe

nicht reuen; du wirst im Gegenteil immer mit Genugtuung feststellen, daß so das Geld am allerbesten ausgegeben ist. Mach es dir aber zum Grundsatz, niemand aus Freundschaft, aus Nächstenliebe oder auf große Empfehlungen hin zu nehmen. Ja, wenn du verfahren willst, wie du solltest, wird der Ruf eines besonnenen Mannes mit einem guten Vorrat an Gelehrsamkeit, was im allgemeinen alles ist, was man von einem Erzieher verlangt, in deinem Falle nicht ausreichen. Sei so sorgsam in dieser Wahl, wie du es in der Wahl einer Frau für deinen Sohn sein würdest; denn du darfst nicht denken, es handele sich um einen Versuch oder man könne später wechseln: das würde dich in große Ungelegenheiten bringen und deinen Sohn noch viel mehr. Wenn ich die Zweifel und die Vorsichtsmaßregeln bedenke, die ich hier vor dir auftürme, so könnte es vielleicht aussehen, als riete ich dir zu etwas, was man wohl versuchen könnte, was ich aber in Wirklichkeit für unausführbar halte. Wer aber bedenkt, wie weit die Aufgaben eines Hauslehrers, sollen sie recht erfüllt werden, abseits vom Wege liegen und wie sehr sie dem Gedankenkreis mancher Menschen fernliegen, selbst solchen, die sich diesem Beruf verschreiben wollen, der wird mir vielleicht zustimmen, daß ein für die Erziehung und geistige Ausbildung eines jungen Gentleman geeigneter Mann nicht überall zu finden ist und daß mehr als gewöhnliche Sorgfalt bei seiner Wahl geübt werden muß; sonst wirst du dein Ziel verfehlen.

93. Der Ruf eines besonnenen Mannes und eines Gelehrten ist, wie ich oben bemerkt habe, das, was jedermann von einem Hauslehrer erwartet. Das hält man im allgemeinen für genug und das ist in der Regel alles, worauf Eltern achten; wenn aber so einer alles Latein und alle Logik, die er von der Universität mitgebracht hat, in seinen Schüler ausgeschüttet hat, wird dann diese Ausstattung diesen zu einem feinen Gentleman

machen? Oder kann man erwarten, daß er dann besser erzogen, besser erfahren in den Dingen der Welt, besser gefestigt in den Elementen und Grundlagen wahrer Tugend und Großherzigkeit sein wird als sein junger Hauslehrer?
Um einen jungen Gentleman zu bilden, wie er sein sollte, braucht man einen Erzieher, der selbst gut erzogen ist, alle Arten des Benehmens versteht, das Maß der Höflichkeit gegenüber verschiedenen Personen und zu allen Zeiten und an allen Orten kennt und seinen Zögling, soweit dessen Alter es verlangt, ständig zur Beachtung dieser Regeln anhält. Das ist eine Kunst, die man nicht aus Büchern lernen oder lehren kann. Nur Umgang mit guter Gesellschaft und Beobachtung kann sie vermitteln. Der Schneider mag seine Kleidung der Mode entsprechend machen, der Tanzmeister seinen Bewegungen Anstand verleihen; keines von beiden, obwohl es sich gut macht, ergibt schon einen wohlerzogenen Gentleman; nein, auch nicht, wenn er obendrein Gelehrsamkeit hätte, die ihn bei schlechtem Gebrauch nur um so anmaßender und unerträglicher im geselligen Umgang macht. Lebensart [breeding] verleiht erst all seinen anderen guten Eigenschaften Glanz und macht sie ihm nützlich, da sie ihm die Achtung und Gewogenheit aller sichert, denen er nahetritt. Ohne gute Lebensart lassen alle anderen Vorzüge ihn nur stolz, eingebildet, eitel oder närrisch erscheinen.
Mut erscheint in einem Mann von schlechter Lebensart [ill breeding] als Brutalität und wird immer als solche eingeschätzt; Gelehrsamkeit wird zu Pedanterie, Geist zu Possenspiel, Einfachheit zu bäurischem Wesen, Gutmütigkeit zu kriechender Schmeichelei. Es kann überhaupt keine gute Eigenschaft an ihm geben, welche der Mangel an Lebensart nicht verdreht und zu seinem Nachteil entstellt. Ja, obwohl man Tugend und Geistesgaben gebührendes Lob zollt, sind sie dennoch nicht genug, einem Mann gute Aufnahme zu sichern und ihn

willkommen zu heißen, wohin er auch komme. Niemand gibt sich mit rohen Diamanten zufrieden und trägt sie so, wenn er vorteilhaft in Erscheinung treten will. Erst wenn sie geschliffen und gefaßt sind, geben sie Glanz. Gute Eigenschaften sind der innere Reichtum des Geistes, aber Erziehung zu guter Lebensart setzt sie erst ins rechte Licht; wer sich empfehlen will, muß seinem Tun neben Kraft auch Schönheit verleihen. Gediegenheit, selbst Nützlichkeit ist nicht genug; anmutige Art und Erscheinung gibt erst Schmuck und Gefallen. Und in den meisten Fällen ist die Weise, wie man etwas tut, von größerer Bedeutung als das Tun selbst, und von ihr hängt die Befriedigung ab, mit der etwas aufgenommen wird, aber auch der Abscheu. Was also nicht im Hutabnehmen oder Komplimentemachen liegt, sondern in angemessener, ungezwungener Verbindung von Sprache, Mienenspiel, Bewegungen, Körperhaltung am jeweiligen Ort usw., jeweils dem Personenkreis und der Situation entsprechend, das kann nur durch Gewohnheit und Übung gelernt werden, und kleine Kinder, deren Fähigkeit es übersteigt, sollten damit nicht gequält werden; trotzdem sollte ein junger Gentleman damit beginnen und es zu einem guten Teil lernen, solange er in den Händen eines Hauslehrers ist und ehe er auf eigenen Füßen in die Welt hinaustritt: denn dann ist es gewöhnlich zu spät, auf die Abstellung gewisser unschicklicher Gewohnheiten zu hoffen, die sich in Kleinigkeiten äußern. Denn das Benehmen ist nicht so, wie es sein sollte, ehe es nicht durch und durch zur Natur geworden ist und sich wie die kunstgeübten Finger des Musikers ohne Mühe und ohne Überlegung zu harmonischer Ordnung fügt. Wenn im geselligen Umgang der Geist eines Mannes durch ängstliche Wachsamkeit hinsichtlich irgendeines Punktes seines Benehmens in Anspruch genommen wird, wird dieses dadurch nicht gebessert, sondern befangen, unfrei und linkisch werden.

Außerdem ist es durchaus notwendig, daß dieser Teil der Erziehung den Händen und der Sorgfalt eines Erziehers anvertraut wird, weil Verstöße gegen gute Lebensart von andern zwar als erstes bemerkt werden, aber das letzte sind, worüber man uns etwas sagt; nicht als ob die Bosheit der Welt nicht schnell genug bei der Hand wäre, darüber zu klatschen; aber es geschieht immer außer Hörweite desjenigen, der aus dem Urteil Nutzen ziehen und sich durch den Tadel bessern könnte. Und es ist in der Tat eine so heikle Angelegenheit, sich da einzumischen, daß selbst Freunde, die gern sähen, daß wir den Fehler ablegen, kaum jemals wagen, darüber zu sprechen und jenen, die sie schätzen, zu sagen, daß sie in diesem oder jenem Fall gegen gute Lebensart verstoßen. Irrtümer in anderen Dingen kann man einem anderen oft in höflicher Weise aufdecken, und es ist kein Verstoß gegen gute Umgangsformen oder die Freundschaft, ihn hinsichtlich anderer Mißgriffe zu berichtigen; aber gute Lebensart selbst verbietet es, diesen Punkt zu berühren oder einem anderen zu verstehen zu geben, daß er sich eines Mangels an guter Lebensart schuldig gemacht hat. Eine solche Belehrung kann nur von jemand kommen, der Autorität über ihn hat, und selbst von ihm empfindet sie ein erwachsener Mann schwer und hart; und wenn sie auch noch so gemildert wird, läßt sie sich jeder, der auch nur ein wenig in der Welt gelebt hat, doch nur schwer gefallen. Daher ist es notwendig, daß diese Angelegenheit zur Hauptsorge des Erziehers wird: daß, soweit es möglich ist, zur Gewohnheit gewordener Anstand und Gefälligkeit im ganzen Benehmen des Zöglings durch ihn begründet werden können, solange dieser noch in seinen Händen ist; und daß er in dieser Hinsicht nicht des Rates bedarf, wenn er weder Zeit noch Lust hat, ihn anzunehmen, und auch niemanden mehr hat, der ihn geben könnte. Der Hauslehrer sollte daher in erster Linie gut erzogen sein; und ein junger Gentleman, der diese eine Ausbildung von seinem Erzieher mitbekommt, tritt unter sehr günstigen Vorzeichen in die Welt hinaus und wird merken, daß dieser eine Vorzug ihm den Weg besser ebnet, ihm mehr Freunde verschafft und ihn weiter in der Welt voranbringt als alle schweren Wörter oder sachlichen Kenntnisse, die er sich aus den freien Künsten oder aus der gelehrten Enzyklopädie seines Hauslehrers erworben hat.[20] Nicht, daß diese vernachlässigt werden sollten; man sollte sie aber unter keinen Umständen bevorzugen oder zulassen, daß sie das andere verdrängen.

94. *Hauslehrer [Tutor].* – Außer guter Erziehung sollte der Hauslehrer gute Weltkenntnis haben: Kenntnis von der Lebensweise, den Tendenzen, den Torheiten, dem Schwindel und den Fehlern des Zeitalters, in das er hineingeboren ist, und besonders des Landes, in dem er lebt. Diese sollte er seinem Zögling aufzeigen können, je nach dessen Fassungskraft; er sollte ihm Kenntnis der Menschen und ihrer Sitten vermitteln und die Maske wegreißen, mit der sie sich in den verschiedenen Berufen und in ihrem Geltungsstreben bedecken. Sein Zögling sollte erkennen lernen, was unter solchem Schein verborgen liegt, damit er nicht, wie unerfahrene, ungewarnte junge Männer gern tun, gewisse Dinge verwechselt, nach dem Äußeren urteilt und sich von dem Schein, von einschmeichelndem angenehmen Betragen oder verbindlicher Dienstbeflissenheit blenden läßt. Ein Erzieher sollte seinen Zögling lehren, die Absichten der Menschen, mit denen er zu tun hat, aufzuspüren und ihnen weder mit zu großem Argwohn noch mit zu großem Vertrauen zu begegnen; da der junge Mann von Natur aus der einen oder geradewegs andern Seite zuneigt, sollte er ihn jeweils in die andere Richtung weisen. Er sollte ihn daran gewöhnen, soweit es möglich ist, sich ein richtiges Urteil über die Menschen zu bilden nach den Kennzeichen, die am besten geeignet sind, ihr Wesen zu offenbaren und einen Blick

in ihr Inneres tun lassen, das sich oft an kleinen Dingen zeigt, besonders wenn sie sich gehen lassen und nicht auf ihrer Hut sind.
Er sollte ihn mit dem wahren Zustand der Welt bekanntmachen und ihm angewöhnen, keinen Menschen für besser oder schlechter, weiser oder törichter zu halten, als er in Wirklichkeit ist. So wird er durch sicheres und unmerkliches Fortschreiten vom Knaben zum Mann werden, welches der gefahrenreichste Schritt im Verlauf des ganzen Lebens ist. Dieser sollte daher sorgfältig überwacht und von einem jungen Mann mit großem Bedacht getan werden. Man sollte ihn nicht, wie es jetzt in der Regel geschieht, aus der Obhut eines Erziehers nehmen und unter eigener Verantwortung mit einem Male in die Welt werfen, unter der offen zutage liegenden Gefahr unmittelbaren Verderbens; denn nichts ist häufiger als Beispiele großer Zügellosigkeit, Ausschweifung und Verführung, in die sich junge Männer stürzen, sobald sie einer harten und strengen Erziehung entronnen sind. Das ist, wie ich meine, hauptsächlich ihrer falschen Erziehung zuzuschreiben, besonders in diesem Punkt; denn da sie in großer Unkenntnis dessen, was die Welt wirklich ist, aufgezogen worden sind und beim Hinaustreten diese Welt ihnen ganz anders erscheint, als sie gelernt und gedacht haben, werden sie von einer anderen Art von Lehrern, die sie mit Sicherheit finden werden, leicht überzeugt, daß die Disziplin, unter der sie standen, und die ihnen gehaltenen Predigten nur Formalitäten der Erziehung und Schranken des kindlichen Alters waren und es die dem Manne gebührende Freiheit sei, dem vollen Genuß dessen, was früher verboten war, freien Lauf zu lassen. Sie zeigen dem jungen Neuling die Welt, die überall voll ist von solchen vornehmen und funkelnden Beispielen, und er ist sofort davon geblendet. Mein junger Herr läßt es an dem Willen nicht fehlen, sich als Mann zu zeigen, genauso wie jeder andere flotte Bursche sei-

nes Alters; er überläßt sich allen Ausschweifungen, die er bei den sittenlosesten Menschen findet, und sucht so Ansehen und Männlichkeit zu gewinnen, indem er alle Sittsamkeit und Enthaltsamkeit über Bord wirft, zu der er bislang angehalten wurde; und er meint, er sei ein Held, wenn er gleich beim Hinaustreten in die Welt sich dadurch hervortut, daß er allen Geboten der Tugend, die ihm sein Erzieher gepredigt hat, zuwiderhandelt.

Ihm die Welt zu zeigen, wie sie wirklich ist, bevor er ganz in sie hinaustritt, ist meines Erachtens eines der besten Mittel, diesem Übel vorzubeugen. Er sollte allmählich über die Laster unterrichtet werden, die im Schwange sind, und gewarnt werden vor der Beflissenheit und den Absichten derer, die es sich zur Aufgabe machen werden, ihn zu verderben. Man sollte ihm die Künste nennen, die sie anwenden, und die Schlingen, die sie legen, und ihm dann und wann das traurige oder lächerliche Beispiel derjenigen vor Augen stellen, die auf diese Weise andere ins Verderben stürzen oder selbst gestürzt werden. Es fehlt unserer Zeit sicher nicht an Beispielen dieser Art, die ihm als Warnzeichen dienen sollten, damit er durch das Unglück, die Krankheiten, die Dürftigkeit und Schande hoffnungsvoller junger Männer, die so ruiniert wurden, vorgewarnt und zur Einsicht gebracht wird, daß jene Gescheiterten auch von denen verachtet und im Stich gelassen werden, die sie unter Vorspiegelung von Freundschaft und Achtung soweit gebracht haben, und wie diese sich selbst mit auf die Beute stürzen, während ihre Opfer zugrunde gehen. So möge er, bevor er es mit eigener Erfahrung teuer bezahlen muß, erkennen, daß diejenigen, die ihn überreden, dem besonnenen Rat seines Erziehers und der Stimme der eigenen Vernunft, welche sie als unter fremdem Einfluß stehend bezeichnen, nicht zu folgen, dies bloß deswegen tun, um ihn selbst in ihre Gewalt zu bekommen. Sie reden ihm ein, er handle wie ein Mann aus sich selbst heraus, unter eigener Verantwortung und zu seinem eigenen Vergnügen, während er in Wirklichkeit von ihnen durchaus wie ein Kind jenen Lastern zugeführt wird, die ihren Zwecken am besten dienen. Das ist ein Wissen, das ein Hauslehrer ihm bei jeder Gelegenheit beizubringen bemüht sein sollte; er sollte versuchen, es ihm mit allen Mitteln begreiflich und schmackhaft zu machen.

Ich weiß, man sagt oft, einem jungen Mann die Laster der Zeit zu enthüllen, heiße sie ihn lehren. Das ist zugegebenermaßen zum großen Teil richtig, je nachdem, wie man es anfängt, und daher bedarf es eines vernünftigen, begabten Mannes, der die Welt kennt und die Veranlagung, Neigung und schwachen Seiten seines Zöglings beurteilen kann. Es ist ferner daran zu erinnern, daß es heutzutage nicht möglich ist (wie es früher vielleicht möglich war), einen jungen Gentleman durch völlige Unkenntnis vom Laster fernzuhalten, es sei denn, man sperre ihn sein Leben lang in ein Kämmerlein und lasse ihn nie in Gesellschaft gehen. Je länger er so mit einer Binde über den Augen herumläuft, desto weniger wird er sehen, wenn er ins helle Tageslicht hinaustritt, und um so mehr der Gefahr ausgesetzt sein, sich selbst und anderen zur Beute zu werden. Ein alter Knabe, von dem ganzen feierlichen Ernst des Efeubusches umgeben, wird bei seinem ersten Auftreten in der Welt mit Sicherheit die Augen und das Gezwitscher aller Stadtvögel auf sich ziehen;[21] und unter ihnen werden einige Raubvögel nicht fehlen, die sich gleich auf ihn stürzen werden.

Der einzige Schutz gegen die Welt ist gründliche Weltkenntnis; in sie sollte ein junger Gentleman stufenweise eingeführt werden, wie es ihm zuträglich ist, und je früher, desto besser, vorausgesetzt, daß er in sicheren und geschickten Händen ist, die ihn führen können. Die Szene sollte allmählich geöffnet werden, sein Auftritt Schritt für Schritt geschehen, und er sollte dabei auf die Gefahren hingewiesen werden, die ihm von seiten der verschiedenen Klassen, Charaktere und Gruppen von Menschen und ihren Absichten drohen. Er sollte darauf vorbereitet werden, daß manche ihn verletzen und andere ihm schmeicheln werden; er sollte wissen, wer ihm wahrscheinlich Widerstand leisten, wer ihn verführen, wer sein heimlicher Feind sein und wer ihm beistehen wird. Er sollte lernen, wie er sie erkennen und unterscheiden kann, wo er seine Kenntnis über sie, ihre Absichten und Machenschaften durchblicken lassen und wann er sie verschleiern sollte. Und wenn er sich zu voreilig und gewagt auf seine eigene Geschicklichkeit und Kraft verlassen sollte, mögen die peinlichen Schwierigkeiten und unangenehmen Folgen eines gelegentlichen Mißerfolgs, der seiner Unschuld, seiner Gesundheit und seinem Ruf nicht schadet, kein schlechtes Mittel sein, ihn größere Vorsicht zu lehren.

Dies, so bekenne ich, birgt einen großen Teil von Weisheit [wisdom] in sich und ist nicht das Produkt einiger oberflächlicher Gedanken oder vielen Lesens, sondern das Ergebnis der Erfahrung und Beobachtung eines Mannes, der mit offenen Augen in der Welt lebt und mit Menschen aller Arten verkehrt. Daher scheint es mir von größtem Wert, dies einem jungen Mann bei jeder sich bietenden Gelegenheit einzuprägen, damit er nicht ein Seemann ohne Kurs, Kompaß und Seekarte ist, wenn er selbst auf den Ozean hinausfährt, sondern von vornherein einige Kenntnis der Klippen und Untiefen, der Strömungen und des Treibsandes hat und ungefähr weiß, wie er steuern muß, um nicht zu sinken, bevor er Erfahrung gewonnen hat. Wer nicht glaubt, dies sei von größerer Bedeutung für seinen Sohn und mache einen Erzieher notwendiger als Sprachen und Wissenschaften, vergißt, wieviel nützlicher es ist, Menschen richtig zu beurteilen und seine Angelegenheiten klug mit ihnen auszuhandeln, als griechisch oder lateinisch zu sprechen oder ein Meister in formaler Logik zu sein oder seinen Kopf mit nebelhaften Spekulationen der Naturphilosophie und Metaphysik zu füllen, ja, selbst nützlicher, als in griechischen und römischen Schriftstellern gut bewandert zu sein, obwohl das für einen Gentleman viel besser ist, als wenn er ein guter Peripatetiker oder Cartesianer[22] ist; denn jene alten Schriftsteller haben die Menschen richtig beobachtet und dargestellt und diese Art des Wissens aufs beste beleuchtet. Wer in die östlichen Teile Asiens geht, wird fähige und umgängliche Menschen finden, die davon nichts wissen. Einen vollkommenen und wertvollen Menschen ohne Tugend, ohne Weltkenntnis und gesellschaftliche Bildung wird man aber nirgends finden.

Auf die Ausstattung mit einem großen Teil des Wissens, das gegenwärtig in den Schulen Europas im Schwange ist und gewöhnlich in den Kreis der Bildung einbezogen wird, kann ein Gentleman ohne persönliche Beeinträchtigung oder Nachteil für seine Geschäfte weitgehend verzichten. Klugheit [prudence] und gute Lebensart sind jedoch in jeder Stellung und bei allen Vorkommnissen im Leben notwendig; und die meisten jungen Männer haben unter dem Mangel daran zu leiden und treten roher und ungeschickter in die Welt, als sie sollten, aus eben dem Grunde, weil diese Eigenschaften, die am notwendigsten gelehrt werden müssen und am meisten der Hilfe und des Beistandes durch einen Lehrer bedürfen, ganz allgemein vernachlässigt und nur als unbedeutend oder überhaupt nicht zu den Aufgaben eines Hauslehrers gehörend angesehen werden. Um Latein und die Wissenschaften geht das ganze Geschrei; und den größten Nachdruck legt man auf Meisterschaft in Dingen, von denen ein großer Teil nichts mit dem Beruf eines Gentleman zu tun hat. Dieser aber besteht darin, die Kenntnisse eines Mannes des praktischen Lebens zu besitzen, ein seinem Stande angemessenes Benehmen zu zeigen und, entsprechend seinem Rang, eine hervorragende Stellung in seinem Lande einzunehmen und seinem Lande nützlich zu sein.

Wenn Stunden der Muße, die er dabei erübrigen kann, oder der Wunsch, sich selbst in einigen Wissenszweigen zu vervollkommnen, in die sein Hauslehrer ihn eben nur eingeführt hat, ihn zu weiterem Studium führen, werden die früher gelernten Elemente seinem eigenen Bemühen den Weg hinreichend ebnen, und sein eigener Fleiß wird ihn so weit bringen, wie seine Neigung ihn antreibt oder seine Anlagen ihn befähigen. Oder wenn er meint, er spare Zeit und Mühe, wenn die Hand eines Lehrers ihm über einige Schwierigkeiten hinweghilft, so mag er sich einen Mann nehmen, der darin vollkommen bewandert ist, oder jemanden wählen, der seiner Meinung nach für diese Zwecke am besten geeignet ist. Den Zögling aber in ein beliebiges Wissensgebiet einzuführen, soweit es für einen jungen Mann im gewöhnlichen Studiengang nötig ist, dafür genügt eine normale Befähigung des Erziehers. Es ist auch nicht erforderlich, daß er durch und durch ein Gelehrter ist oder bis zur Vollkommenheit alle jene Wissenschaften beherrscht, von denen ein junger Gentleman in einem gewissen allgemeinen Überblick oder in einem kurzen Grundriß eine Vorstellung haben sollte. Ein Gentleman, der tiefer bohren will, muß dies später mit eigenen Kräften und eigenem Fleiß tun: denn niemand ist je unter der Zucht und dem Zwang eines Lehrers in seinen Kenntnissen weit vorangekommen oder in irgendeiner Wissenschaft hervorragend gewesen.
Die große Aufgabe eines Erziehers ist es, das Betragen zu formen und Geist und Gemüt [mind] zu bilden, seinem Zögling gute Gewohnheiten und die Grundsätze der Tugend und Weisheit einzupflanzen, ihm nach und nach den Blick für die Menschen zu öffnen und ihn zur Liebe und Nachahmung dessen zu führen, was ausgezeichnet und lobenswert ist, und ihm für die Verfolgung dieses Ziels Kraft, Gewandtheit und Eifer zu verleihen. Die ihm auferlegten Studien dienen sozusagen nur zur Übung seiner Fähigkeiten und zur Aus-

füllung seiner Zeit; sie sollen ihn vom Schlendrian und Müßiggang abhalten, ihn Hingabe an eine Sache lehren, ihn daran gewöhnen, sich anzustrengen, und ihm eine kleine Vorstellung von dem geben, was eigener Fleiß zur Vervollkommnung bringen muß. Denn wer erwartet, daß unter der Anleitung eines Hauslehrers aus einem jungen Gentleman ein perfekter Kritiker, Redner oder Logiker wird? Daß er der Metaphysik, Naturphilosophie oder Mathematik auf den Grund geht oder ein Meister in der Geschichte oder Chronologie wird? Und doch muß er von all dem etwas lernen. Aber das geschieht nur, um das Tor zu öffnen, damit er hineinschauen kann und sozusagen eine erste Bekanntschaft macht; er soll dort aber nicht zu Hause sein. Ein Erzieher müßte sogar sehr getadelt werden, wenn er seinen Zögling damit zu lange aufhalten und ihn in die meisten dieser Dinge zu tief einführen würde. Von guter Lebensart, Weltkenntnis, Tugend, Fleiß und Wertschätzung eines guten Ansehens kann er dagegen nicht zuviel haben; und wer dies hat, wird nicht lange entbehren, was er vom andern braucht oder wünscht.

Da man nun nicht hoffen kann, daß er Zeit und Kraft hat, alles zu lernen, sollten die größten Anstrengungen auf das Nötigste hin gemacht werden; man sollte sich hauptsächlich um das kümmern, was ihm in der Welt von größtem und vielseitigstem Nutzen sein wird.

Seneca beklagt die entgegengesetzte Praxis in seiner Zeit, und doch wimmelte es in jenen Tagen noch nicht von den Burgersdiciussen und Scheiblers wie heute bei uns.[23] Was hätte er gedacht, wenn er heute lebte, wo die Erzieher es als ihr Hauptgeschäft ansehen, die Studierzimmer und Köpfe ihrer Zöglinge mit Autoren wie diesen anzufüllen? Mit weitaus größerem Recht würde er sagen können, *Non vitae sed scholae discimus*, wir lernen nicht um zu leben, sondern um zu disputieren; denn unsere Erziehung bereitet uns eher auf die Universität als für die Welt vor. Aber das ist ja kein Wunder, da diejenigen, die die Mode schaffen, sie dem anpassen, was sie haben, und nicht dem, was ihre Zöglinge brauchen. Wenn die Mode sich einmal durchgesetzt hat, wer kann es dann seltsam finden, daß sie hier wie überall die Oberhand behält? Und daß der größte Teil derjenigen, die bei allzu bereitwilliger Unterwerfung unter ihr Diktat auf ihre Rechnung kommen, bereit sind, »Ketzerei« zu schreien, wenn irgend jemand sich von ihr lossagt? Es ist immerhin erstaunlich, daß Männer von Rang und Geist sich durch allgemeine Gewohnheit und blinden Glauben so in die Irre führen lassen. Würde man die Vernunft befragen, würde sie den Rat geben, die Zeit der Kinder lieber zum Erwerb dessen zu verwenden, was ihnen nützlich sein wird, wenn sie erwachsen sind, als ihnen die Köpfe mit allem möglichen Plunder vollzustopfen, an den sie gewöhnlich großenteils nie wieder in ihrem Leben denken (und ganz gewiß nicht zu denken brauchen); und was davon hängen bleibt, ist nur von Nachteil für sie. Das ist so allgemein bekannt, daß ich die Eltern selbst frage, die ihr Geld ausgegeben haben, um ihre Kinder darin unterrichten zu lassen, ob ihre Söhne nicht lächerlich wirken, wenn sie beim Hinaustreten in die Welt etwas von jener Gelehrsamkeit an sich haben, und ob diese sie nicht in den Augen der Gesellschaft herabsetzen und erniedrigen dürfte, wenn sie in Erscheinung tritt. Das muß ja wohl eine bewundernswerte Errungenschaft sein, die es wert ist, in der Erziehung eine Rolle zu spielen, wenn Männer sich ihrer schämen, wo ihnen doch am meisten daran gelegen ist, Geist und Bildung zu zeigen!

Es gibt noch einen weiteren Grund, warum bei einem Hauslehrer in erster Linie auf Lebensart und Weltkenntnis gesehen werden sollte: ein Mann von Fähigkeiten und Jahren kann einen jungen Menschen weit genug in alle Wissenschaften einführen, in die er selbst keine tiefen Einblicke hat. Dazu befähigen ihn Bücher,

die ihm Wissen und Vorsprung genug geben können, damit er einem jungen Menschen, der ihm folgen soll, voranschreiten kann; aber wer selbst nur ein Anfänger in der Kenntnis der Welt und vor allem in guter Lebensart ist, wird nie imstande sein, einen anderen darin anzuleiten.
Dies ist eine Kenntnis, über die er verfügen muß; sie muß ihm durch Gewohnheit und gesellschaftlichen Umgang zu eigen geworden sein und dadurch, daß er sich lange an der Beobachtung dessen geschult hat, was in der besten Gesellschaft üblich und erlaubt ist. Wenn er dies nicht aus sich selbst hat, kann er es nicht von irgendwoher für den Gebrauch seines Zöglings entleihen; und wenn er auch zweckdienliche Abhandlungen darüber in Büchern finden könnte, die sich auf alle Einzelheiten im Betragen eines englischen Gentleman erstrecken, so würde sein eigenes wenig mustergültiges Beispiel, wenn er nicht selbst wohlerzogen ist, all seine Lehren vereiteln; denn es ist unmöglich, daß jemand aus ungeschliffener, ungebildeter Gesellschaft als Mann von guter Lebensart hervorgeht.
Ich sage dies nicht in der Meinung, man könne einen solchen Hauslehrer jeden Tag finden oder mit einem normalen Gehalt einstellen, sondern damit diejenigen, die es können, es nicht an Nachforschungen und Kosten fehlen lassen in einer Angelegenheit, die von so großer Bedeutung ist, und damit andere Eltern, deren Vermögen für größere Gehälter nicht ausreicht, sich doch besinnen, worauf sie ihr Augenmerk in erster Linie richten sollten bei der Wahl eines Mannes, dem sie die Erziehung ihrer Kinder anvertrauen wollen, und was sie selbst hauptsächlich zu überwachen haben, solange die Kinder in ihrer Obhut sind und sooft sie Gelegenheit haben, sie zu beobachten; und damit sie nicht denken, an Latein und Französisch oder irgendwelchen trockenen Systemen der Logik und Philosophie sei alles gelegen.

95. *Vertraulichkeit [Familiarity].* – Aber zurück zu unserer Methode. Obwohl ich das Stirnrunzeln des Vaters und die dadurch im Gemüt der jungen Kinder begründete Ehrfurcht als das Hauptinstrument bezeichnet habe, durch das ihre Erziehung zu bewerkstelligen ist, bin ich doch weit davon entfernt zu glauben, dies sollte die ganze Zeit hindurch fortgesetzt werden, solange sie der Disziplin und der Kontrolle im Zustand der Minderjährigkeit unterstehen; ich meine, beides sollte gelockert werden, sobald ihr Alter, ihre Urteilskraft und ihr gutes Benehmen es zulassen, selbst so weit, daß ein Vater, wenn sein Sohn heranwächst und sich dessen fähig erweist, gut daran tut, mit ihm vertraulich zu reden, ja, sogar seinen Rat einzuholen und ihn über gewisse Dinge zu befragen, über die er Bescheid weiß und die er versteht. Dadurch wird der Vater zweierlei von großer Bedeutung erreichen: Einmal wird er die Gedanken seines Sohnes mit ernsthaften Überlegungen beschäftigen, die besser sind als alle Regeln oder Ratschläge, die er ihm geben könnte. Je eher du ihn als Mann behandelst, desto eher wird er einer werden; und wenn du ihn gelegentlich zu ernsthaften Gesprächen mit dir heranziehst, wirst du seinen Geist unmerklich über die üblichen Zerstreuungen der Jugend und jene wertlosen Beschäftigungen erheben, an die er sich gewöhnlich vergeudet. Denn man kann leicht beobachten, daß manche jungen Männer in den Gedankengängen und dem Umgang von Schuljungen länger als gewöhnlich verharren, weil sie durch das Verhalten ihrer Eltern in jener Distanz und in jenem untergeordneten Rang gehalten werden.

96. Von größerer Wichtigkeit ist etwas anderes, das du durch solche Art der Behandlung erreichen wirst: seine Freundschaft. Viele Väter messen ihren Söhnen zwar freigebig und ihrem Alter und ihren Verhältnissen entsprechend Taschengeld zu, verwehren ihnen aber den Einblick in das Vermögen und die eigenen Angelegen-

heiten mit solcher Zurückhaltung, als hätten sie ein Staatsgeheimnis vor einem Spion oder Feind zu wahren. Wenn dies auch nicht gerade wie Eifersucht aussieht, so läßt es doch jene Zeichen der Güte und Vertraulichkeit vermissen, die ein Vater seinem Sohn gewähren sollte, und verhindert oder beeinträchtigt zweifellos jene Freude und Genugtuung, mit der ein Sohn sich an seinen Vater wenden und an ihm Rückhalt finden sollte. Ich muß mich in der Tat wundern, wenn ich sehe, wie Väter ihre Söhne zwar durchaus lieben, aber doch so verfahren, daß sie sich ihr Leben lang durch beständige Reserviertheit und die kalte Miene der Autorität von ihnen distanzieren, als hätten diese nicht eher Freude oder Trost von denen zu erwarten, die ihnen doch die Liebsten auf dieser Welt sind, bis sie sie durch das Abscheiden in eine andere Welt verloren haben. Nichts bindet und festigt Freundschaft und Wohlwollen so sehr wie vertrauensvoller Gedankenaustausch über Sorgen und geschäftliche Angelegenheiten. Ohne dies läßt jede andere Freundlichkeit immer noch Zweifel zurück; wenn dein Sohn jedoch sieht, daß du ihm dein Herz öffnest, wenn er merkt, daß du ihn an deinen Angelegenheiten beteiligst als an etwas, das nach deinem Willen zu gegebener Zeit in seine Hände übergehen soll, wird er sich darüber Gedanken machen wie über seine eigenen Angelegenheiten, wird seine Zeit in Geduld abwarten und dich, bis es einmal soweit ist, lieben, da du dich nicht von ihm wie von einem Fremden distanzierst. Es wird ihm auch die Augen dafür öffnen, daß du in deinem Besitz nicht ohne Sorgen bist, und je mehr er das spürt, desto weniger wird er dich um den Genuß desselben beneiden und sich desto mehr unter den Händen eines so wohlgesinnten Freundes und besorgten Vaters glücklich schätzen. Kaum ein junger Mann ist so gedankenarm oder so empfindungslos, daß er nicht froh wäre, einen zuverlässigen Freund zu haben, an den er sich wenden und den er freimütig um Rat angehen kann. Die Zurückhaltung und Distanz der Väter beraubt ihre Söhne oft jener Zuflucht, die vorteilhafter für sie wäre als hundert Vorwürfe und Scheltworte. Wollte dein Sohn an einer Lustbarkeit oder an einem tollen Streich teilnehmen, wäre es nicht besser, er täte es mit Wissen deinerseits als ohne? Denn da man jungen Leuten solche Dinge zugestehen muß, wird man um so eher großes Unheil verhüten können, je mehr man von seinen Umtrieben und Plänen weiß; und indem man ihm deutlich macht, was wohl die Folgen sein werden, kann man ihn auf die rechte Weise überzeugen und so kleinere Ungehörigkeiten verhindern. Willst du, daß er dir sein Herz öffnet und um deinen Rat bittet? Dann mußt du selbst damit anfangen und ein solches Zutrauen durch dein Verhalten hervorrufen.

97. Worin er dich aber auch um Rat angeht, darin rate immer nur als Freund, der über größere Erfahrung verfügt, solange es nicht zu verhängnisvollem und nicht wiedergutzumachendem Schaden führt, und laß in deinen Rat nichts von Befehl oder Autorität einfließen, jedenfalls nicht mehr als einem Gleichstehenden oder Fremden gegenüber. Das würde ihm für alle Zukunft verleiden, dich um Rat anzugehen, und verhindern, daß er aus deinem Rat Nutzen zieht. Du mußt immer daran denken, daß er ein junger Mann ist und an Freuden hängt, über die du hinaus bist. Du darfst nicht erwarten, daß seine Neigungen mit deinen übereinstimmen oder daß er mit zwanzig dieselben Gedanken hat wie du mit fünfzig. Da Jugend nun einmal eine gewisse Freiheit haben und sich austoben muß, ist alles, was du wünschen kannst, daß es mit der Unbefangenheit eines Sohnes geschieht, der das Auge seines Vaters nicht zu scheuen braucht, und dann kann kein sehr großer Schaden daraus entstehen. Das Mittel, dies zu erreichen, ist, wie schon gesagt, daß du mit ihm über deine Angelegenheiten sprichst, soweit du ihn dessen

für fähig hältst, sie mit ihm in vertrautem Gespräch erörterst und ihn um seinen Rat fragst; und wenn er das Richtige trifft, folge ihm, als habe er es gefunden; und wenn die Sache gut ausgeht, soll der Ruhm ihm gebühren. Das wird dein Ansehen durchaus nicht schmälern, sondern seine Liebe zu dir und seine Achtung vor dir mehren. Solange du selbst über dein Vermögen verfügst, hast du den Stab noch in eigenen Händen; und deine Autorität wird um so gesicherter sein, je mehr sie durch Vertrauen und Güte gefestigt ist. Denn erst dann hast du ihn soweit in der Gewalt, wie du ihn haben solltest, wenn er mehr fürchtet, einen so guten Freund zu verletzen, als einen Teil seines erhofften Erbes zu verlieren.

98. Wenn ein vertrauter Umgang mit dem Sohn einem Vater wohl ansteht, so mag sich ein Hauslehrer seinem Zögling gegenüber noch mehr dazu herablassen. Nicht die ganze Zeit, die sie zusammen sind, sollte darauf verwandt werden, Vorlesungen zu halten und schulmeisterlich zu diktieren, was er zu beachten und zu befolgen hat. Dadurch daß man auch ihn hört und ihn daran gewöhnt, sich über ihm vorgelegte Fragen vernünftig zu äußern, werden Vorschriften ihm leichter eingehen und sich tiefer in ihn einsenken und ihm Lust und Liebe zu Studium und Unterricht geben. Er wird einzusehen beginnen, wie wertvoll Kenntnisse sind, wenn er sieht, daß sie ihn befähigen, ein Gespräch zu führen, und wenn er spürt, was für Freude es macht und wie ehrenvoll es ist, seinen Teil zu einem Gespräch beizutragen und seine Gründe zuweilen gebilligt und beachtet zu sehen; besonders in Fragen der Moral, der Weltklugheit und der guten Lebensart sollten ihm Fälle vorgelegt und sein Urteil herausgefordert werden. Das führt besser zum Verständnis als Klugheitsregeln, mögen sie auch noch so gut erläutert werden, und verankert die Regeln für die Praxis besser im Gedächtnis. Auf diesem Wege gelangen Dinge in den Geist, die dort

haften und ihre Beweiskraft bewahren, während Worte bestenfalls schwache Abbilder und nicht einmal soviel wie wahre Schatten der Dinge sind und viel schneller vergessen werden. Er wird die Grundlagen und das Maß des Anstandes und des Rechts besser begreifen und lebendigere und dauerndere Eindrücke von dem gewinnen, was er tun soll, wenn er seine Meinung in ihm vorgelegten Fällen abgibt und geeignete Beispiele mit seinem Lehrer erörtert, als wenn er dessen Vorlesungen schweigend, nachlässig und schläfrig anhört. Das ist auch besser als verfängliche logische Disputationen oder aufgegebene eigene Deklamationen über irgendeine Frage. Das eine richtet die Gedanken auf Witz und trügerische Darstellung und nicht auf die Wahrheit; das andere lehrt Täuschung, Wortstreiterei und Festhalten an vorgefaßter Meinung; beides aber verdirbt die Urteilskraft und führt vom Wege rechten und sauberen Denkens ab; es muß daher von allen denen sorgfältig vermieden werden, die sich vervollkommnen und von anderen anerkannt werden wollen.

99. *Achtung [Reverence].* – Wenn du deinem Sohn das Gefühl dafür beigebracht hast, daß er von dir abhängig ist und in deiner Gewalt steht, und du dadurch deine Autorität begründet hast; wenn du in deinem Verhalten ihm gegenüber unbeugsam streng bist, falls er hartnäckig in einer üblen Angewohnheit verharrt, die du ihm verboten hast, besonders im Lügen, und du dadurch seinem Gemüt die notwendige Ehrfurcht eingeprägt hast; wenn du ihm anderseits die volle, seinem Alter zukommende Freiheit zugestehst und in deiner Gegenwart jenem kindlichen Tun und fröhlichen Treiben keine Beschränkung auferlegst, das ihm, solange er noch jung ist, so notwendig ist wie Essen und Schlafen; wenn du ihn dadurch mit deiner Gesellschaft versöhnt hast und ihn deine Fürsorge und Liebe spüren läßt durch Nachsicht und Zärtlichkeit, besonders indem du ihm schmeichelst bei allen Gelegenheiten, wo er sich

gut benommen hat, und indem du, seinem Alter entsprechend, auf tausenderlei Weise freundlich zu ihm bist, was die Natur den Eltern besser sagt, als ich es kann: Wenn du, sage ich, durch solche Zärtlichkeit und Zuneigung, an denen es Eltern ihren Kindern gegenüber nie mangelt, ihm auch eine besondere Zuneigung zu dir eingepflanzt hast, dann befindet er sich in dem Zustand, den du dir wünschen kannst, und dann hast du in seinem Gemüt jene wahre Achtung geweckt, die künftig immer weiter mit Sorgfalt gepflegt und bewahrt werden muß, und zwar in ihren beiden Teilen, Liebe und Furcht, den mächtigen Triebfedern, durch welche du immer auf ihn einwirken kannst, um seinen Sinn auf den Weg der Tugend und Ehre zu lenken.

100. *Wesensart [Temper].* – Wenn diese Grundlage einmal gut gelegt ist und du merkst, daß diese Achtung in ihm zu wirken beginnt, sind als nächstes sorgfältig sein Wesen und die besondere Verfassung seiner Geistesart zu beobachten. Widersetzlichkeit, Lügen und bösartiges Handeln dürfen, wie schon gesagt, von Anfang an nicht geduldet werden, mag seine Wesensart sonst auch sein, wie sie will. Diese Saat des Lasters darf keinesfalls Wurzel schlagen, sondern muß sorgfältig ausgejätet werden, sobald sie sich in ihm zu zeigen beginnt; deine Autorität muß bei dem ersten Aufdämmern jeglicher Kenntnis in ihm Platz greifen und seinen Sinn beeinflussen, damit sie als natürliches Prinzip wirken kann, von dem er die Anfänge nie wahrgenommen hat und von dem er keineswegs weiß, daß es jemals anders war oder anders sein könnte. Auf diese Weise wird die Achtung, die er dir schuldet (wenn sie früh begründet wird), ihm immer heilig sein, und er wird ihr genauso schwer widerstehen können wie den Grundanlagen seiner Natur.

101. Nachdem du so sehr früh deine Autorität errichtet und ihn durch Anwendung ihrer sanfteren Seiten und durch Beschämung aus allem herausgebracht hast, was

möglicherweise zu unmoralischem Lebenswandel führt (denn ich möchte auf keinen Fall vom Schelten Gebrauch machen, viel weniger noch von Schlägen, solange nicht Widersetzlichkeit und Unverbesserlichkeit sie unbedingt erforderlich machen), dann wird es an der Zeit sein, zu betrachten, in welche Richtung die natürliche Beschaffenheit seiner Geistes- und Gemütsart weist. Manche Menschen sind infolge der unveränderlichen Struktur ihrer Naturveranlagung entschlossen, andere furchtsam, manche voller Selbstvertrauen, andere bescheiden und fügsam oder widersetzlich, sorgsam oder sorglos, lebhaft oder langsam. Es gibt in den Gesichtern der Menschen und in ihrer äußeren Körpergestalt keine größeren Verschiedenheiten als in der Beschaffenheit ihrer Geistes- und Gemütsart; es besteht nur der eine Unterschied, daß die Unterscheidungsmerkmale des Gesichts und der Körperformen im Laufe der Zeit und mit zunehmendem Alter deutlicher und sichtbarer hervortreten, während die eigentümliche Physiognomie des Geistes am erkennbarsten bei Kindern ist, bevor List und Verschlagenheit sie gelehrt haben, ihre Mißbildung zu verstecken und ihre bösartigen Neigungen hinter einem erheuchelten Äußeren zu verbergen.

102. Beginne daher beizeiten, die Wesensart deines Sohnes genau zu beobachten, und zwar völlig zwanglos beim Spiel und wenn er dich weit weg glaubt. Suche zu erkennen, was seine vorherrschenden Leidenschaften und seine überwiegenden Neigungen sind, ob er wild oder sanft, kühn oder schüchtern, mitleidig oder grausam, offen oder verschlossen usw. ist. Denn so wie diese seine Anlagen verschieden sind, müssen auch deine Methoden verschieden sein, und deine Autorität muß infolgedessen ihm gegenüber Maßnahmen verschiedener Art ergreifen. Diese angeborenen Neigungen, diese vorherrschenden Richtungen der Veranlagung sind nicht durch Gebote oder direkte Bekämpfung zu be-

seitigen, besonders nicht die niedrigeren und gemeineren, die auf Furchtsamkeit und Niedergeschlagenheit zurückgehen, obwohl auch sie mit einigem Verständnis bedeutend gebessert und zum Guten gewendet werden können. Aber dessen kann man sicher sein: Auch wenn man alles getan hat, wird die Waagschale sich immer auf die Seite neigen, welche die Natur vorbestimmt hat. Wenn du sorgfältig den Charakter[24] seines Geistes hier, in den ersten Szenen seines Lebens, betrachtest, wirst du später immer beurteilen können, welcher Richtung seine Gedanken zuneigen, und sogar, welchen Zielen er später beim Heranwachsen zustreben wird, wenn die Handlungsfäden des Dramas sich verflechten und er sich verschiedener Rollen bedient, um mitzuspielen.

103. *Herrschsucht [Dominion].* – Ich habe oben gesagt, daß Kinder die Freiheit lieben; daher sollte man sie dazu bringen, das, was für sie geeignet ist, zu tun, ohne daß sie fühlen, es werde ihnen Zwang auferlegt. Ich füge jetzt hinzu: es gibt etwas, das sie noch mehr lieben: herrschen. Das ist der Ursprung der meisten schlechten Gewohnheiten, die weit verbreitet und angeboren sind. Dieses Trachten nach Macht und Herrschaft zeigt sich sehr früh, und zwar in den beiden folgenden Punkten.

104. (1) Man findet, daß Kinder fast unmittelbar nach ihrer Geburt (ganz sicher, lange bevor sie sprechen können) schreien, launisch, mürrisch und verdrießlich werden, und zwar nur, weil sie ihren Willen durchsetzen wollen. Sie wollen, daß man sich ihren Wünschen unterwirft; sie streben danach, daß ihre ganze Umgebung sich ihnen bereitwillig fügt, besonders diejenigen, die ihnen im Rang oder im Alter nahe oder unter ihnen stehen, sobald sie anfangen, andere nach solchen Unterscheidungsmerkmalen zu betrachten.

105. (2) Ein weiteres, worin sie ihre Herrschsucht zeigen, ist die Begierde, Dinge als ihr Eigentum zu besit-

zen. Sie möchten Eigentum und Besitz haben, da sie sich in der Macht gefallen, die das zu geben scheint, und in dem sich daraus ergebenden Recht, über diese Dinge nach Belieben zu verfügen. Wer nicht beobachtet hat, daß diese beiden Neigungen sich sehr frühzeitig in Kindern auswirken, hat auf ihr Tun wenig geachtet; und wer da meint, daß diese beiden Wurzeln fast aller Ungerechtigkeit und allen Streites, die das menschliche Leben so beunruhigen, nicht früh ausgejätet und entgegengesetzte Gewohnheiten nicht früh an ihre Stelle gesetzt werden müßten, der versäumt die rechte Zeit für die Grundlegung einer Erziehung zu einem guten und tüchtigen Manne. Dazu mag, wie ich meine, das nun Folgende einiges beitragen.

106. (1) *Fordern [Craving].* – Ich hatte gesagt, es sollte nie geduldet werden, daß ein Kind bekommt, was es verlangt, geschweige denn, was es mit Schreien oder auch nur mit Worten fordert. Da dies aber zu Mißverständnissen Anlaß geben und so ausgelegt werden könnte, als meinte ich, ein Kind dürfe seine Eltern nie um etwas angehen – was vielleicht als zu großer Druck auf das kindliche Gemüt angesehen werden wird zum Nachteil jener Liebe und Zuneigung, die zwischen den Kindern und ihren Eltern bestehen sollte – so will ich mich ein wenig ausführlicher erklären. Es ist nichts dagegen einzuwenden, daß sie die Freiheit haben, ihren Eltern gegenüber zu äußern, was sie brauchen, und daß man sie mit aller Zärtlichkeit anhört und befriedigt, wenigstens solange sie noch sehr klein sind. Aber es ist doch wohl ein Unterschied, ob ich sage »Ich habe Hunger« oder »Ich will Braten haben«. Wenn sie ihre Bedürfnisse, ihre natürlichen Bedürfnisse, geäußert haben, das Unbehagen, das sie bei Hunger, Durst, Kälte oder bei irgendeinem anderen natürlichen Bedürfnis empfinden, dann ist es Pflicht der Eltern und ihrer Umgebung, ihnen zu helfen; Kinder müssen es aber der Wahl und Anordnung der Eltern überlassen, was und

wieviel sie als am besten geeignet für sie ansehen; und man darf ihnen nicht gestatten, selbst zu wählen und zu sagen: »Ich möchte Wein oder Weißbrot haben«; wenn sie das nur aussprechen, sollte es schon Grund genug sein, daß sie es nicht bekommen.

107. Worauf Eltern hier zu achten hätten, ist, daß sie zwischen eingebildeten und natürlichen Bedürfnissen unterscheiden. Das lehrt richtig Horaz in dem Vers

Queis humana sibi doleat natura negatis.[25]

Wirkliche, natürliche Bedürfnisse sind alle die, welche die Vernunft allein ohne fremde Hilfe nicht abwehren kann, die sie auch nicht daran hindern kann, uns zu stören. Den Schmerz der Krankheit und körperliche Verletzung, Hunger, Durst und Kälte, Entbehrung des Schlafes und der Ruhe und Entspannung der durch Arbeit ermüdeten Glieder fühlen alle Menschen, und selbst Menschen bester Geistes- und Gemütsverfassung müssen solches Unbehagen verspüren; man sollte daher durch geeignete Mittel versuchen, es abzustellen, sobald es auftritt, jedoch nicht mit Ungeduld oder übergroßer Eile, sofern ein Aufschub keine nicht wiedergutzumachenden Folgen hat. Die Schmerzen, die durch natürliche Bedürfnisse hervorgerufen werden, sind Mahner; sie bewahren uns vor größerem Schaden, dessen Vorläufer sie sind; daher dürfen sie nicht gänzlich übersehen werden, noch darf man sie zu groß werden lassen. Je mehr jedoch Kinder an Abhärtung dieser Art gewöhnt werden können durch weises Bemühen, sie an Körper und Geist stärker zu machen, um so besser wird es für sie sein. Ich brauche hier nicht zu der Vorsicht zu raten, sich dabei innerhalb der Grenzen des ihnen Zuträglichen zu halten und darauf zu achten, daß, was man Kindern zu ertragen zumutet, nicht ihren Lebensmut brechen oder ihrer Gesundheit schaden darf; denn Eltern sind von sich aus schon allzu geneigt, mehr als recht ist ihrer sanfteren Seite nachzugeben.

Wie große Nachgiebigkeit die natürlichen Bedürfnisse auch erfordern mögen, die eingebildeten Bedürfnisse der Kinder sollten nie befriedigt, ja, nicht einmal erwähnt werden. Wenn sie nur davon sprechen, sollte es Grund genug sein, daß sie etwas nicht bekommen. Kleider müssen sie haben, wenn sie sie brauchen; wenn sie aber um diesen Stoff oder um jene Farbe bitten, sollten sie wissen, daß sie leer ausgehen. Nicht als ob ich wollte, die Eltern sollten in nebensächlichen Dingen den Wünschen ihrer Kinder absichtlich entgegentreten; im Gegenteil, wenn ihr Betragen es verdient und man sicher ist, es werde ihren Charakter nicht verderben oder verweichlichen und sie nicht in Tand verliebt machen, meine ich, man sollte, soweit man kann, alles zu ihrer Zufriedenheit ersinnen, damit sie Lust und Vergnügen als Folge guten Betragens erkennen. Am besten ist es, wenn Kinder an solchen Dingen überhaupt kein Vergnügen finden und ihre Freude nicht von Einbildungen abhängig machen, sondern gleichgültig gegen alles sind, was von Natur aus nicht notwendig ist. Darauf sollten die Eltern und Lehrer vor allem abzielen; bis dies aber erreicht ist, wende ich mich einzig und allein dagegen, daß sie die Freiheit haben, Forderungen zu stellen; darin sollten sie durch grundsätzliche Verweigerung beschränkt werden, soweit es sich um eingebildete Bedürfnisse handelt.

Das mag zärtlichen Eltern in ihrer natürlichen Nachgiebigkeit vielleicht ein wenig zu streng vorkommen; es ist aber durchaus notwendig. Denn da die von mir vorgeschlagene Methode darin besteht, die Rute zu verbannen, wird eine solche Zurückhaltung im Gebrauch der Zunge von großem Nutzen sein, jene Ehrfurcht zu begründen, von der wir an anderer Stelle gesprochen haben; sie wird die Achtung und Ehrerbietung wachhalten, die sie ihren Eltern schuldig sind. Ferner wird es sie lehren, ihre Neigungen zu zügeln und so zu beherrschen. Auf diese Weise werden sie dazu gebracht werden, die Kunst zu lernen, ihre Begierden zu ersticken, sobald sie sich in ihnen regen und wenn sie am leichtesten unterdrückt werden können. Denn wenn wir unseren Gelüsten freien Lauf lassen, verleihen wir ihnen Leben und Stärke; und wer die Dreistigkeit besitzt, seine Wünsche in Forderungen umzusetzen, wird nicht weit von dem Glauben entfernt sein, er müsse sie auch durchsetzen. Ich bin mir aber dessen sicher, daß wir alle leichter daran tragen, wenn wir uns selbst etwas verweigern, als wenn andere uns etwas abschlagen. Kinder sollten daher beizeiten daran gewöhnt werden, ihre Vernunft zu befragen und sich ihrer zu bedienen, bevor sie auf ihre Neigungen hören. Es ist ein großer Schritt vorwärts zur Beherrschung unserer Begierden, wenn wir ihnen hier Einhalt gebieten und sie zum Verstummen bringen. Wenn Kinder es sich zur Gewohnheit gemacht haben, unüberlegte Einfälle, die heraussprudeln wollen, zurückzuhalten und zu überlegen, ob es recht ist oder nicht, bevor sie reden, wird es ihnen im späteren Verlauf ihres Lebens und in wichtigeren Dingen von nicht geringem Vorteil sein. Denn das eine kann ich nicht oft genug einschärfen: Worum es auch gehen mag, sei es bedeutend oder unbedeutend, die hauptsächliche (ich hätte fast gesagt: einzige) Überlegung, die bei allem anzustellen ist, was ein Kind tut, ist die, welchen Einfluß es auf seine Wesensart hat, auf welche Gewohnheit es abzielt und welche Gewohnheit wahrscheinlich dadurch begründet wird, wie diese ihm anstehen wird, wenn es größer ist, und, wenn sie gefördert wird, wohin sie das Kind führen wird, wenn es erwachsen ist.

Meiner Meinung nach sollte man daher Kindern nicht absichtlich Unbehagen bereiten. Das würde zu sehr nach Unmenschlichkeit und Bösartigkeit schmecken und könnte geeignet sein, sie damit anzustecken. Sie sollten dahin gebracht werden, sich selbst ihre Gelüste zu verweigern; Geist und Gemüt sollten, wie ihr Körper, kräftig, frei und stark gemacht werden durch die Gewohnheit, ihre Neigungen in Schach zu halten und den Körper durch Abhärtung zu üben; all das aber, ohne sie irgendwelche unfreundliche Gesinnung spüren zu lassen oder eine solche Befürchtung in ihnen zu erwecken. Die grundsätzliche Verweigerung dessen, was sie für sich selbst verlangen oder zu dem sie sich selbst verhelfen wollen, sollte sie Bescheidenheit, Unterwürfigkeit und Kraft der Entsagung lehren; die Belohnung ihrer Bescheidenheit und ihres Stillschweigens dadurch, daß man ihnen gibt, was sie gern hätten, sollte sie auch der Liebe derer versichern, die diesen Gehorsam unnachsichtig erzwungen haben. Wenn sie sich jetzt mit der Entbehrung des Gewünschten zufriedengeben, zeigen sie eine Tugend, die zu anderer Zeit belohnt werden sollte mit etwas, das für sie geeignet ist und das ihnen Freude macht; es sollte ihnen so gewährt werden, als sei es eine natürliche Folge ihres guten Betragens, aber nicht als ausgehandelte Gegenleistung. All deine Mühe wird aber vergebens sein, und, was schlimmer ist, du wirst auch ihre Liebe und Achtung verlieren, wenn sie von anderen erhalten können, was du ihnen abschlägst. Hieran muß man unerschütterlich festhalten als an etwas, das sorgfältig zu beachten ist. Und hier stoßen wir wieder auf unsere Dienstboten.

108. *Wißbegierde [Curiosity].*[26] – Wenn man damit beizeiten anfängt und sie sich früh daran gewöhnen, ihre Begierden zu zähmen, wird diese nützliche Gewohnheit sie fest machen; und wenn sie an Alter und Verstand zunehmen, mag man ihnen größere Freiheit zugestehen, sobald erst ihre Vernunft und nicht ihre Leidenschaft spricht: denn sooft die Vernunft sprechen will, sollte man ihr Gehör schenken. Wie Kinder jedoch nie Gehör finden sollten, wenn sie um etwas nachsuchen, was sie haben möchten, es sei denn, man habe es ihnen vorher nahegelegt, so sollte man sie immer anhören und ihnen freundlich und liebevoll antwor-

ten, wenn sie nach irgend etwas fragen, was sie wissen und worüber sie unterrichtet werden möchten. Wißbegierde sollte man in Kindern so sorgfältig pflegen, wie man andere Begierden unterdrückt.

Erholung [Recreation]. – Mit wie strenger Hand man auch immer alle Begierden niederhalten sollte, die der Einbildung [fancy] entstammen, so gibt es doch einen Fall, in dem man die Einbildungskraft zu Worte kommen lassen und in dem ihr Gehör geschenkt werden darf. Erholung ist so notwendig wie Arbeit oder Brot. Da es aber keine Erholung ohne Vergnügen geben kann, welches nicht immer von der Vernunft, sondern häufiger von der Einbildungskraft abhängt, muß man Kindern nicht nur erlauben, sich zu zerstreuen, sondern es auch nach eigenem Belieben zu tun, vorausgesetzt, daß es harmlos und ohne Schaden für ihre Gesundheit ist; daher sollte man sie in diesem Falle nicht zurückweisen, wenn sie eine besondere Art der Erholung vorschlagen. Ich glaube allerdings, bei einer wohlüberlegten Erziehung werden sie selten in die Notwendigkeit versetzt werden, sich eine solche Freiheit zu erbitten: man sollte Sorge tragen, daß sie, was ihnen förderlich ist, immer mit Vergnügen tun; und bevor sie von einer nutzbringenden Beschäftigung ermüdet sind, sollten sie rechtzeitig auf eine andere gelenkt werden. Wenn sie aber noch nicht jenen Grad der Vollkommenheit erreicht haben, so daß der Weg zur Vervollkommnung für sie zugleich Erholung bedeutet, muß man ihnen die kindlichen Spiele lassen, die sie gern haben; sie sollten ihnen abgewöhnt werden dadurch, daß man sie ihnen bis zum Überdruß anbietet. Von nützlichen Dingen aber, mit denen man sie beschäftigt, sollte man sie immer abrufen, solange sie noch Gefallen daran haben, oder sie wenigstens entlassen, bevor sie ermüdet oder ihrer völlig überdrüssig sind, so daß sie zu ihnen zurückkehren mögen wie zu einem Vergnügen, das sie zerstreut. Denn man darf nicht glauben, sie seien auf

dem rechten Pfad, ehe sie nicht an der Beschäftigung mit löblichen Dingen Vergnügen haben und ehe nicht die nutzbringende Tätigkeit des Körpers und des Geistes durch Abwechslung ihnen das ganze Leben und ihre ganze Ausbildung zu einer ununterbrochenen Kette von Erholungen macht, in der der ermüdete Teil sich ständig entspannt und erfrischt. Ob das bei jedem Temperament geschehen kann oder ob Erzieher und Eltern sich Mühe geben und Einsicht und Geduld haben werden, sie so weit zu bringen, weiß ich nicht; daß es aber bei den meisten Kindern möglich ist, wenn man nur den rechten Weg beschreitet, um in ihnen den Wunsch nach Vertrauen, Achtung und gutem Ruf zu erwecken, daran zweifle ich durchaus nicht. Und wenn man sie so weit mit wahrem Leben erfüllt hat, dann kann man frei mit ihnen darüber sprechen, was ihnen am besten gefällt, und sie darauf hinlenken oder es in ihr Belieben stellen, so daß sie erkennen mögen, daß man sie liebt und sich um sie sorgt und daß diejenigen, in deren Obhut sie sind, der Befriedigung ihrer Wünsche nicht feindlich gegenüberstehen. Eine solche Behandlung wird sie die Hand lieben lehren, die sie führt, und die Tugend, zu der sie geführt werden.
Ein weiterer Vorteil der Gewährung völliger Freiheit hinsichtlich der Art, wie Kinder sich erholen, liegt darin, daß sie ihre Wesensart offenbart, ihre Neigungen und Fähigkeiten aufdeckt und einsichtigen Eltern damit eine Hilfe gibt in der Wahl des Lebensweges und des Berufes, die sie zu bestimmen haben werden, und, ehe es soweit ist, in der Wahl geeigneter Mittel, die sie anwenden müssen, sobald sie bemerken, daß irgendeine angeborene Neigung ihre Kinder mit aller Wahrscheinlichkeit auf den falschen Weg führen wird.
109. (2) *Klagen [Complaints].* – Kinder, die miteinander leben, streiten oft darum, wer die anderen beherrschen und wer seinen Willen durchsetzen soll; wer einen solchen Streit beginnt, sollte sicher sein, daß man

ihm entgegentritt. Aber nicht nur das; sie sollten lernen, einander alle nur erdenkliche Verträglichkeit, Gefälligkeit und Höflichkeit zu erweisen. Wenn sie sehen, daß dieses ihnen Achtung, Liebe und Ehre einträgt und daß sie keinerlei Überlegenheit dadurch einbüßen, werden sie mehr Gefallen daran finden als an frecher Herrschsucht, denn nur so und nicht anders muß man es nennen.

Die gegenseitigen Beschuldigungen der Kinder, die in der Regel nur Ausbrüche des Zorns und hilfesuchenden Rachegefühls sind, sollte man nicht günstig aufnehmen oder anhören. Es schwächt und verweichlicht ihre Wesensart, wenn man zuläßt, daß sie klagen; und wenn sie manchmal Widerstand oder Schmerzen von anderen zu ertragen haben, ohne daß man ihnen recht gibt, wenn sie diese für außerordentlich oder unerträglich halten, so wird es ihnen nicht schaden, daß sie leiden lernen; es wird sie beizeiten abhärten. Aber wenn du auch den Klagen der ewig Jammernden keinen Vorschub leistest, so sieh doch darauf, die Frechheit und Bösartigkeit der Anstifter zu zügeln. Wenn du es selbst beobachtest, so tadle es vor der geschädigten Partei; bezieht sich die Klage aber auf etwas, von dem du keine unmittelbare Kenntnis hast und das von Bedeutung für die Verhinderung künftiger Vorkommnisse ist, dann stelle den Missetäter unter vier Augen zur Rede, außer Sichtweite des Klägers, und veranlasse ihn, hinzugehen und um Verzeihung zu bitten und Genugtuung zu leisten; das wird, da es den Anschein hat, als geschähe es aus freien Stücken, um so freudiger ausgeführt und freundlicher aufgenommen werden, die Liebe zwischen beiden wird sich festigen und Höflichkeit unter deinen Kindern zur Gewohnheit werden.

110. (3) *Freigebigkeit [Liberality].* – Was das Haben und Besitzen gewisser Dinge anlangt, so lehre sie, sich von dem, was sie haben, leicht und freiwillig zugunsten ihrer Freunde zu trennen, und laß sie durch Erfahrung

erkennen, daß der Freigebigste immer das meiste hat und Achtung und Lob obendrein, und sie werden schnell lernen, entsprechend zu handeln. Dies, meine ich, wird Brüder und Schwestern liebevoller und höflicher gegeneinander und folglich auch gegen andere stimmen als zwanzig Vorschriften über gute Manieren, mit denen man Kinder in der Regel verwirrt und belästigt. Begehrlichkeit und das Bestreben, mehr in unserem Besitz und unter unserer Kontrolle zu haben, als wir benötigen, sind die Wurzeln allen Übels; sie sollten früh und gründlich ausgejätet, die entgegengesetzte Eigenschaft der Bereitwilligkeit, anderen etwas zu geben, dagegen eingepflanzt werden. Diese sollte durch hohes Lob und durch Anerkennung ermutigt werden, und du müßtest ständig darauf achten, daß dein Sohn durch seine Freigebigkeit nichts verliert. Alle Beispiele, die er von solcher Freigebigkeit gibt, sollten sich immer bezahlt machen, und zwar mit Zinsen; und laß es ihm spürbar deutlich werden, daß die Freundlichkeit, die er anderen erweist, für ihn selbst kein schlechtes Wirtschaften bedeutet, sondern die Erwiderung der Freundlichkeit sowohl seitens des Empfängers als auch seitens der Zuschauer zur Folge hat. Mach daraus einen Wettstreit unter deinen Kindern, die in dieser Hinsicht einander übertreffen sollen; und wenn auf diese Weise und durch ständige Gewohnheit es ihnen leicht geworden ist, sich von dem ihrigen zu trennen, wird Gutmütigkeit ihnen zu fester Gewohnheit werden, und sie werden Gefallen daran finden und es sich zur Ehre anrechnen, anderen gegenüber freundlich, freigebig und höflich zu sein.

Redlichkeit [Justice]. – Wenn man Freigebigkeit unterstützen sollte, so muß man sicherlich sehr dafür sorgen, daß Kinder nicht die Gebote der Redlichkeit übertreten; und wenn sie es tun, sollten sie zur Rede gestellt und, wenn Veranlassung dazu vorliegt, streng zurechtgewiesen werden.

Da unsere ersten Handlungen mehr durch Eigenliebe als durch Vernunft oder Nachdenken bestimmt werden, ist es kein Wunder, daß Kinder stark dazu neigen, von den wahren Maßstäben des Rechts und Unrechts abzuweichen, die in unserem Geist das Ergebnis gereiften Verstandes und ernsthaften Nachdenkens sind. Je mehr sie hier zu Fehlern neigen, desto sorgfältiger sollte man über sie wachen; jeder geringste Verstoß gegen diese große soziale Tugend muß zur Kenntnis genommen und beanstandet werden, und zwar selbst bei Dingen von geringstem Wert und Gewicht, sowohl um ihre Unwissenheit zu beheben, als auch um üblen Gewohnheiten vorzubeugen; denn diese wachsen, wenn man sie wachsen läßt, von kleinen Anfängen, Nadeln und Kirschkernen, zu größeren Betrügereien und drohen in ausgesprochener, eingefleischter Unehrlichkeit zu enden. Die erste Neigung zu irgendwelcher Unredlichkeit, die sich zeigt, muß durch den Ausdruck der Verwunderung und des Abscheus seitens der Eltern und Erzieher unterdrückt werden. Kinder können aber nicht recht begreifen, was Unredlichkeit ist, ehe sie wissen, was Eigentum ist und wie Menschen im einzelnen dazu kommen; daher ist der sicherste Weg, Ehrlichkeit zu bewahren, den Grund dazu frühzeitig durch Freigebigkeit zu legen und durch die Bereitwilligkeit, von dem, was sie selbst haben oder gern haben, anderen etwas abzugeben. Das kann man sie früh lehren, bevor sie über Sprache und Verstand genug verfügen, um klare Begriffe von Eigentum bilden zu können und erkennen zu können, was nach besonderem Recht ihnen und nur ihnen allein gehört. Und da Kinder selten etwas besitzen, was ihnen nicht geschenkt worden ist, und zwar meistens von ihren Eltern, können sie als erstes lernen, nur das zu nehmen oder zu behalten, was ihnen von jemand geschenkt worden ist und von dem sie annehmen, daß diesem die Verfügungsgewalt darüber zusteht. Erst wenn ihre Fähigkeiten wachsen, können andere Gebote und Fälle der Redlichkeit und die Rechte des Mein und Dein an sie herangetragen und ihnen eingeschärft werden. Zeigt es sich, daß irgendeine unredliche Handlung bei ihnen nicht einem Irrtum, sondern der Unredlichkeit ihres Willens entspringt, und wenn sanfte Rüge und Beschämung diese zügellose und begehrliche Neigung nicht abstellen können, dann müssen strengere Mittel angewendet werden. Und hier steht es nur dem Vater und dem Erzieher zu, ihnen etwas wegzunehmen und vorzuenthalten, dem sie Wert beimessen und das sie als ihr Eigentum ansehen, oder andere damit zu beauftragen; durch solche Anlässe läßt man sie fühlen, wie geringen Vorteil sie davon haben werden, wenn sie sich auf unrechte Weise in den Besitz dessen setzen, was einem anderen gehört, solange es auf der Welt stärkere und mehr Menschen gibt als sie. Wenn ihnen aber echter Abscheu vor diesem schändlichen Laster nur sorgfältig und frühzeitig eingeflößt wird, wie es meines Erachtens geschehen kann, so ist das die wahre und echte Methode, diesem Laster zu begegnen; sie wird ein besserer Schutz gegen Unehrlichkeit sein als alle Überlegungen, bei denen das Interesse mit im Spiel ist, denn Gewohnheiten wirken beständiger und selbstverständlicher als die Vernunft, die wir, wenn wir ihrer am meisten bedürfen, selten in rechter Weise um Rat angehen und der wir noch seltener gehorchen.

111. *Weinen [Crying].* – Das Weinen ist ein Fehler, der bei Kindern nicht geduldet werden sollte; nicht nur wegen des unangenehmen und ungeziemenden Lärms, mit dem das Haus erfüllt wird, sondern aus gewichtigeren Gründen im Hinblick auf die Kinder selbst; damit haben wir uns in der Erziehung zu befassen.

Ihr Weinen ist von zweierlei Art: entweder trotzig und tyrannisch oder klagend und winselnd.

(1) Ihr Weinen ist sehr oft ein Kampf um Herrschaft und eine offene Erklärung ihrer Anmaßung und Wi-

dersetzlichkeit; wenn sie ihren Willen nicht durchsetzen können, wollen sie durch Geschrei und Schluchzen ihren Anspruch und ihr Recht behaupten. Dies ist ausgesprochenes Beharren auf einem Anspruch und eine Art von Protest gegen Unterdrückung und Ungerechtigkeit seitens derer, die ihnen versagen, was sie durchsetzen wollen.

112. (2) Manchmal ist ihr Weinen die Folge von Schmerz oder echtem Kummer und ein Wehklagen darüber.

Man kann diese beiden Arten durch sorgfältige Beobachtung ihres Mienenspiels, ihrer Blicke und Gebärden und besonders am Ton des Geschreis leicht unterscheiden; keine von beiden darf aber geduldet, geschweige denn bestärkt werden.

(1) Das trotzige oder zornige Weinen sollte auf keinen Fall geduldet werden, weil das nur eine andere Art ist, ihren Wünschen zu schmeicheln und sie in den Leidenschaften zu bestärken, die zu unterdrücken unsere Hauptaufgabe ist; und duldet man es, wie es oft geschieht, nachdem man sie zurechtgewiesen hat, so macht man alle gute Wirkung zunichte; denn jede Züchtigung, die sie in solcherweise offen bekundetem Widerstand beläßt, dient nur dazu, sie noch schlimmer zu machen. Verbote und Strafen, die man über Kinder verhängt, sind allesamt falsch angewandt und verloren, wenn sie nicht den Sieg über ihren Willen davontragen, sie lehren, ihre Leidenschaften zu unterdrücken, und ihren Sinn geschmeidig und fügsam machen für das, was gegenwärtig die Vernunft der Eltern ihnen anrät; so werden sie vorbereitet, dem zu gehorchen, was später die eigene Vernunft ihnen raten wird. Duldet man aber, daß sie schreiend davonlaufen, wenn man ihnen in irgendeiner Sache nicht zu Willen gewesen ist, dann versteifen sie sich auf ihre Wünsche und hegen und pflegen ihre üble Laune, sie erklären, sie seien im Recht, und fassen den Entschluß, ihr Be-

gehren bei der ersten sich bietenden Gelegenheit zu befriedigen. Dies ist also ein weiteres Argument gegen häufiges Schlagen; denn wenn man zu diesem äußersten Mittel greift, ist es mit dem bloßen Peitschen und Schlagen nicht getan: es muß so lange fortgesetzt werden, bis man ihren Sinn gebrochen hat, bis sie sich der Züchtigung mit Unterwürfigkeit und Geduld fügen; und das erkennt man am besten an ihrem Schreien und daran, daß sie damit aufhören, wenn man es befiehlt. Sonst ist das Schlagen von Kindern nur unbeherrschte Tyrannei; es ist bloße Grausamkeit und bringt keine Besserung, wenn man ihrem Körper Schmerzen zufügt, ohne daß ihre Sinnesart günstig beeinflußt wird. Wie uns hier ein Grund dafür gegeben wird, warum Kinder selten gezüchtigt werden sollten, so verhütet er auch die Notwendigkeit dazu. Denn wenn jede Züchtigung so leidenschaftslos, besonnen und doch wirksam erfolgen würde, wenn Schläge und Schmerz nicht im Zorn und ohne Unterbrechung verhängt würden, sondern bedacht und verbunden mit vernünftigem Zureden, wenn man beachten würde, wie sie wirken, und innehielte, sobald die Kinder gefügig geworden sind, Reue zeigen und ihren Widerstand aufgeben, dann würde man die gleiche Strafe selten noch einmal anzuwenden haben; denn sie würden sich bemühen, den Fehler zu vermeiden, der die Strafe nach sich zog. Außerdem würde auf diese Weise die Strafe nicht vergebens gewesen sein, weil sie zu gering und unwirksam wäre; sie würde aber auch nicht das Maß überschreiten, wenn wir nachließen, sobald wir merken, daß sie in die Tiefe gedrungen ist und hier Besserung bewirkt hat. Denn Schelten und körperliche Züchtigung von Kindern sollte immer nur so weit geschehen, wie unbedingt erforderlich ist; eine in der Hitze des Zorns verhängte Strafe hält aber selten das Maß ein, sondern geht gewöhnlich darüber hinaus, während sie doch nicht die erforderliche Wirkung erreicht.

113. (2) Viele Kinder neigen dazu, bei jedem kleinen Schmerz, den sie fühlen, zu weinen, und das geringste Ungemach, das sie befällt, bringt sie zum Jammern und Heulen. Das unterlassen nur wenige Kinder; denn es ist die erste und natürliche Art, einem Unbehagen oder Bedürfnissen Ausdruck zu geben, bevor sie sprechen können; das Mitleid aber, das man jenem zarten Alter schuldig zu sein glaubt, ermutigt sie, sich weiter so zu verhalten, lange nachdem sie das Sprechen erlernt haben. Ich gebe zu, es ist die Pflicht derer, die mit Kindern zu tun haben, es ihnen nachzufühlen, wenn sie unter irgend etwas leiden, aber nicht, sie dabei zu bedauern. Hilf ihnen und schaffe ihnen Erleichterung, so gut du nur kannst, aber auf keinen Fall bejammere sie. Das verweichlicht ihren Sinn und macht sie nachgiebig gegenüber den kleinen Schmerzen, die sie treffen; diese sinken tiefer ein dort, wo allein Gefühl[27] vorhanden ist, und verursachen dort unnötigerweise tiefere Wunden. Sie sollten abgehärtet werden gegen alle Leiden, besonders des Körpers, und keine Empfindlichkeit kennen außer derjenigen, die durch echte Scham und einen wachen Sinn für den guten Ruf entsteht. Die vielen Mißgeschicke, denen dieses Leben ausgesetzt ist, verlangen, daß wir nicht zu empfindlich auf jeden kleinen Schaden reagieren. Alles, dem sich unser Geist nicht beugt, macht uns wenig Eindruck und fügt uns wenig Schmerz zu. Nur die Leiden unserer Lebensgeister[28] geben und nähren den Schmerz. Diese Stärke und Unempfindlichkeit des Geistes ist die beste Waffe, die uns gegen die allgemeinen Übel und Zufälle des Lebens zur Verfügung steht; und da sie eine Wesensart ist, die man mehr durch Übung und Gewohnheit erwirbt als irgendwie sonst, sollte man mit der Übung beizeiten beginnen; und glücklich ist der, dem sie früh beigebracht worden ist. Jene Verweichlichung des Geistes, die man zu verhindern oder zu heilen hat, wird nach meinem Wissen bei Kindern durch nichts so gesteigert als durch

Weinen; anderseits wird sie durch nichts so gehemmt und in Schranken gehalten, als wenn man sie an jener Art des Jammerns hindert. Bei den kleinen Schmerzen, die sie von Stößen oder beim Fallen erleiden, sollte man sie nicht bedauern, sondern ihnen befehlen, es noch einmal zu tun; abgesehen davon, daß damit ihr Weinen aufhört, ist es ein besseres Mittel, ihre Unachtsamkeit abzustellen und ihr Stolpern beim nächstenmal zu verhindern, als wenn man sie schilt oder bejammert. Mögen auch die erlittenen Schmerzen noch so stark sein, man gebiete ihrem Schreien Einhalt; das wird ihnen für den Augenblick größere Ruhe und Erleichterung verschaffen und sie für die Zukunft abhärten.

114. Die erstere Art des Weinens erfordert Strenge, wenn man es zum Schweigen bringen will, und wo ein Blick oder ein bestimmter Befehl nicht genügen, müssen Schläge es tun; denn da es aus Stolz, Eigensinn und Zorn geschieht, muß der Wille, in dem der Fehler liegt, gebrochen und willfährig gemacht werden durch Strenge, die zur Unterwerfung ausreicht. Die letztere Art stammt jedoch in der Regel aus einer Weichheit des Gemüts, hat eine entgegengesetzte Ursache und sollte daher mit sanfterer Hand angefaßt werden. Überredung, Ablenkung der Gedanken in andere Richtung oder Lachen über ihr Gejammer mögen vielleicht zunächst die rechte Methode sein; doch müssen die besonderen Umstände und die besondere Wesensart des Kindes in Betracht gezogen werden. Hier können keine festen, unveränderlichen Regeln gegeben werden; es muß der Einsicht der Eltern oder des Erziehers überlassen bleiben. Ich glaube aber, ich darf allgemein sagen, daß man dieser Art des Weinens ständig entgegentreten muß und daß der Vater es durch seine Autorität immer zum Schweigen bringen sollte, indem er, je nach dem Alter oder der Robustheit des Kindes, seinen Blicken oder Worten mehr oder weniger Strenge beimischt. Man lasse es aber immer damit genug sein,

daß das Gejammer zum Schweigen gebracht und der Aufregung ein Ende gemacht ist.

115. *Tollkühnheit [Foolhardiness].* – Feigheit und Mut sind den soeben erwähnten Gemütsarten so nahe verwandt, daß es nicht fehl am Platze sein mag, sie hier zu erwähnen. Furcht ist eine Leidenschaft, die, recht geleitet, ihren Nutzen hat. Und obgleich die Eigenliebe selten versagt, sie in uns wachsam und stark genug zu erhalten, ist doch wohl übermäßige Waghalsigkeit möglich; denn Tollkühnheit und Gleichgültigkeit gegenüber Gefahren sind genauso unvernünftig wie Zittern und Zagen vor jedem kleinen Übel, das auf uns zukommt. Die Furcht ist uns als Mahner gegeben worden, um unsere Aufmerksamkeit zu wecken und uns vor drohendem Übel auf der Hut sein zu lassen; keine Furcht vor drohendem Mißgeschick zu haben, die Gefahr nicht richtig einzuschätzen, sondern unüberlegt in sie hineinzustürzen, ganz gleich, was auf dem Spiel steht, nicht zu bedenken, welchen Nutzen oder welche Folgen es haben könne, das ist nicht die Entschlossenheit eines vernunftbegabten Wesens, sondern tierische Wut. Wer Kinder von solcher Wesensart hat, braucht nichts zu tun, als ihre Vernunft zu wecken, und der Selbsterhaltungstrieb wird ihr schnell Gehör verschaffen, wenn nicht (wie es gewöhnlich der Fall ist) irgendeine andere Leidenschaft die Kinder Hals über Kopf ohne Bedacht und ohne Überlegung fortreißt. Ein Zurückscheuen vor dem Übel ist dem Menschen so angeboren, daß niemand, wie ich glaube, sich vor ihm nicht fürchten kann: denn Furcht ist nichts anderes als das unbehagliche Gefühl einer auf uns zukommenden Bedrohung. Wenn daher jemand sich in die Gefahr stürzt, darf man sagen, daß die Unwissenheit ihn führt oder der Befehl einer gebieterischen Leidenschaft, denn niemand ist so sehr sein eigener Feind, daß er sich aus freien Stücken in den Bereich des Übels begibt oder die Gefahr um der Gefahr willen aufsucht. Ist es daher

Stolz, prahlerische Eitelkeit oder Tollheit, was die Furcht eines Kindes unterdrückt oder es nicht auf ihren Rat hören läßt, müssen jene Charaktereigenschaften durch geeignete Mittel in Schranken gehalten werden; ein wenig Überlegung mag seinen hitzigen Mut dämpfen und es zur Besinnung bringen, ob sein Beginnen das Wagnis lohnt. Dies ist aber ein Fehler, dessen Kinder sich nicht so oft schuldig machen, daher will ich mich darüber nicht im einzelnen auslassen. Mangelnder Unternehmungsgeist ist die häufigere Schwäche und verlangt daher größere Beachtung.
Tapferkeit [Fortitude] ist Wächter und Stütze der anderen Tugenden; und ohne Mut wird kaum jemand zu seiner Pflicht stehen und den Namen eines echten Mannes beanspruchen können.
Der *Mut [Courage]*, der uns Gefahren, die wir fürchten, und Übeln, die wir fühlen, trotzen läßt, ist von großem Wert in einer Lage wie der unsrigen, in diesem Leben, in dem wir Stürmen von allen Seiten ausgesetzt sind; daher ist es sehr ratsam, Kinder, so früh wie möglich damit zu wappnen. Ich gebe zu, natürliche Anlagen vermögen hier sehr viel; aber selbst, wo sie fehlen und das Herz an sich weich und ängstlich ist, kann man doch durch richtige Behandlung größere Entschlossenheit erreichen. Was zu tun ist, um zu verhindern, daß der kindliche Unternehmungsgeist durch in jungen Jahren eingeflößte schreckhafte Ängstlichkeit oder durch Selbstbejammern bei jedem kleinen Schmerz gebrochen wird, habe ich bereits ausgeführt; wie man ihren Sinn aufrichten und ihren Mut stählen kann, wenn sie zu sehr von Furcht niedergedrückt sind, muß weiter betrachtet werden.
Wahre Tapferkeit besteht meines Erachtens darin, daß ein Mann seines eigenen Selbst sicher ist und, durch nichts zu erschüttern, seine Pflicht erfüllt, welches Übel ihn auch bedrohen oder welche Gefahr auf seinem Wege liegen möge. Dazu bringen es aber so wenige

Männer, daß wir es nicht von Kindern erwarten können. Und doch können wir einiges tun; weise Führung kann sie unmerklich und allmählich weiter bringen, als man erwartet.
Die Vernachlässigung dieser bedeutungsvollen Fürsorge, während sie noch klein sind, ist vielleicht der Grund, daß nur wenige diese Tugend in vollem Umfange besitzen, wenn sie Männer sind. Ich würde dies nicht in einer Nation sagen, die wie die unsrige von Natur aus tapfer ist, wenn ich der Meinung wäre, daß zu wahrer Tapferkeit nichts als Mut auf dem Schlachtfeld und Todesverachtung angesichts des Feindes gehöre. Dies ist zugegebenermaßen nicht ihr geringster Teil; und man kann denen, die ihr Leben für ihr Vaterland aufs Spiel setzen, nicht den ihnen jederzeit gebührenden Lorbeer und ehrenvollen Ruhm versagen. Aber das ist doch nicht alles. Gefahren bestürmen uns nicht nur auf dem Schlachtfeld, sondern auch an anderen Orten; und wenn auch der Tod der König der Schrekken ist, so haben doch auch der Schmerz, das Unglück und die Armut ein schreckliches Aussehen, das die meisten Menschen aus der Fassung bringen kann, wenn sie davon bedroht werden; und es gibt Menschen, die zwar das eine verachten, vor dem anderen jedoch bis ins Mark erschrecken. Wahre Tapferkeit ist auf Gefahren aller Art vorbereitet und unerschütterlich, was für ein Übel auch kommen mag. Ich meine nicht unerschüttert von aller Furcht überhaupt. Wo sich Gefahr zeigt, kann Besorgnis nicht fehlen, es sei denn, man sei stumpfsinnig; wo Gefahr ist, sollte auch das Bewußtsein der Gefahr sein und so viel Furcht, daß sie uns wach sein läßt und unsere Aufmerksamkeit, Bedachtsamkeit und Tatkraft erregt, nicht aber den ruhigen Gebrauch unserer Vernunft stört oder uns an der Ausführung dessen hindert, was sie uns vorschreibt.
Feigheit [Cowardice]. – Der erste Schritt zu dieser edlen und mannhaften Festigkeit besteht darin, wie ich

oben gesagt habe, die Kinder sorgfältig vor jeglichem Schrecken zu bewahren, wenn sie jung sind. Man lasse ihnen nicht irgendwelche ängstliche Furcht einreden und überrasche sie nicht durch schreckenerregende Gegenstände. Das erschüttert ihren Lebensmut so sehr und bringt sie häufig so aus der Fassung, daß sie sich nie wieder erholen; ihr Leben lang bleiben ihre Lebensgeister bei der bloßen Ahnung oder bei dem bloßen Auftreten einer schreckenerregenden Vorstellung erschüttert und verwirrt; der Körper wird entnervt, der Geist gestört, und der Mensch bleibt nicht er selbst oder er wird zu gesammeltem oder vernünftigem Tun unfähig. Ob dies die Folge einer gewohnheitsmäßigen Bewegung der animalischen Geister ist, die auf einen ersten starken Eindruck zurückzuführen ist, oder eine Folge der auf unerklärliche Weise veränderten Konstitution: gewiß ist, daß es so ist. Es gibt überall Beispiele von Menschen, die ihr Leben lang die Folgen eines in der Jugend erfahrenen Schreckens in einem schwachen, furchtsamen Gemüt getragen haben; das muß so weit wie möglich verhindert werden.

Der nächste Schritt ist, die Kinder ganz allmählich an Dinge zu gewöhnen, vor denen sie sich am meisten fürchten. Hier muß man jedoch große Vorsicht walten lassen, damit man nicht zu hastig vorgeht und die Heilung zu früh versucht, denn es besteht die Gefahr, daß man den Schaden vergrößert, anstatt ihn zu heilen. Kleine Kinder, die noch auf dem Arm getragen werden, kann man leicht von schreckenerregenden Gegenständen fernhalten, und bis sie nicht sprechen und verstehen können, was man ihnen sagt, hat ein vernünftiges Gespräch kaum Zweck. Erst wenn sie so weit sind, sollte man ihnen klarmachen, daß nichts Schlimmes an den schrecklichen Gegenständen ist, mit denen wir sie vertraut machen wollen und die wir ihnen zu diesem Zweck ganz allmählich näherbringen. Es ist also selten notwendig, ein Verfahren dieser Art bei ihnen durchzuführen, bis sie umherlaufen und sprechen können. Sollte es aber doch vorkommen, daß Kinder an irgend etwas Anstoß genommen haben, das man nicht leicht von ihnen fernhalten kann und das sie erschreckt, wenn sie es erblicken, dann muß man alles tun, ihren Schrekken zu beseitigen, ihre Gedanken abzulenken, der Erscheinung gefällige und angenehme Züge beizumischen, bis sie ihnen vertraut geworden ist und keinen Anstoß mehr erregt.

Man kann, wie ich glaube, beobachten, daß neugeborenen Kindern alle Gegenstände der Gesichtswahrnehmung, die das Auge nicht verletzen, gleichgültig sind; sie haben vor einem Mohren oder einem Löwen nicht mehr Angst als vor ihrer Kinderfrau oder einer Katze. Was ist es also, das ihnen später in bestimmten Gestalt- und Farbverbindungen Schrecken einflößt? Nichts als die Befürchtung eines Übels, das jene Dinge begleitet. Würde ein Kind jeden Tag von einer neuen Amme gestillt, ich bin überzeugt, es würde durch den Wechsel der Gesichter mit sechs Monaten nicht mehr erschreckt werden als mit sechzig Jahren. Der Grund, warum ein Kind nicht zu einem Fremden gehen will, liegt also darin, daß es gewohnt ist, seine Nahrung und freundliche Behandlung nur von einem oder von zwei Menschen aus seiner Umgebung zu erhalten; daher fürchtet es, wenn ein Fremder es auf den Arm nimmt, man wolle es von dem wegnehmen, was ihm Wohlbefinden und Nahrung gibt und seine Bedürfnisse, die es häufig fühlt, jederzeit befriedigt, so daß es sich fürchtet, wenn die Amme fort ist.

Ängstlichkeit [Timorousness]. – Das einzige, wovor wir uns von Natur aus fürchten, ist Schmerz oder Verlust des Wohlbefindens. Da beide mit keinerlei Gestalt, Farbe oder Größe sichtbarer Gegenstände verbunden sind, erschrecken uns diese nicht, ehe wir nicht Schmerz durch sie erlitten oder die Erfahrung gemacht haben, daß sie uns schaden können. Die gefällige Helligkeit und der Glanz der Flamme und des Feuers entzücken Kinder so sehr, daß sie zunächst immer den Wunsch haben, es in die Hände zu nehmen; wenn aber fortgesetzte Erfahrung durch den außerordentlichen Schmerz, den es ihnen zufügt, sie überzeugt hat, wie grausam und unbarmherzig das Feuer ist, haben sie Angst, es zu berühren, und meiden es sorgfältig. Dies ist der Grund der Furcht; es ist also nicht schwer herauszufinden, woher sie kommt und wie man sie in allen Fällen behandeln kann, in denen man Gegenstände ohne Grund als schreckenerregend angesehen hat. Wenn sich das Gemüt gegen diese gefestigt und sich und seine gewöhnliche Furcht bei kleineren Anlässen zu beherrschen gelernt hat, ist es gut vorbereitet, ernsteren Gefahren zu begegnen. Dein Kind schreit und läuft vor dem Anblick eines Frosches davon; laß ihn von jemand anderem fangen und in einiger Entfernung auf die Erde legen: zuerst gewöhne dein Kind daran, ihn anzusehen; wenn es das kann, laß es näher herantreten und ohne Angst zusehen, wie er hüpft; dann laß es ihn leicht berühren, während er in der Hand eines anderen festgehalten wird; und so weiter, bis es ihn so vertraut wie einen Schmetterling oder einen Spatz in die Hand nehmen kann. Auf die gleiche Art kann jeder andere grundlose Schreck behoben werden; man muß nur darauf achten, daß man nicht zu schnell vorgeht und das Kind nicht zu einem höheren Grad des Selbstvertrauens drängt, bevor es sich in dem vorangehenden gründlich gefestigt hat. So muß der junge Soldat auf den Kampf des Lebens vorbereitet werden; dabei muß man darauf achten, daß ihm nicht mehr Dinge als gefährlich dargestellt werden, als in Wirklichkeit vorhanden sind; ferner, daß man ihn nur ganz allmählich an alles heranlockt, das, wie man beobachtet, ihn mehr erschreckt als nötig, bis er endlich seine Furcht ablegt, die Schwierigkeit meistert und sich ehrenvoll behauptet. Häufig wiederholte Erfolge dieser Art werden ihn erkennen lassen, daß die Übel nicht immer so gewiß oder so groß sind, wie unsere Furcht sie uns vorstellt, und daß das Mittel sie zu vermeiden, nicht darin besteht, die Flucht zu ergreifen oder sich durch Furcht aus der Fassung bringen, sich entmutigen oder abschrecken zu lassen, wo Ehre und Pflicht von uns verlangen, daß wir ihnen entgegentreten.

Abhärtung [Hardiness]. – Da aber der Hauptgrund der Furcht bei Kindern der Schmerz ist, besteht das Mittel, Kinder gegen Furcht und Gefahr abzuhärten und zu wappnen, darin, sie an das Ertragen von Schmerzen zu gewöhnen. Das werden gütige Eltern möglicherweise als etwas sehr Unnatürliches gegenüber ihren Kindern ansehen, und die meisten werden das Bemühen, jemand durch Schmerzzufügung mit der Empfindung des Schmerzes auszusöhnen, für unvernünftig halten. Man wird sagen: »Das bringt dem Kind vielleicht eine Abneigung gegen den bei, der es leiden läßt, kann ihm aber niemals das Leiden selbst schmackhaft machen. Das ist eine seltsame Methode. Du willst nicht, daß man Kinder wegen ihrer Fehler schlägt und bestraft, aber du verlangst, daß man sie quält, wenn sie sich gut benehmen, oder um des Quälens willen.« Ich zweifle nicht daran, daß man Einwände wie diese erheben wird, und man wird mich für widerspruchsvoll halten oder als Phantasten ansehen, wenn ich so etwas vorbringe. Ich gebe zu, dies muß mit großer Behutsamkeit angefaßt werden, und daher ist es nur recht und billig, daß nur diejenigen meinen Vorschlag annehmen und würdigen, die wohl überlegen und den Dingen auf den Grund gehen. Ich möchte nicht, daß Kinder häufig wegen ihrer Fehler geschlagen werden, weil ich nicht will, daß sie körperlichen Schmerz als die größte Strafe ansehen: und ich möchte sie, wenn sie sich gut benehmen, manchmal dem Schmerz aussetzen aus demselben Grunde, damit sie sich daran gewöhnen, ihn zu ertragen, ohne ihn als das größte

Übel zu betrachten. Wie sehr die Erziehung junge Menschen an Schmerz und Leiden gewöhnen kann, zeigen die Beispiele von Sparta zur Genüge; und wer sich einmal selbst soweit gebracht hat, körperlichen Schmerz nicht als größtes aller Übel zu betrachten oder als das Übel, vor dem er sich am meisten zu fürchten hat, der hat keinen kleinen Schritt auf dem Wege zur Tugend voran getan. Ich bin jedoch nicht so töricht, in unserem Zeitalter und bei unserer Staatsverfassung lakedämonische Zucht vorzuschlagen. Dennoch behaupte ich, wenn man Kinder allmählich daran gewöhnt, bis zu einem gewissen Grade Schmerzen ohne Zucken zu ertragen, so ist das ein Gewinn für die Festigkeit an Geist und Gemüt und eine Grundlage für Mut und Entschlossenheit in ihrem späteren Leben.
Sie nicht zu bedauern und nicht zu dulden, daß sie sich selbst bei jedem kleinen Schmerz bedauern, den sie erleiden, ist der erste Schritt, den man tun muß. Davon habe ich schon an anderer Stelle gesprochen.
Der nächste ist, ihnen manchmal absichtlich Schmerz zuzufügen; dabei ist jedoch zu beachten, daß es geschieht, wenn das Kind guter Laune ist und von der guten Absicht und der Freundlichkeit dessen, der es verletzt, zu der Zeit, wo es geschieht, überzeugt ist. Keine Zeichen des Zorns oder Mißfallens einerseits oder des Mitleids und der Reue anderseits dürfen dabei unterlaufen; und es muß sichergestellt sein, daß nicht mehr geschieht, als das Kind ohne Unzufriedenheit ertragen kann, und daß es die Sache nicht falsch auffaßt oder als Strafe ansieht. Ich habe gesehen, wie ein Kind nach so allmählichem Vorgehen und unter solchen Umständen mit einer guten Tracht schmerzhafter Prügel auf dem Rücken lachend davonlief, das wegen eines unfreundlichen Wortes geweint und die Züchtigung durch einen kalten Blick seitens derselben Person als sehr hart empfunden hätte. Überzeuge ein Kind durch beständige Fürsorge und fortgesetzte Güte davon, daß

du es aufrichtig liebst, und du kannst es allmählich daran gewöhnen, sehr schmerzhafte und rauhe Behandlung von dir ohne Zucken und Klagen zu ertragen; das sehen wir ja auch tagtäglich, wenn Kinder miteinander spielen. Je zarter du dein Kind findest, desto mehr mußt du Gelegenheiten suchen, es bei passender Zeit so abzuhärten. Die große Kunst besteht darin, mit nur ganz geringem Schmerz anzufangen und unmerklich weiterzugehen, wenn du mit ihm spielst und fröhlich mit ihm zusammen bist und gut von ihm sprichst; und wenn du ihn einmal so weit gebracht hast, daß er sich durch das Lob, das du seinem Mute zollst, für den erlittenen Schmerz entschädigt glaubt; wenn er seinen Stolz dareinsetzt, solche Zeichen der Mannhaftigkeit an den Tag zu legen, und den Ruhm, tapfer und standhaft zu sein, höher stellt als die Vermeidung eines kleinen Schmerzes oder das angstvolle Zurückweichen vor ihm: dann hast du keinen Grund, daran zu zweifeln, daß du im Laufe der Zeit und mit Hilfe der wachsenden Vernunft seine Furchtsamkeit überwinden und die Schwäche seiner natürlichen Veranlagung bessern wirst.

Wenn er größer wird, muß man ihn kühneren Wagnissen aussetzen, als seine natürliche Wesensart sich vornehmen würde; und sowie man bemerkt, daß er vor etwas zurückschreckt, das er nach begründeter Annahme überwinden könnte, wenn er nur den Mut hätte, es zu versuchen, sollte man ihm zunächst beistehen und ihn immer mehr beschämen, bis er endlich durch Übung größeres Selbstvertrauen und damit auch Selbstbeherrschung gewonnen hat; diese muß dann durch großes Lob und die gute Meinung, die andere ihm wegen seiner Leistung zollen, belohnt werden. Wenn er so stufenweise Entschlossenheit genug gewonnen hat, daß er sich durch Furcht vor Gefahr nicht abschrecken läßt von dem, was er zu tun hat; wenn die Furcht seinen Geist bei plötzlichen oder gefährlichen Vorkommnissen nicht aus der Fassung bringt, seinen Körper nicht erzittern läßt und nicht dazu führt, daß er unfähig zum Handeln wird oder davonläuft: dann hat er den Mut eines vernunftbegabten Wesens; und wir sollten uns bemühen, sooft sich uns die Gelegenheit bietet, unsere Kinder durch Gewöhnung und Übung zu solch unerschrockenem Mut zu erziehen.

116. *Grausamkeit [Cruelty].* – Eines habe ich bei Kindern häufig beobachtet: wenn sie irgendein anderes Geschöpf in die Hand bekommen haben, neigen sie dazu, es zu mißhandeln: oft quälen sie junge Vögel, Schmetterlinge und andere arme Tiere, die in ihre Hände fallen, oder gehen in roher Weise mit ihnen um, und zwar mit offenbarem Vergnügen. Darauf sollte man meiner Meinung nach achten, und wenn sie nur den geringsten Hang zu solcher Grausamkeit zeigen, sollte man sie das entgegengesetzte Verhalten lehren. Denn die Gewohnheit, Tiere zu quälen und zu töten, wird nach und nach auch ihr Gemüt gegen Menschen verhärten, und wer an dem Leiden und der Vernichtung niedrigerer Geschöpfe Freude findet, wird keine Neigung verspüren, viel Mitleid oder Güte gegenüber Wesen der eigenen Gattung zu zeigen. Daher ist es bei uns Brauch, Schlachter von Schwurgerichten auszuschließen, die über Leben und Tod zu befinden haben. Von Anfang an sollte Kindern Abscheu vor dem Töten und Quälen jeglichen lebenden Wesens anerzogen werden; sie müssen lernen, nichts zu verderben oder zu zerstören, es sei denn notwendig für die Erhaltung oder zum Vorteil eines edleren Lebens. Und in der Tat, wenn die Erhaltung der gesamten Menschheit, soweit es im Vermögen des einzelnen liegt, jedem einzelnen am Herzen läge, wie es tatsächlich seine Pflicht ist, wenn dies der wahre Grundsatz wäre, nach dem wir unsere Religion, Politik und Moral ausrichten würden, dann würde die Welt weitaus ruhiger und in weit besserem Zustand sein, als sie ist. Aber zurück zu unserer

gegenwärtigen Aufgabe: ich kann nur die Güte und Weisheit einer mir bekannten Mutter loben, die ihren Töchtern immer nachzugeben bereit war, wenn diese Hunde, Eichhörnchen, Vögel oder ähnliches haben wollten, worüber sich junge Mädchen gewöhnlich freuen; wenn sie sie aber bekamen, machte sie ihnen zur Pflicht, sie ordentlich zu halten, sich fleißig um sie zu kümmern, auf daß ihnen nichts fehlte und daß sie nicht mißhandelt wurden. Denn wenn sie sich in ihrer Fürsorge nachlässig zeigten, galt es als schlimme Verfehlung, die häufig den Verlust des Besitzes nach sich zog; zumindest aber wurden sie mit Sicherheit dafür getadelt; so lehrte man sie frühzeitig Sorgsamkeit und Güte. Und es ist in der Tat meine Meinung, man sollte die Menschen von der Wiege an daran gewöhnen, mit allen fühlenden Wesen behutsam umzugehen und durchaus nichts zu verderben und zu zerstören.

Ich kann nicht glauben, daß diese Freude am Schadenstiften, worunter ich das nutzlose Zerstören irgendwelcher Gegenstände verstehe, besonders aber die Freude, die sie empfinden, wenn sie irgendeinem Wesen, das Schmerz empfinden kann, Schmerz zufügen können, daß dies etwas anderes ist als eine fremde und von außen angeeignete Neigung, eine Gewohnheit, die sie ihrer Umwelt im geselligen Umgang abgesehen haben. Man lehrt die Kinder schlagen und lacht, wenn sie andere verletzen oder zu Schaden kommen sehen, und das Beispiel beinahe ihrer ganzen Umgebung bestärkt sie darin. Alles, womit Geschichte uns unterhält und was sie erzählt, ist fast nichts anderes als Kämpfen und Töten: und Ehre und Ruhm, die man Eroberern zollt (die größtenteils nur die großen Schlächter der Menschheit sind), führen die heranwachsende Jugend noch mehr in die Irre; denn diese wird so zu dem Glauben geführt, das Niedermetzeln sei das rühmliche Geschäft der Menschheit und die heldenmütigste Tugend. So wird uns Schritt für Schritt unnatürliche Grausamkeit eingepflanzt; und was die Menschlichkeit verabscheut, mit dem versöhnt uns die Gewohnheit; sie empfiehlt es uns, indem sie es auf den Weg der Ehre legt. So wird durch Herkommen und Vorurteil das zum Vergnügen, was an sich keines ist und auch nicht sein kann. Dem sollte alle Beachtung geschenkt und früh entgegengetreten werden; an seiner Stelle sollte das Gegenteil begründet und die natürliche Sinnesart der Güte und des Mitleids gepflegt werden, immer aber mit der gleichen sanften Methode, die man bei den beiden anderen, obenerwähnten Fehlern anzuwenden hat. Vielleicht ist es nicht unvernünftig, hier eine weitere Warnung anzufügen: Unfälle und Schäden, die Kinder im Spiel durch Unachtsamkeit und Unwissenheit verursachen, die sie aber nicht als Unfälle ansehen oder nicht in der Absicht, Schaden zu stiften, verursacht haben, obwohl sie vielleicht manchmal beträchtlichen Schaden stiften, soll man überhaupt nicht oder nur gelinde rügen. Denn dies, glaube ich, kann ich nicht oft genug einschärfen, daß bei allem, dessen ein Kind sich in seinem Betragen schuldig macht, was auch die Folgen sein mögen, man nur das eine in Betracht zu ziehen hat, aus welcher Wurzel es entspringt und welche Gewohnheit dadurch begründet werden könnte; danach sollte die Zurechtweisung sich richten, und das Kind sollte keine Strafe erleiden für irgendein Unheil, das durch sein Spiel oder seine Unachtsamkeit entstanden ist. Die Fehler, die wir abstellen wollen, liegen in der Sinnesart; und wenn sie derart sind, daß entweder das Alter sie heilen wird oder keine schlechten Gewohnheiten die Folge sein werden, muß man über das augenblickliche Tun, wie unangenehm auch seine Folgen sein mögen, ohne jede Rüge hinwegsehen.

117. Ein weiteres Mittel, jungen Menschen Gefühle der Menschlichkeit einzuflößen und sie in ihnen lebendig zu erhalten, ist, sie an Höflichkeit in Worten und im Verhalten gegenüber Untergebenen und dem gemeinen

Volk zu gewöhnen, besonders gegenüber Dienstboten. Man kann nicht selten beobachten, daß Kinder in vornehmen Familien die Dienstboten im Hause mit anmaßenden Worten, verächtlichen Namen und gebieterischem Wesen behandeln, als seien sie von untergeordneter Art und Gattung. Mag schlechtes Beispiel, bevorzugte Lebensstellung oder natürliche Eitelkeit ihnen solchen Hochmut eingeflößt haben, man sollte ihn verhüten oder ausrotten und sanftes, höfliches, leutseliges Benehmen gegenüber niedriger stehenden Klassen an die Stelle setzen. Dadurch geht ihnen nichts von ihrer höheren Stellung verloren; im Gegenteil, ihr Rang wird erhöht und ihr Ansehen gefestigt, wenn die Liebe der Untergebenen sich der äußeren Achtung zugesellt und die Achtung vor der Person an der Unterwürfigkeit teilhat, und die Hausangestellten werden ihren Dienst bereitwilliger und freudiger tun, wenn sie sehen, daß man ihnen nicht deshalb zusetzt, weil das Schicksal sie tiefer als andere ihrem Herrn zu Füßen gelegt hat. Man sollte es nicht zulassen, daß Kinder im Getriebe äußerer Lebensbedingungen die Achtung vor dem menschlichen Wesen verlieren. Je mehr sie haben, um so mehr sollten sie lernen, freundlich zu sein, mitleidig und sanft ihren Brüdern gegenüber, die niedriger stehen und denen ein kärglicheres Teil zugefallen ist. Wenn man zuläßt, daß sie von der Wiege an die Menschen schlecht und grob behandeln, weil sie glauben, daß sie durch die Stellung ihres Vaters ein bißchen Gewalt über sie haben, so ist das bestenfalls schlechte Lebensart; es wird aber, wenn man nicht aufpaßt, ihren natürlichen Stolz nach und nach zu gewohnheitsmäßiger Verachtung der im Range unter ihnen Stehenden steigern. Und wo wird es vermutlich enden, wenn nicht in Unterdrückung und Grausamkeit?

118. *Wißbegierde [Curiosity].* – Neugier bei Kindern (die zu erwähnen ich soeben in Abschnitt 108 Gelegenheit hatte) ist nichts als Wissensdrang; sie sollte daher

ermutigt werden, nicht nur als gutes Zeichen, sondern als das große Werkzeug, das die Natur bereitstellt, um die Unwissenheit zu beseitigen, mit der sie zur Welt gekommen sind; ohne diese unermüdliche Fragelust würden sie dumpfe und unnütze Geschöpfe bleiben. Die Mittel, sie zu ermutigen, sie tätig und regsam zu erhalten, sind meines Erachtens die folgenden:

(1) Keine Fragen, die er stellt, zurückweisen oder mißbilligen, und nicht zulassen, daß sie lächerlich gemacht werden; dagegen alle seine Fragen beantworten und, was er wissen möchte, erklären, so daß alles ihm so verständlich wird, wie es seinem Alter und seinen Kenntnissen angemessen ist. Verwirre aber seinen Verstand nicht mit Erklärungen oder Begriffen, die zu hoch für ihn sind, oder mit einem Vielerlei oder Zuviel an Dingen, die mit dem gegenwärtigen Zweck nichts zu tun haben. Achte darauf, was er mit seiner Frage im Sinn hat, und nicht darauf, mit welchen Worten er sie ausdrückt; und wenn du ihm soweit Auskunft gegeben und ihn zufriedengestellt hast, wirst du sehen, wie seine Gedanken sich ausweiten und wie er durch richtige Antworten weiter geführt werden kann, als du vielleicht denkst. Denn Wissen ist dem Verstand so angenehm wie das Licht den Augen: Kinder finden daran ausnehmendes Gefallen und sind entzückt, besonders wenn sie sehen, daß man auf ihre Fragen eingeht und daß der Wissensdrang ermutigt und gelobt wird. Und ich zweifle nicht daran, daß ein Hauptgrund, warum viele Kinder sich so völlig einfältigen Spielen hingeben und ihre ganze Zeit geistlos vertrödeln, in einer schlechten Erfahrung liegt, daß nämlich ihre Wißbegier enttäuscht wurde und ihre Fragen unbeantwortet blieben. Hätte man sie dagegen mit größerer Freundlichkeit und Aufmerksamkeit behandelt und ihre Fragen, wie es sein sollte, zu ihrer Zufriedenheit beantwortet, so würden sie ohne Zweifel größere Freude am Lernen und an der Erweiterung ihrer Kenntnisse gefunden haben

– wo es doch immer Neues und Abwechslung gibt, woran Kinder ihre Freude haben – als daran, immer wieder zu dem gleichen Spiel und denselben Spielsachen zurückzukehren.

119. (2) Dieses ernsthafte Eingehen auf ihre Fragen und diese Belehrung ihres Verstandes mit etwas, das sie anstreben, weil es gleichsam ein Bedürfnis für sie ist, sollte man auf besondere Weise durch Lob ergänzen. Man zeige anderen, vor denen sie Achtung haben, in ihrer Anwesenheit, was für Kenntnisse sie in diesen oder jenen Dingen besitzen; und da wir alle schon von der Wiege an eitle und eingebildete Geschöpfe sind, schmeichle man ihrer Eitelkeit mit Dingen, die ihnen gut tun werden; und man bediene sich ihres Stolzes, um sie an eine Arbeit zu setzen, die ihnen zum Vorteil gereichen könnte. So wirst du bemerken, daß es für den Ältesten keinen größeren Ansporn geben kann, das zu erfassen, was er selbst lernen und wissen soll, als wenn er es seinen jüngeren Brüdern und Schwestern erklären darf.

120. (3) Wie man Fragen der Kinder nicht geringschätzig abtun soll, so muß man auch darauf achten, daß sie niemals irreführende und ausweichende Antworten erhalten. Sie merken leicht, wenn man sie geringschätzig behandelt oder täuscht, und lernen schnell den Trick achtloser Behandlung, der Verstellung und Falschheit, den sie andere anwenden sehen. Wir sollen im Umgang mit anderen nie der Wahrheit zu nahe treten, am wenigsten aber im Umgang mit Kindern; denn wenn wir mit ihnen falsches Spiel treiben, enttäuschen wir nicht nur ihre Erwartung und hindern sie an der Erweiterung ihres Wissens, sondern verderben ihre Unschuld und lehren sie das schlimmste aller Laster. Sie sind Reisende, die soeben in einem fremden Land angekommen sind, von dem sie nichts wissen; wir sollten es daher als eine Gewissenspflicht ansehen, sie nicht in die Irre zu führen. Und wenn ihre Fragen uns manchmal

auch nicht sehr wesentlich erscheinen, so sollten wir sie dennoch mit allem Ernst beantworten; denn mögen sie uns (denen das schon lange bekannt ist) auch als unnütze Fragen vorkommen, sind sie doch von Bedeutung für die, die völlig unwissend sind. Kinder sind Fremdlinge gegenüber allem, das uns bekannt ist; und alles, was ihnen begegnet, ist ihnen zunächst unbekannt, wie es uns einmal unbekannt gewesen ist; und glücklich sind diejenigen, die umgängliche Menschen treffen, welche sich ihrer Unwissenheit annehmen und ihnen helfen, aus ihr herauszufinden.

Wenn du oder ich plötzlich nach Japan versetzt würden mit all unserer Weisheit und allem Wissen, worauf wir uns so viel einbilden, daß wir vielleicht deswegen die Gedanken und Fragen der Kinder so geringschätzig abtun – sollten wir, so sage ich, nach Japan versetzt werden, so würden wir zweifellos (falls wir uns unterrichten wollten, was es dort zu wissen gibt) tausend Fragen stellen, die einem hochmütigen oder gedankenlosen Japaner sehr überflüssig und belanglos vorkämen, obwohl ihre Beantwortung für uns sehr bedeutungsvoll und wichtig wäre; und wir wären froh, jemanden zu finden, der so gefällig und höflich wäre, unserem Verlangen zu genügen und unsere Unwissenheit zu beseitigen.

Wenn Kinder auf irgend etwas Neues stoßen, stellen sie in der Regel die gewöhnliche Frage eines Fremden: Was ist das? Damit meinen sie meist nur den Namen; wenn man ihnen daher sagt, wie das Ding genannt wird, ist das gewöhnlich die passende Antwort auf ihre Frage. Die nächste Frage ist dann gewöhnlich: Was macht man damit? Und darauf sollte man wahrheitsgemäß und ohne Umschweife antworten. Man sollte sagen, was man mit dem Gegenstand anfängt, und erklären, wie er seinen Zweck erfüllt, soweit ihr Begriffsvermögen dazu ausreicht. Und so mit allen anderen Einzelheiten, nach denen sie fragen; und schick sie nicht weg, bevor du sie in allem zufriedengestellt hast, was sie begreifen können; so führst du sie durch deine Antworten zu neuen Fragen. Und vielleicht ist eine solche Unterhaltung für einen erwachsenen Mann nicht ganz so müßig und bedeutungslos, wie wir wohl denken mögen. Die spontanen und einfältigen Einfälle fragelustiger Kinder bringen oft Dinge ans Licht, die einen nachdenklichen Mann beschäftigen können. Und ich meine, man kann häufig mehr aus den unerwarteten Fragen eines Kindes lernen als aus Gesprächen mit Männern, die drauflosreden in Begriffen, die sie geborgt haben, und die in den Vorurteilen ihrer Erziehung befangen sind.

121. (4) Vielleicht mag es manchmal nicht fehl am Platze sein, ihre Wißbegier dadurch anzuregen, daß man seltsame und neue Dinge vor sie hinstellt, um ihre Fragelust absichtlich anzustacheln und ihnen Gelegenheit zu geben, sich zu informieren; und wenn dabei zufällig ihre Neugier sie verleitet, nach etwas zu fragen, das sie nicht wissen sollten, so ist es viel besser, ihnen geradeheraus zu sagen, daß es etwas ist, das zu wissen ihnen nicht ansteht, als sie mit einer falschen oder leichtfertigen Antwort abzuwimmeln.

122. Vorwitz [pertness], der manchmal so früh erscheint, entspringt aus einer Anlage, die selten mit kräftiger Körperverfassung einhergeht oder zu geistiger Kraft im Urteil heranreift. Sollte es wünschenswert sein, daß ein Kind lebhafter im Sprechen wird, so glaube ich, man könnte Mittel und Wege finden, es dazu zu bewegen; ich meine aber, ein weiser Vater sollte lieber darauf sehen, daß sein Sohn als Mann brauchbar und fähig wird, als daß er als Kind eine niedliche Unterhaltung und Gesellschaft für andere ist; ich glaube sagen zu dürfen, wenn man auch das mit in Erwägung ziehen will, daß es weniger Vergnügen bereitet, ein Kind angenehm plaudern als vernünftig urteilen zu hören. Ermuntere also seine Wißbegier, so-

weit du kannst, indem du seine Fragen zu seiner Zufriedenheit beantwortest und seine Urteilskraft bereicherst, soweit sie dessen fähig ist. Wenn seine Urteile irgendwie annehmbar sind, laß ihm Ehre und Lob dafür zuteil werden; und wenn sie ganz abwegig sind, weise ihn, ohne daß er wegen seines Fehlers verlacht wird, sanft auf den rechten Weg; und wenn er einen gewissen Eifer darin bekundet, daß er über Dinge urteilen will, die ihm begegnen, so achte darauf, soweit du kannst, daß niemand diese seine Neigung unterdrückt oder ihn irreführt, indem er auf verfängliche oder trügerische Weise mit ihm redet. Denn nach allem gebührt dieser Fähigkeit, als der höchsten und wichtigsten unseres Geistes, die größte Sorge und aufmerksamste Pflege; die rechte Ausbildung und Betätigung unserer Vernunft ist die höchste Vollkommenheit, zu der ein Mensch in diesem Leben gelangen kann.

123. *Bummelei [Sauntering].* – Im Gegensatz zu dieser regen, wißbegierigen Geistesart zeigt sich bei Kindern manchmal eine achtlose Gleichgültigkeit, ein Mangel an Interesse allem gegenüber und eine Art von Trödelei, selbst wenn sie etwas zu tun haben. Diese Bummelei sehe ich als eine der schlimmsten Eigenschaften an, die ein Kind haben kann; sie ist auch eine der am schwersten zu heilenden, wo sie angeboren ist. Da man sich aber in manchen Fällen leicht täuschen kann, muß man sorgsam zu Werke gehen, um zu einer richtigen Beurteilung des Herumtrödelns über Büchern oder bei der Arbeit zu kommen, worüber zuweilen bei einem Kind Klage geführt wird. Sobald ein Vater Verdacht hegt, daß sein Sohn einen Hang zur Bummelei hat, muß er ihn sorgfältig beobachten, ob er bei allem Tun interesselos und gleichgültig ist, oder ob er nur bei gewissen Dingen nicht vom Fleck kommt, bei anderen dagegen zupackend und eifrig ist. Denn wenn wir auch finden, daß er über seinem Buch trödelt und einen guten Teil der Zeit, die er in seinem Zimmer oder in

seiner Studierstube verbringt, müßig verstreichen läßt, so darf man doch nicht gleich schließen, dies sei die Folge einer Anlage zur Bummelei. Es mag kindisches Wesen sein; vielleicht zieht er etwas, was er in seinen Gedanken verfolgt, seiner Aufgabe vor und hat vielleicht keine Lust, in seinem Buch zu lernen, was ganz natürlich ist, weil es ihm als Aufgabe aufgezwungen wird. Um dies genau zu erkennen, mußt du ihn beim Spiel beobachten, wenn er außerhalb seines Studierzimmers und seiner Studierzeit seiner eigenen Neigung folgt, und zusehen, ob er hier lebhaft und aktiv ist, ob er sich ein Ziel setzt und es mit eifriger Hingabe verfolgt, bis er erreicht hat, was er wollte, oder ob er auch hier seine Zeit träge und interesselos verträumt. Wenn seine Faulheit sich nur über seinem Buch zeigt, kann sie, glaube ich, leicht abgestellt werden. Liegt sie in seiner Wesensart, braucht es zur Heilung ein bißchen mehr Mühe und Aufmerksamkeit.

124. Wenn du dich durch seine Hingabe an das Spiel oder irgend etwas anderes, auf das er in den Pausen zwischen den Stunden der Arbeit seinen Sinn richtet, davon überzeugt hast, daß er an sich keinen Hang zur Faulheit hat, sondern nur den Büchern keine Lust abgewinnen kann und deshalb träge und nachlässig ihnen gegenüber ist, besteht der erste Schritt in dem Versuch, freundlich mit ihm über seine Dummheit und das Nachteilige seines Verhaltens zu sprechen, wodurch er einen guten Teil seiner Zeit verliere, die er zu seiner Zerstreuung nutzen könnte; denk aber daran, ruhig und freundlich mit ihm zu sprechen, und sage ihm anfänglich nicht viel, sondern mache ihm nur diese einfachen Gründe klar. Wenn das durchschlägt, hast du dein Ziel auf dem wünschenswertesten Wege erreicht, nämlich auf dem der Vernunft und der Güte. Wenn diese sanfte Behandlung erfolglos bleibt, versuche es durch Beschämung, indem du ihn auslachst und ihn jeden Tag, wenn er zu Tisch kommt und kein Fremder dabei ist, fragst,

wie lange er heute an seiner Arbeit gesessen habe. Und wenn er sie in der Zeit, die man wohl dafür ansetzen könnte, nicht erledigt hat, dann stelle ihn bloß und mache ihn deswegen lächerlich; laß aber keine Schelte mit unterlaufen, sondern setze ihm gegenüber nur eine etwas kalte Miene auf und bleibe dabei, bis er sich bessert; und seine Mutter, sein Erzieher und seine ganze Umgebung sollen es genauso halten. Wenn dies nicht die beabsichtigte Wirkung hat, dann sag ihm, er solle nicht länger mit einem Hauslehrer belästigt werden, der sich um seine Erziehung kümmert, und du wollest nicht dein Geld dafür ausgeben, daß er seine Zeit mit ihm vertrödelt; da er aber dies oder jenes (was ihm an Spielen gerade Freude macht) seinen Büchern vorziehe, solle er nur das tun; und so setze ihn im Ernst an die Arbeit mit seinem geliebten Spiel und halte ihn ernsthaft und unablässig vormittags und nachmittags damit fest, bis er völlig übersättigt ist und es um jeden Preis gegen einige Stunden über seinen Büchern wieder eintauschen möchte. Wenn du ihm aber so sein Spiel zur Aufgabe machst, paß unbedingt selbst auf oder laß einen anderen aufpassen, daß er unablässig damit beschäftigt ist und daß ihm nicht erlaubt wird, auch hierin zu trödeln. Ich betone, du selbst sollst nach ihm sehen; denn was auch ein Vater sonst zu tun haben mag, es lohnt sich, zwei oder drei Tage seinem Sohn zu widmen, um ihn von einem so großen Übel wie der Bummelei bei der Arbeit zu heilen.

125. Dies sind meine Vorschläge, wenn es sich nicht um Faulheit der allgemeinen Sinnesart handelt, sondern um eine besondere und erworbene Abneigung gegen das Lernen, die man sorgfältig untersuchen und von allgemeiner Faulheit unterscheiden muß. Obwohl du ihn aber im Auge hast und beobachtest, was er mit der Zeit anfängt, die er zur freien Verfügung hat, so mußt du ihn nicht merken lassen, daß du oder sonst jemand es tut; denn das könnte ihn daran hindern, seiner eige-

nen Neigung zu folgen. Möglicherweise ist er zwar von etwas eingenommen, wagt aber aus Furcht vor dir nicht, zu tun, woran sein Herz hängt und worauf er seinen Sinn gerichtet hat, und vernachlässigt deshalb alles andere, zu dem er im Augenblick keine Lust hat; und so mag er träge und interesselos erscheinen, während er in Wahrheit innerlich mit etwas beschäftigt ist, das er nur darum nicht ausführt, weil er fürchtet, du könntest es sehen oder erfahren. Um in dieser Hinsicht volle Klarheit zu gewinnen, mußt du deine Beobachtungen in einiger Entfernung anstellen, so daß er sich ungehindert fühlt und nicht den leisesten Argwohn hegt, irgend jemand habe ein Auge auf ihn. In solchen Augenblicken völliger Freiheit laß einen, auf den du dich verlassen kannst, beobachten, wie er seine Zeit verbringt und ob er sie untätig vergeudet, wenn er seinen eigenen Neigungen ohne jede Einschränkung überlassen ist. So wirst du an dem Gebrauch, den er von solchen Augenblicken der Freiheit macht, leicht erkennen, ob es in seinem Wesen angelegte Interesselosigkeit oder Abneigung gegen seine Bücher ist, die ihn seine Studierzeit so verbummeln läßt.

126. Wenn irgendein Mangel in seiner körperlichen Verfassung sein Wesen niederdrückt und er von Natur ohne Energie und ein Träumer ist, so ist eine solch ungünstige Veranlagung sicher nicht leicht zu behandeln, weil sie in der Regel einhergeht mit Gleichgültigkeit gegenüber allem Kommenden und daher der beiden großen Triebfedern alles Handelns ermangelt: der Voraussicht und des Begehrens; es erhebt sich die Frage, wie man diese einpflanzen und stärken kann, wo die Natur dem Menschen ein kaltes und andersgeartetes Temperament mitgegeben hat. Sobald du dich davon überzeugt hast, daß dies der Fall ist, mußt du sorgfältig Umschau halten, ob es nichts gibt, woran er Freude hat. Stelle fest, woran er sich am meisten freut, und wenn du findest, daß sein Sinn eine besondere Neigung

hat, so stärke sie nach besten Kräften und bediene dich ihrer, um ihn zum Arbeiten zu bringen und seinen Fleiß anzustacheln. Wenn er gern gelobt wird, gern spielt oder schöne Kleider usw. liebt, oder anderseits Schmerzen, Schande oder dein Mißfallen usw. fürchtet, so benütze alles, woran ihm am meisten gelegen ist, um Leben in ihm zu wecken und ihn sich rühren zu lassen, ausgenommen seine Trägheit (denn die wird ihn nie zum Arbeiten bringen). Denn bei einem so schlaffen Temperament brauchst du nicht zu befürchten, daß (wie in allen anderen Fällen) der Appetit[29] durch das Essen zu groß wird. Denn gerade das willst du ja; daher mußt du alle Anstrengungen machen, seinen Appetit zu wecken und zu steigern; denn wo kein Begehren ist, wird auch keine Regsamkeit sein.

127. Wenn du ihn nicht so in der Hand hast, daß du auf diese Weise seine Energie und Tatkraft anregen kannst, dann mußt du ihn mit anhaltender körperlicher Arbeit beschäftigen; das mag ihn daran gewöhnen, überhaupt etwas zu tun. Der bessere Weg, ihn an geistige Tätigkeit und Regsamkeit zu gewöhnen, wäre, ihn streng zu irgendeinem Studium anzuhalten. Da dies aber eine unsichtbare Anstrengung ist und niemand sagen kann, ob er dabei träge oder nicht träge ist, mußt du körperliche Beschäftigung für ihn suchen, in der er anhaltend tätig ist und zu der er angehalten wird; und wenn diese vielleicht etwas Beschwerliches und Beschämendes an sich hat, so ist es vielleicht um so besser, weil sie ihn schneller ermüdet und ihn lieber zu seinem Buch zurückkehren läßt. Achte aber darauf, wenn du sein Buch gegen andere Arbeit austauschst, daß du ihm eine bestimmte Aufgabe stellst, die er in einer bestimmten Zeit erledigen muß, so daß ihm keine Gelegenheit zum Müßiggang geboten wird. Erst wenn du ihn auf diese Weise dahin gebracht hast, daß er sich seinem Buch aufmerksam und fleißig widmet und sein Pensum in der ihm gesetzten Zeit erledigt, magst du ihm als Be-

lohnung eine gewisse Ruhe von seiner anderen Arbeit gönnen; du kannst sie verringern, sobald du bemerkst, daß sein Fleiß mehr und mehr zunimmt, und kannst sie ihm schließlich ganz erlassen, wenn seine Bummelei beim Lernen ein Ende gefunden hat.

128. *Zwang [Compulsion].* – Wir haben oben festgestellt, daß Abwechslung und Freiheit den Kindern Freude bereiten und ihnen ihre Spiele angenehm machen und daß daher ihre Bücher und alles andere, was sie nach unserem Wunsche lernen sollen, ihnen nicht als Aufgabe zur Pflicht gemacht werden sollten. Das vergessen Eltern, Erzieher und Lehrer gern, und die Ungeduld, sie mit dem zu beschäftigen, was für sie geeignet ist, läßt es nicht zu, sie dazu zu überlisten; aber Kinder lernen durch das wiederholte Einschärfen, das ihnen widerfährt, bald unterscheiden, was man von ihnen fordert und was nicht. Wenn ein solcher Mißgriff ihm einmal das Buch verleidet hat, muß man die Kur vom anderen Ende her anfangen. Da es dann aber zu spät sein wird für den Versuch, ihm das Buch zum Spiel zu machen, mußt du andersherum vorgehen: beobachte, an welchem Spiel er die größte Freude hat; mache ihm das zur Pflicht, und laß ihn soundso viele Stunden täglich spielen, nicht als Strafe für sein Spielen, sondern als ob es die von ihm verlangte Arbeit wäre. Ich müßte mich sehr irren, wenn ihn dies nicht in wenigen Tagen seines liebsten Spiels so überdrüssig werden läßt, daß er sein Buch oder sonst etwas vorziehen wird, besonders wenn es ihn von einem Teil der ihm gestellten Spiel-Aufgabe erlösen kann und man ihm erlaubt, einen Teil der für die Spiel-Aufgabe bestimmten Zeit über seinem Buch zu verbringen oder in mancher anderen Übung, die für ihn wirklich wertvoll ist. Ich halte dies wenigstens für eine bessere Heilmethode, als wenn man zu Verboten greift, die in der Regel das Verlangen steigern, oder zu anderen Strafen, die helfen sollen; denn wenn du ihn einmal übersättigt

hast, was außer im Essen und Trinken überall ohne Bedenken geschehen kann, und wenn du ihm durch Übermaß Ekel vor dem beigebracht hast, was er nach deinem Wunsch meiden sollte, dann hast du ihm eine grundsätzliche Abneigung eingeprägt, und du brauchst hinterher nicht zu befürchten, daß er nach derselben Sache noch einmal verlangen wird.

129. Es ist, glaube ich, hinreichend erwiesen, daß Kinder im allgemeinen ungern untätig sind. Man hat also nur Sorge zu tragen, daß ihr Hang zur Geschäftigkeit immer zu einem ihnen förderlichen Zweck ausgenutzt wird; wenn man das erreichen will, muß man ihnen das, was man getan haben will, als Erholung schmackhaft machen und nicht als Aufgabe stellen. Das Mittel, dies zu erreichen, ohne daß sie merken, man habe seine Hand im Spiel, ist das hier vorgeschlagene, nämlich, sie einer verwerflichen Sache überdrüssig werden zu lassen dadurch, daß man sie ihnen auferlegt und sie unter irgendeinem Vorwand so lange tun läßt, bis sie übersättigt sind. Zum Beispiel: Spielt dein Sohn zuviel mit Kreisel und Peitsche? Zwinge ihn, daß er soundso viele Stunden täglich spielt, und achte darauf, daß er es tut; und du wirst sehen, wie schnell er davon angewidert ist und es lassen möchte. Du machst ihm die Erholung, die du nicht billigst, zur Aufgabe, und so wird er sich aus eigenem Antrieb und mit Freuden jenen anderen Dingen zuwenden, die du ihm aufgibst, besonders wenn sie ihm als Belohnung nahegelegt werden, weil er seine Aufgabe in dem ihm befohlenen Spiel erfüllt hat. Denn wenn man ihm befiehlt, seinen Kreisel jeden Tag bis zum Überdruß zu schlagen, meinst du nicht, daß er sich mit Eifer an sein Buch machen und danach sehnen wird, wenn du es ihm als Belohnung dafür versprichst, daß er seinen Kreisel so wacker und die ganze Zeit hindurch geschlagen hat? Kinder sehen, wenn sie nur etwas tun dürfen, kaum einen Unterschied in dem, was sie tun, wenn es nur

ihrem Alter angemessen ist; wenn sie gewissen Dingen den Vorzug vor anderen geben, so haben sie es anderen abgesehen; daher ist das, was ihre Umgebung als Belohnung für sie festsetzt, auch wirklich eine für sie. Dies Verfahren läßt dem Erzieher die Wahl, ob »Himmel und Hölle« die Belohnung für ihr Tanzen sein soll oder Tanzen für ihr Himmel-und-Hölle-Spiel, ob Kreiselspiel oder Lesen, Versteckenspielen oder Erd- und Himmelskunde für sie ansprechender und angenehmer sein soll; alles, was sie wollen, ist ja nur, tätig zu sein, und tätig so, wie sie es sich vorstellen, in Dingen ihrer eigenen Wahl, die sie von ihren Eltern oder anderen, vor denen sie Achtung haben und bei denen sie in Gunst stehen möchten, als Zeichen der Anerkennung empfangen. Eine Schar Kinder, so geleitet und vor dem bösen Beispiel anderer bewahrt, würde ausnahmslos, glaube ich, mit dem gleichen Ernst und der gleichen Freude Lesen und Schreiben und alles mögliche lernen, wie andere ihre gewöhnlichen Spiele betreiben; und wenn der Älteste so angefangen hat und es im Hause so Brauch geworden ist, wird es so unmöglich sein, sie am Lernen des einen zu hindern, wie es in der Regel unmöglich ist, sie von dem andern abzuhalten.

130. *Spielsachen [Playgames]* sollten Kinder meiner Meinung nach haben, und zwar verschiedenartige; aber diese Spielsachen sollten immer im Gewahrsam des Erziehers oder einer anderen Person sein, das Kind sollte immer nur eines zur Zeit zur Verfügung haben, und man sollte es nicht zulassen, daß es ein weiteres bekommt, bevor es das erste zurückgegeben hat. Das lehrt sie beizeiten aufzupassen, die Dinge, die sie haben, nicht zu verlieren oder zu verderben; wenn sie die Sachen selbst verwahren, läßt die Fülle und das Vielerlei sie übermütig und achtlos werden und lehrt sie von Anfang an Verschwendung und Vergeudung. Das sind zugegebenermaßen belanglose Dinge, und sie scheinen als solche der Sorge eines Erziehers unwürdig zu sein;

aber man darf nichts übersehen und versäumen, was die Sinnesart der Kinder zu formen geeignet ist, und alles, was zur Gewohnheit wird und ein bestimmtes Verhalten festlegt, verdient die Sorge und Aufmerksamkeit des Erziehers und ist in seinen Folgen nicht ohne Bedeutung.

Noch etwas über die Spielsachen der Kinder mag der Sorge der Eltern wert sein. Obwohl man damit einverstanden sein kann, daß sie Spielsachen verschiedener Art haben sollen, meine ich doch, man sollte ihnen keine kaufen. Dadurch vermeidet man das Vielerlei, mit dem sie oft überladen werden und das nur dazu gut ist, im Gemüt ein Verlangen nach Wechsel und Überfluß zu wecken, es aus seiner Ruhe zu bringen und ständig nach immer weiterem ausgreifen zu lassen, ohne zu wissen, wonach, so daß es nie mit dem zufrieden ist, was es hat. Die Aufmerksamkeit, die man vornehmen Leuten mit solcher Art von Geschenken für ihre Kinder erweist, ist für die Kleinen sehr schädlich. Sie lernen dadurch Stolz, Eitelkeit und Begehrlichkeit, fast bevor sie sprechen können. Ich habe einen kleinen Jungen gekannt, der durch die Anzahl und das Vielerlei seiner Spielsachen so in Anspruch genommen war, daß sein Kindermädchen von der täglichen Musterung ganz müde wurde. Er war so an den Überfluß gewöhnt, daß er nie glaubte, er habe genug, sondern fragte immer: »Was noch? Was noch? Was bekomme ich Neues?« Eine gute Vorschule zur Mäßigung der Begierden und ein trefflicher Weg, einen zufriedenen, glücklichen Mann heranzubilden!

Woher sollen sie denn aber die Spielsachen nehmen, die du ihnen erlaubst, wenn man ihnen keine kaufen darf? Ich antworte, sie sollen sie sich selbst machen oder es wenigstens versuchen; eher sollten sie keine haben, und bis dahin werden sie auch keine von großer Kunstfertigkeit haben wollen. Ein glatter Kieselstein, ein Stück Papier, Mutters Schlüsselbund oder sonst etwas, womit sie sich nicht verletzen können, ist kleinen Kindern zur Unterhaltung genauso willkommen wie jene kostspieligeren und raffinierten Spielsachen aus den Läden, die nach kurzer Zeit nicht mehr funktionieren und zerbrochen sind. Kinder sind, wenn sie solche Spielsachen nicht haben, niemals gelangweilt oder schlechter Laune, wenn man sie nicht daran gewöhnt hat. Wenn sie klein sind, ist ihnen alles recht, was ihnen in die Hände fällt; und wenn sie heranwachsen und nicht durch die kostspielige Torheit anderer Menschen damit ausgestattet werden, werden sie sich ihre Spielsachen selbst machen. Und wenn sie nun wirklich damit anfangen und irgendeine kleine Erfindung ins Werk setzen, sollte man ihnen Anleitung geben und ihnen helfen; sie sollten aber nichts bekommen, solange sie faul und still dasitzen und erwarten, daß andere Hände ihnen etwas geben, ohne daß sie ihre eigenen rühren. Und wenn du ihnen hilfst, wo sie nicht weiter können, wirst du ihnen lieber sein als durch noch so teure Spielsachen, die du ihnen kaufst. Spielsachen, die selbst herzustellen ihre Geschicklichkeit übersteigt, wie Kreisel, Brummkreisel, Federballschläger und Dinge, deren Gebrauch Anstrengung erfordert, sollte man ihnen allerdings kaufen. Es ist zweckmäßig, daß sie diese haben, nicht der Abwechslung, sondern der körperlichen Übung wegen; aber auch diese sollten so kunstlos wie möglich sein. Wenn sie einen Kreisel bekommen, sollte es ihnen selbst überlassen bleiben, Peitschenstiel und Lederriemen anzufertigen und zusammenzufügen. Wenn sie dasitzen und warten, daß ihnen solche Dinge ins offene Maul fallen, sollten sie leer ausgehen. Das wird sie daran gewöhnen, alles, was sie brauchen, in sich selbst und in eigenem Bemühen zu suchen; und sie lernen dadurch Mäßigung in ihren Ansprüchen, Fleiß, Regsamkeit, Nachdenken, Geschicklichkeit und Sparsamkeit: Eigenschaften, die ihnen nützlich sein werden, wenn sie zum Mann geworden sind, und die daher nicht früh genug gelenkt und nicht tief genug eingepflanzt werden können. Alle Spiele und Unterhaltungen der Kinder sollten auf gute und nützliche Gewohnheiten gerichtet sein, sonst werden sie zu bösen führen. Alles, was sie tun, läßt in ihrem zarten Alter einen Eindruck zurück, und von da aus erwerben sie Neigung zum Guten oder zum Bösen, und was immer einen solchen Einfluß hat, sollte nicht vernachlässigt werden.

131. *Lügen [Lying]* ist ein so parater und billiger Mantel für jedes Vergehen und unter allen Klassen der Menschen so sehr in Mode, daß einem Kinde kaum verborgen bleiben kann, wie oft man bei jeder Gelegenheit davon Gebrauch macht; es ist daher selbst bei großer Sorgfalt nur schwer zu verhüten, daß es ihm nicht selbst verfällt. Es ist jedoch eine so schlimme Eigenschaft und die Mutter so vieler anderer schlimmer Eigenschaften, die von ihr ausgebrütet werden und sich unter ihr verbergen, daß ein Kind mit dem größten nur vorstellbaren Abscheu davor erzogen werden muß. Immer (wenn sich Gelegenheit bietet, die Rede darauf zu bringen) sollte davon mit äußerster Verachtung gesprochen werden als von einer Eigenschaft, die so völlig unvereinbar ist mit dem Namen und dem Charakter eines Gentleman, daß niemand, der nur einen Funken von Ehre in sich verspürt, den Vorwurf der Lüge vertragen kann; das gilt als ein Zeichen äußerster Schande, die einen Mann auf den niedrigsten Grad schamloser Gemeinheit herabdrückt und ihn auf eine Stufe stellt mit dem verächtlichsten Teil der Menschheit und verruchtem Gesindel; Lügen kann man nicht dulden bei einem Menschen, der mit Leuten von Stand verkehren will oder den geringsten Anspruch auf Achtung und Ansehen in der Welt erhebt. Wenn er zum ersten Male auf einer Lüge ertappt wird, sollte man sich eher über sie erstaunt zeigen als über etwas Ungeheuerliches und sie nicht so sehr als einen gewöhn-

lichen Fehler rügen. Wenn ihn das nicht vor einem Rückfall bewahrt, muß man ihn das nächste Mal scharf zurechtweisen und großer Mißbilligung seitens des Vaters, der Mutter und der ganzen Umgebung aussetzen, soweit sie davon Kenntnis haben. Und wenn auf diesem Wege keine Heilung bewirkt wird, mußt du zu Schlägen greifen; denn wenn er so gewarnt worden ist, muß eine vorbedachte Lüge immer als Widersetzlichkeit angesehen werden, die man nie ungestraft hingehen lassen darf.

132. *Ausflüchte [Excuses].* – Kinder scheuen sich, ihre Fehler in nackten Farben sehen zu lassen, und neigen, wie alle übrigen Söhne Adams, zu Ausflüchten. Das ist ein Fehler, der in der Regel hart an der Grenze der Unwahrheit liegt und zu ihr führt und bei ihnen nicht geduldet werden darf; doch sollte er eher durch Beschämung als durch Härte abgestellt werden. Wenn also ein Kind wegen irgendeiner Sache zur Rede gestellt wird und seine erste Antwort eine Ausflucht ist, so ermahne es ruhig und besonnen, die Wahrheit zu sagen; bleibt es dann dabei, sie mit einer Unwahrheit zur Seite zu schieben, dann muß es gezüchtigt werden; wenn es aber ohne Ausflüchte gesteht, mußt du seine Aufrichtigkeit loben und das Vergehen verzeihen, was auch immer es sei; und zwar so verzeihen, daß du ihm nie auch nur einen Vorwurf daraus machst oder es ihm gegenüber wieder erwähnst: denn wenn du willst, daß er Aufrichtigkeit liebt und daß sie ihm durch ständige Übung zur Gewohnheit wird, mußt du darauf bedacht sein, daß sie ihn nie in die geringste Verlegenheit bringt; im Gegenteil, sein eigenes Geständnis muß nicht nur zu völliger Straffreiheit führen, sondern sollte darüber hinaus noch durch Zeichen der Anerkennung ermutigt werden. Wenn seine Entschuldigung einmal so ist, daß du ihr keine Unwahrheit nachweisen kannst, so laß sie als wahr hingehen, und laß dir ja keinen Verdacht anmerken. Er soll deine gute Meinung von ihm

so hoch wie möglich halten; denn wenn er einmal einsehen muß, daß er sie verloren hat, hast du eine große und die beste Handhabe ihm gegenüber verloren. Laß ihn daher nicht denken, er gelte bei dir als Lügner, solange du es vermeiden kannst, ohne ihn in der Lüge zu bestärken. So darf man über kleine Verstöße gegen die Wahrheit hinwegsehen. Wenn er aber einmal wegen einer Lüge zurechtgewiesen worden ist, darfst du ihm danach nie und unter keinen Umständen eine Lüge verzeihen, wenn du merkst und ihm zu verstehen gibst, daß er sich einer solchen schuldig gemacht hat: denn es ist ein Vergehen, das man ihm verboten hat und das er, wenn er nicht vorsätzlich handelt, vermeiden kann; daher ist die Wiederholung vollkommene Schlechtigkeit und muß die Züchtigung erfahren, die einem solchen Vergehen gebührt.

133. Das sind meine Gedanken über die allgemeine Methode für die Erziehung eines jungen Gentleman. Sie mögen, so bin ich geneigt anzunehmen, einigen Einfluß auf den ganzen Verlauf seiner Erziehung haben; ich bin aber weit davon entfernt zu glauben, daß sie alle jene Besonderheiten enthalten, welche sein zunehmendes Alter oder seine besondere Wesensart erfordern mögen. Nachdem dies aber im allgemeinen vorausgeschickt worden ist, werden wir nun im nächsten Teil zu einer mehr ins einzelne gehenden Betrachtung der verschiedenen Seiten seiner Erziehung herabsteigen.

134. Was jeder Gentleman (dem überhaupt die Erziehung seines Sohnes am Herzen liegt) für diesen erstrebt, ist, abgesehen von dem Erbteil, das er ihm hinterläßt, meines Erachtens in folgenden vier Dingen enthalten: Tugend, Lebensklugheit,[30] Lebensart und Kenntnisse. Ich will mich nicht damit aufhalten, ob einige dieser Bezeichnungen manchmal nicht dasselbe bedeuten oder einander tatsächlich einschließen. Es dient meinen Zwecken, wenn ich hier dem allgemeinen

Sprachgebrauch folge, der meiner Ansicht nach klar genug ist, so daß ich mich verständlich machen kann, und ich hoffe, es wird keine Schwierigkeiten bereiten, zu verstehen, was ich meine.

135. Ich stelle die Tugend [virtue] als erste und notwendigste jener Gaben heraus, die zu einem Mann oder Gentleman gehören; sie ist unbedingt erforderlich, wenn er sich bei anderen schätzenswert und beliebt machen, vor sich selbst aber Achtung haben und sich nichts vorwerfen will. Ohne sie wird er meiner Meinung nach weder in dieser noch in jener Welt glücklich sein.

136. *Gott [God].* – Als Grundlage der Tugend sollte seinem Gemüt ein wahrer Begriff von Gott eingeprägt werden als dem unabhängigen höchsten Wesen, dem Urheber und Schöpfer aller Dinge, von dem wir alles empfangen, was wir haben, der uns liebt und uns alle Dinge gibt. Dementsprechend flöße man ihm Liebe und Ehrfurcht gegenüber diesem höchsten Wesen ein. Das ist für den Anfang genug, ohne daß man diesen Gegenstand irgendwie weiter erklärt; denn wenn man zu früh mit ihm von Geistern spricht und ihm mit zu früh an den Tag gelegtem Eifer die unbegreifliche Natur jenes unendlichen Wesens klarmachen will, besteht die Gefahr, daß sich sein Kopf entweder mit falschen Vorstellungen von Gott füllt oder durch unverständliche Begriffe verwirrt. Er soll nur bei Gelegenheit erfahren, daß Gott alle Dinge gemacht hat und regiert, daß er alles hört und sieht und daß er jenen, die ihn lieben und ihm gehorchen, alles Gute zuwendet; und man wird finden, daß, wenn man ihm von einem solchen Gott erzählt, andere Gedanken über ihn sich leicht und schnell genug in seinem Geist erheben, die man, wenn man irgendwelche Irrtümer dabei bemerkt, berichtigen muß. Ich meine auch, es wäre besser, die Menschen blieben allgemein bei einer solchen Vorstellung von Gott, ohne zu sehr in Grübelei über ein Wesen zu

verfallen, das alle als unbegreiflich erkennen müssen; wodurch viele, die nicht Geisteskraft und -klarheit genug besitzen, um zu unterscheiden zwischen dem, was sie wissen und was sie nicht wissen können, dem Aberglauben oder dem Atheismus verfallen, indem sie Gott zu etwas sich selbst Ähnlichem machen oder, weil sie etwas anderes nicht begreifen können, überhaupt keinen Gott kennen. Und ich möchte meinen, wenn man die Kinder morgens und abends ständig anhielte, Gott als ihrem Schöpfer, Erhalter und Wohltäter mit einem einfachen und kurzen Gebet Verehrung zu erweisen, wie es ihrem Alter und ihrer Fähigkeit angemessen ist, so wäre das für ihre Religion, Kenntnisse und Tugend von weitaus größerem Nutzen, als wenn man ihre Gedanken mit kritischen Untersuchungen über Gottes unergründliche Natur und Wesenheit verwirrt.

137. *Geister [Spirits].* – Wenn du ganz allmählich in dem Maße, wie du ihn dazu fähig findest, eine solche Vorstellung von Gott in seinem Gemüt geweckt und ihn gelehrt hast, zu ihm zu beten und ihn als den Urheber seines Seins und alles Guten, dessen er sich erfreut oder erfreuen kann, zu preisen, dann vermeide jegliche Erörterung über andere Geister, bis bei einer später festzuhaltenden Gelegenheit ihm die Frage begegnet und die Lektüre der Heiligen Schrift ihn zur Auseinandersetzung damit veranlaßt.

138. *Gespenster [Goblins].* – Aber selbst dann und überhaupt, solange er noch jung ist, bewahre sein zartes Gemüt unter allen Umständen vor allen Eindrücken und Begriffen von Geistern und Gespenstern oder irgendwelchen angsterfüllten Vorstellungen im Dunkeln. Diese Gefahr droht ihm durch die Unbesonnenheit der Dienstboten, deren Art es gewöhnlich ist, Kinder zu erschrecken und sich gefügig zu machen durch Erzählungen von Totenkopf und Knochenmann[31] und ähnlichen Namen, mit denen sich die Vorstellung von

etwas Schrecklichem und Unheilvollem verbindet, vor dem sie sich mit Recht fürchten, wenn sie allein sind, vor allem im Dunkeln. Das muß man sorgfältig vermeiden; denn wenn man sie auch auf so törichte Weise von kleinen Vergehen abhalten kann, ist das Heilmittel doch weit schlimmer als die Krankheit, weil ihrer Einbildung Vorstellungen eingeprägt werden, die sie mit Schrecken und Angst verfolgen. Wenn das zarte Kindergemüt einmal solche Schreckvorstellungen aufgenommen hat und von dem starken Eindruck der Furcht, die solche Vorstellungen begleitet, angegriffen worden ist, dann sinken diese tief ein und setzen sich so fest, daß sie, wenn überhaupt, nur schwer wieder getilgt werden können; und solange sie vorhanden sind, suchen sie die Kinder häufig mit seltsamen Hirngespinsten heim und machen sie zu Feiglingen, wenn sie allein sind, und jagen ihnen für ihr ganzes späteres Leben Angst vor ihrem Schatten und der Dunkelheit ein. Denn man muß daran denken, daß die ersten Eindrücke sich am tiefsten im Gemüt der Kinder verankern und daß die Begriffe, die sie sich aneignen, solange sie jung sind, später durch noch so großen Fleiß oder durch noch so große Kunst kaum je ganz ausgelöscht werden können.[32] Es haben mir gegenüber Männer Klage geführt, die man in ihrer Kindheit so behandelt hat; obwohl ihre Vernunft die falschen Vorstellungen korrigiere, die sie sich gebildet hätten, und obwohl sie überzeugt seien, es gebe keinen Grund, sich vor unsichtbaren Wesen im Dunkeln mehr als bei Tageslicht zu fürchten, so wollten diese Vorstellungen doch bei jeder Gelegenheit zuerst in ihrer voreingenommenen Phantasie hervorspringen und könnten nur mit Mühe wieder entfernt werden. Und um zu zeigen, wie dauerhaft und schrecklich Vorstellungsbilder sind, die früh im Geist Platz greifen, will ich hier eine recht bemerkenswerte, zudem wahre Geschichte erzählen. Es lebte in einer Stadt im Westen ein Mann, der geistesgestört war und den die Jungen zu necken pflegten, wenn er ihnen in den Weg kam. Als dieser Mensch einmal einen jener Burschen, die ihn zu ärgern pflegten, auf der Straße sah, trat er in den benachbarten Laden eines Messerschmieds, ergriff ein nacktes Schwert und rannte dem Jungen nach; als dieser ihn so bewaffnet herankommen sah, machte er sich auf die Beine und lief um sein Leben und hatte zum Glück Kraft und Behendigkeit genug, das Haus seines Vaters zu erreichen, bevor der Verrückte ihn einholen konnte. Die Tür war bloß zugeklinkt; und als er die Klinke in der Hand hielt, wandte er den Kopf, um zu sehen, wie nahe sein Verfolger sei. Der war beim Eingang des Torweges mit erhobenem Schwert und bereit zuzuschlagen; und jener hatte gerade noch Zeit, ins Haus zu gelangen und die Tür zuzuschlagen, um dem Hieb auszuweichen, dem zwar sein Körper entging, nicht aber sein Geist. Diese furchtbare Vorstellung hinterließ dort einen tiefen Eindruck, der viele Jahre, wenn nicht sein ganzes späteres Leben, anhielt. Denn als er diese Geschichte als erwachsener Mann erzählte, sagte er, er sei seit jener Zeit (solange er sich entsinnen könne) nie und nimmer durch jene Tür eingetreten, ohne sich umzublicken, ganz gleich, womit er sich in Gedanken beschäftigt oder wie wenig er auch an den Wahnsinnigen gedacht habe, bevor er an die Stelle kam.

Wenn man Kinder sich selbst überließe, würden sie sich im Dunkeln nicht mehr fürchten als im hellen Sonnenschein; sie würden abwechselnd das eine zum Schlaf wie das andere zum Spiel gleichermaßen willkommen heißen. Man sollte ihnen gegenüber im Gespräch zwischen beiden keinen Unterschied machen, als ob es da größere Gefahr oder schrecklichere Dinge gäbe als dort; wenn aber die Torheit irgendeines Menschen aus ihrer Umgebung ihnen diesen Schaden zufügt und sie glauben macht, es sei doch ein Unterschied zwischen dem Aufenthalt im Dunkeln und dem Schließen der Augen, dann mußt du eine solche Vorstellung, sobald du kannst, aus ihrem Geist entfernen; laß sie wissen, daß Gott, der alles so wohl für sie bestellt hat, die Nacht gemacht hat, damit sie um so besser und ruhiger schlafen können, daß sie unter seinem Schutz stehen und es im Dunkeln nichts gibt, was ihnen Schaden zufügen könnte. Was weiter von Gott und guten Geistern zu wissen ist, muß zurückgestellt werden bis zu der Zeit, die wir später erwähnen werden; und was böse Geister betrifft, wird es gut sein, wenn du sie vor falschen Vorstellungen darüber bewahrst, bis sie für diese Art von Wissen reif sind.

139. *Wahrheit [Truth]. Nächstenliebe [Good Nature].* – Nachdem der Grund der Tugend mit einem rechten Begriff von Gott gelegt worden ist, wie das Glaubensbekenntnis ihn weislich lehrt und soweit sein Alter ihn dazu befähigt, und indem man ihn daran gewöhnt, zum Herrn zu beten, wäre als nächstes darauf zu achten, daß man ihn genauestens anhält, die Wahrheit zu sagen, und daß man ihn mit allen nur erdenklichen Mitteln auf den Weg der Nächstenliebe führt. Laß ihn wissen, daß zwanzig Vergehen leichter verziehen werden können als eine Verletzung der Wahrheit zu dem Zweck, ein Vergehen durch eine Ausflucht zu verdekken. Und wenn du ihm beizeiten beibringst, andere zu lieben und mit Güte zu behandeln, so legst du damit einen dauerhaften Grund zu einem ehrenwerten Mann; denn alle Ungerechtigkeit entspringt im allgemeinen aus zu großer Liebe zu uns selbst und zu geringer gegenüber anderen.

Mehr will ich über diesen Gegenstand im allgemeinen nicht sagen; es ist auch genug, um den ersten Grund zur Tugend in einem Kind zu legen. Wenn er heranwächst, muß man die Richtung seiner natürlichen Anlagen beobachten, und je nachdem, ob sie ihn über Gebühr mehr nach der einen oder anderen Seite vom rechten Weg der Tugend abführt, sollte man dagegen geeignete

Maßnahmen ergreifen. Denn wenige Adamskinder sind so glücklich, daß sie nicht mit irgendeiner vorherrschenden Tendenz ihrer natürlichen Anlagen geboren werden, und diese aufzuheben oder ihr entgegenzuwirken ist Aufgabe der Erziehung. Darauf aber im einzelnen einzugehen, würde den Umfang dieser kurzen Abhandlung über die Erziehung überschreiten. Ich beabsichtige nicht eine Erörterung aller Tugenden und Laster, wie jede Tugend anzueignen und jedes Laster mit seinen besonderen Mitteln zu behandeln ist, wenn ich auch einige der häufigsten Fehler und die Mittel, die man zu ihrer Besserung gebrauchen kann, erwähnt habe.

140. *Lebensklugheit [Wisdom].* – Unter Lebensklugheit verstehe ich, entsprechend dem volkstümlichen Sprachgebrauch, die Fähigkeit eines Mannes, seine Geschäfte in dieser Welt geschickt und mit Umsicht zu führen. Sie ist das Ergebnis einer guten natürlichen Veranlagung, der Anstrengung des Geistes und zugleich der Erfahrung und übersteigt damit den Horizont von Kindern. Was man allenfalls in dieser Richtung mit ihnen tun kann, ist, sie nach Möglichkeit daran zu hindern, listig zu werden; denn List [cunning] ist der Affe der Weisheit und so weit von dieser entfernt, wie es nur geht; und sie ist als Affe wegen der Menschenähnlichkeit des Affen, dem jedoch fehlt, was ihn wirklich menschengleich machen könnte, um so häßlicher. List ist nur Mangel an Verstand; weil sie ihr Ziel nicht auf geradem Wege erreichen kann, versucht sie es mit Kniffen und auf Umwegen; das Mißliche dabei ist aber, daß ein listiger Trick nur einmal hilft, danach aber immer hinderlich ist. Noch nie ist eine Decke so dick oder so fein gemacht worden, daß sie sich selbst verdeckt hätte: noch nie ist einer so listig gewesen, daß er seine List hätte verbergen können. Und wenn einmal eine List aufgedeckt worden ist, dann ist jeder gewarnt und mißtrauisch gegenüber verschlagenen Menschen, und

alle Welt tut sich bereitwillig zusammen, sie zu bekämpfen und unschädlich zu machen, während der offene, faire und weise Mann überall auf Hilfsbereitschaft stößt und auf geradem Wege seinem Geschäft nachgeht. Einem Kinde rechte Begriffe von den Dingen anzugewöhnen und sich nicht zufriedenzugeben, bis es diese hat, seinen Geist zu großen und würdigen Gedanken zu erheben und Falschheit und List, welcher immer ein gut Teil von Falschheit beigemischt ist, von ihm fernzuhalten ist die geeignete Vorbereitung eines Kindes für die Weisheit. Alles übrige, welches Zeit, Erfahrung, Beobachtung und Bekanntschaft mit Menschen, mit ihrem Wesen und ihren Absichten lehren müssen, kann man von der Unwissenheit und Achtlosigkeit der Kindheit oder dem unbedachten Ungestüm und der Unbesonnenheit der Jugend nicht erwarten. Alles, was man in diesem unreifen Alter in dieser Richtung tun kann, ist, wie bereits gesagt, die Kinder an Wahrheit und Aufrichtigkeit, an Unterwerfung unter die Vernunft und, soweit als möglich, an Nachdenken über ihr eigenes Tun zu gewöhnen.

141. *Lebensart [Breeding].* – Die nächste gute Eigenschaft, die zu einem Gentleman gehört, ist gute Lebensart [good breeding]. Es gibt zwei Arten schlechter Lebensart: einmal blöde Verlegenheit und zum andern ungehörige Nachlässigkeit und Unhöflichkeit in unserem Benehmen; beides vermeidet man, wenn man eine einzige Regel gebührend beachtet: *nicht zu gering von sich selbst und nicht zu gering von anderen denken.*

142. Der erste Teil dieser Regel ist nicht als das Gegenteil von Selbsterniedrigung, sondern von Überheblichkeit zu verstehen. Wir sollten nicht so gut von uns selbst denken, daß wir auf unseren Wert pochen und uns selbst vor anderen den Vorzug geben, weil wir meinen, wir seien irgendwie überlegen, sondern wir sollten bescheiden hinnehmen, was uns entgegengebracht wird, wenn es uns zukommt. Anderseits sollten

wir aber auch so gut von uns denken, daß wir das, was uns zu tun auferlegt ist und was man von uns erwartet, ohne aus der Fassung zu geraten und ohne Verwirrung tun, in welcher Gesellschaft wir uns auch befinden mögen, und dabei jene Rücksicht üben und jene Achtung bewahren, die dem Rang und der Stellung jedes einzelnen gebühren. Häufig stellt man an Menschen, besonders an Kindern, eine tölpelhafte Verlegenheit gegenüber Fremden oder Höherstehenden fest: sie sind verwirrt in Gedanken, Worten und Blicken und verlieren sich so sehr in dieser Verwirrung, daß sie nicht handeln können oder es doch nicht mit jener Freiheit und dem Anstand vermögen, der gefällig und ansprechend ist. Das einzige Mittel dagegen wie gegen jedes andere falsche Benehmen ist die Einführung einer entgegengesetzten Gewohnheit durch Übung. Da wir uns aber nicht an den Umgang mit Fremden und Personen von Stand gewöhnen können, ohne in ihrer Gesellschaft zu sein, kann nichts diesem Mangel an Lebensart abhelfen als Wechsel und Vielseitigkeit im Umgang, und zwar mit Personen, die im Rang über uns stehen.

143. Wie der erwähnte Fehler darin besteht, daß wir in unserem Benehmen gegenüber anderen zu ängstlich sind, so liegt der andere Mangel an Lebensart in dem Anschein, daß wir uns zu wenig bemühen, denen, mit denen wir zu tun haben, zu gefallen oder Achtung zu erweisen. Um dies zu vermeiden, bedarf es zweierlei: erstens einer inneren Neigung, andere nicht zu verletzen, und zweitens der gefälligsten und angenehmsten Weise, jener Neigung Ausdruck zu geben. Nach dem einen bezeichnet man Menschen als höflich und gesittet [civil], nach dem andern als weltmännisch [well-fashioned]. Letzteres ist jene Schicklichkeit und jener wohlgefällige Anstand in Blicken, Stimme, Worten, Gebärden und dem ganzen äußeren Sichgeben, das die Gesellschaft für uns einnimmt und diejenigen, mit

denen wir verkehren, sich wohl fühlen läßt und angenehm berührt. Es ist sozusagen die Sprache, in der die innere Höflichkeit des Herzens sich ausdrückt; sie ist, wie andere Sprachen auch, durch Brauch und Sitte jeden Landes bestimmt und muß hinsichtlich ihrer Regeln und ihres Gebrauchs in erster Linie durch Beobachtung erlernt werden, das heißt an dem Benehmen derjenigen, denen man wirklich gute Lebensart zuspricht. Der andere Teil, der tiefer liegt als das Äußere, sind jenes allgemeine Wohlwollen und jene Rücksichtnahme gegenüber anderen Menschen, die jedermann darauf bedacht sein lassen, in seinem Benehmen keinerlei Geringschätzung, Mißachtung oder Nachlässigkeit gegenüber anderen an den Tag zu legen, sondern jedem entsprechend seinem Rang und seiner Stellung und entsprechend dem Brauch und der Sitte seines Landes Achtung und Wertschätzung zu erweisen. Es ist eine Geisteshaltung, die sich im Benehmen zeigt und durch die man vermeidet, daß der andere sich im geselligen Umgang unbehaglich fühlt.
Ich will auf vier Eigenschaften eingehen, die dieser ersten und gewinnendsten aller geselligen Tugenden am meisten entgegengesetzt sind. Unhöflichkeit hat ihren Ursprung im allgemeinen in einer dieser vier Eigenschaften. Ich führe sie hier auf, damit Kinder vor ihnen bewahrt werden oder von ihrem schlimmen Einfluß befreit werden können.
(1) Die erste ist eine natürliche *Ungeschliffenheit [Roughness]*, die einen Menschen ungefällig gegen andere macht, indem er auf ihre Neigungen, Stimmungen oder Verhältnisse keine Rücksicht nimmt. Es ist das unverkennbare Zeichen eines Grobians, nicht zu beachten, was denen, mit denen er zusammen ist, gefällt oder nicht gefällt; und doch findet man so manchen in vornehmen Kleidern, der seiner Laune die Zügel schießen läßt und ihr erlaubt, jeden, der ihr im Wege ist, anzurempeln und zu überrennen, wobei es

ihm vollkommen gleichgültig ist, wie der Betroffene es aufnimmt. Das ist eine Roheit, die jeder sieht und verabscheut und die keinem behagen kann; daher ist sie nicht vereinbar mit einem, der auf den geringsten Anstrich von guter Lebensart Anspruch erhebt. Denn das Ziel und die Aufgabe guter Lebensart bestehen gerade darin, die natürliche Härte geschmeidig und so das Wesen der Menschen sanfter zu machen, damit sie sich zur Nachgiebigkeit bequemen und sich denen anpassen, mit denen sie zu tun haben.

(2) *Geringschätzung [Contempt]* oder Mangel an gebührender Achtung offenbart sich entweder in Blicken und Worten oder in Gebärden; sie bringt, von wem sie auch ausgeht, immer Unbehagen mit sich. Denn niemand kann es mit Gelassenheit ertragen, wenn er mißachtet wird.

(3) *Krittelei [Censoriousness]* und an anderen herumzunörgeln steht in direktem Gegensatz zur Höflichkeit. Was wir auch verschuldet oder nicht verschuldet haben, wir sehen es nicht gern, wenn unsere Fehler ausgebreitet und offen zur Schau gestellt und vor unseren eigenen oder anderer Leute Augen ans Licht der Sonne gebracht werden. Ein Makel, den man jemandem anhängt, ist immer mit Schande verbunden; und das Aufdecken oder auch nur die bloße Bezichtigung eines Mangels kann man nicht ohne ein gewisses Unbehagen ertragen. Spott [raillery] ist die raffinierteste Art, die Fehler anderer bloßzustellen; da das aber in der Regel mit Geist und gewählten Worten geschieht und der Gesellschaft Unterhaltung bietet, läßt man sich zu dem Irrtum verleiten, es sei keine Unhöflichkeit, wenn es sich innerhalb anständiger Grenzen halte. So findet scherzhafte Unterhaltung dieser Art häufig Eingang bei Personen der besseren Stände; man leiht einem solchen Worthelden ein geneigtes Ohr, und die auf seiner Seite stehenden Zuhörer spenden ihm durch ihr Gelächter allgemein Beifall. Man sollte aber bedenken,

daß die Unterhaltung der übrigen Gesellschaft auf Kosten des einen geht, der in so parodistischen Farben herausgestellt wird und daher ein gewisses Unbehagen spürt, es sei denn, der Gegenstand des Spottes sei in Wirklichkeit eine an sich löbliche Angelegenheit. Denn dann sind die lustigen Bilder und Darstellungen des Spottes zugleich Lob und Unterhaltung, und der Verspottete kommt auch auf seine Rechnung und nimmt an dem Scherz teil. Weil es aber nicht jedem gegeben ist, mit einem so delikaten und heiklen Gegenstand, wo ein kleines Versehen alles verderben kann, in der rechten Weise umzugehen, meine ich, sollten alle, die sicher gehen wollen, andere nicht herausfordern, und besonders alle jungen Leute sollten sich des Spottes sorgsam enthalten; denn dieser kann durch einen kleinen Fehler oder irgendeine falsche Wendung in dem Gemüt der Betroffenen die bleibende Erinnerung zurücklassen, sie seien zwar witzig, aber beißend wegen irgendeiner Schwäche verhöhnt worden.

Neben dem Spott ist Widerspruch [contradiction] eine Art des Kritisierens, in der sich häufig schlechte Lebensart zeigt. Gefälligkeit verlangt nicht, daß wir allen Auseinandersetzungen oder Gesprächen, mit denen sich die Gesellschaft unterhält, zustimmen oder durchaus alles, was in unserer Gegenwart vorgebracht wird, stillschweigend hingehen lassen. Gewissen Meinungen entgegenzutreten und die Irrtümer anderer zu berichtigen, ist manchmal eine Forderung der Wahrheit und der Nächstenliebe, und die Höflichkeit bleibt gewahrt, wenn es mit gebührender Vorsicht und unter Berücksichtigung der Umstände geschieht. Es gibt aber Menschen, wie man immer wieder beobachten kann, die sozusagen vom Geist des Widerspruchs besessen sind und beharrlich und ohne Rücksicht darauf, ob etwas richtig oder falsch ist, manchem oder sogar jedem in der Gesellschaft widersprechen, sie mögen sagen, was sie wollen. Dies ist eine so augenfällige und beleidigende Art des Kritisierens, daß jeder sich dadurch verletzt fühlen muß. Jeder Widerspruch gegen das, was ein anderer gesagt hat, gerät so leicht in den Verdacht der Krittelei und wird so selten ohne ein Gefühl der Demütigung hingenommen, daß man ihn auf die behutsamste Weise und mit denkbar schonendsten Worten aussprechen sollte; und das ganze Verhalten sollte zum Ausdruck bringen, daß man nicht von Widerspruchsgeist erfüllt ist. Alle Zeichen der Achtung und des guten Willens sollten ihn begleiten, damit wir nicht zwar die Auseinandersetzung gewinnen, die Achtung unserer Zuhörer aber verlieren.

(4) Streitsucht [captiousness] ist ein weiterer, mit Höflichkeit und guter Sitte unvereinbarer Fehler, nicht nur, weil sie oft zu anstößigen und herausfordernden Ausdrücken und ebensolchem Benehmen führt, sondern weil sie schweigende Anklage und Vorwurf irgendeiner Unhöflichkeit ist, die uns an denen, mit denen wir uns zanken, aufgefallen ist. Eine solche Verdächtigung oder Unterstellung kann niemand ohne Unbehagen ertragen. Außerdem bringt ein einziger Ungehaltener die ganze Gesellschaft auseinander, und die Harmonie hört nach jedem solchen Mißton auf.

Da das Glück, nach dem alle Menschen so unablässig streben, im Vergnügen besteht, ist leicht einzusehen, warum höfliche Menschen lieber gesehen werden als nützliche. Fähigkeit, Aufrichtigkeit und gute Absichten eines Mannes von Wert und Bedeutung oder eines wahren Freundes können für das Unbehagen, das seine ernsten und triftigen Vorhaltungen hervorrufen, selten einen Ausgleich bieten. Macht und Reichtum, ja, die Tugend selbst werden nur geschätzt, insofern sie zu unserm Glück beitragen. Daher empfiehlt sich jemand einem anderen nur schlecht, wenn er vorgibt, er habe sein Glück im Auge, indem er ihm einen Dienst erweist, ihm aber durch die Art, wie er diesen Dienst erweist, Unbehagen bereitet. Wer es versteht, denjenigen, mit denen er verkehrt, das Gefühl des Behagens zu geben, ohne sich selbst zu niedriger und sklavischer Schmeichelei herabzuwürdigen, hat die wahre Kunst gefunden, wie man in der Welt leben muß, um überall willkommen geheißen und zugleich geachtet zu werden. Höflichkeit ist daher das, was Kindern und jungen Leuten in erster Linie mit großer Sorgfalt zur Gewohnheit gemacht werden sollte.

144. Es gibt einen weiteren Verstoß gegen gute Lebensart, und das ist übersteigerte Förmlichkeit [excess of ceremony] und ein hartnäckiges Bestehen darauf, einem anderen aufzudrängen, was ihm nicht zukommt und was er nicht annehmen kann, ohne zum Narren zu werden oder sich der Beschämung auszusetzen. Dies sieht eher so aus, als habe man die Absicht, jemanden bloßzustellen, als ihn sich zu verpflichten: zumindest sieht es nach einem Streit um Überlegenheit aus; bestenfalls ist es nur lästig und kann daher nicht zu guter Lebensart gehören, die keinen anderen Sinn und Zweck hat, als andere Menschen sich im Umgang mit uns wohl und zufrieden fühlen zu lassen. Dies ist ein Fehler, in den nur wenige junge Leute verfallen werden; wenn sie sich dessen aber schuldig machen oder man sie einer solchen Neigung verdächtigt, sollte man es ihnen sagen und sie vor dieser mißverstandenen Höflichkeit warnen. Worum sie sich im Verkehr bemühen und wonach sie streben sollten, das ist, Wertschätzung, Achtung und Wohlwollen zu zeigen, indem sie jedermann jene gebräuchlichen Förmlichkeiten und Rücksichten erweisen, die ihm höflicherweise zukommen. Dies ohne den Verdacht der Schmeichelei, Heuchelei oder niedrigen Gesinnung zu tun, zeugt von großem Geschick, das man nur mit verständigem Sinn, Vernunft und in guter Gesellschaft erwerben kann; es ist aber von so großem Nutzen im bürgerlichen Leben, daß es das Studium wohl lohnt.

145. Obwohl das rechte Benehmen in diesem Teil unse-

res Verhaltens als gute Lebensart bezeichnet wird, als sei es im besonderen ein Ergebnis der Erziehung, sollte man dennoch, wie bereits erwähnt, kleine Kinder nicht zu sehr damit behelligen; ich meine das Hutabnehmen und die modischen Verbeugungen. Man bringe ihnen Bescheidenheit und Menschenliebe bei, wenn man kann, und Sitten von solcher Art werden nicht ausbleiben; denn Höflichkeit ist in Wirklichkeit nichts anderes als das Bestreben, im geselligen Umgang keinem Geringschätzung oder Verachtung zu erweisen. Was die am meisten gebilligten und geschätzten Formen sind, in denen sie sich ausdrückt, haben wir oben gezeigt. Sie ist in verschiedenen Ländern der Welt so eigentümlich und verschiedenartig wie die Sprachen dieser Länder; daher ist es, wenn man es recht bedenkt, genauso nutzlos und fehl am Platze, Kindern darüber Regeln zu geben und Vorträge zu halten, wie es sein würde, wenn man einem, der nur mit Engländern verkehrt, dann und wann ein oder zwei Regeln der spanischen Sprache gäbe. Sei so eifrig, wie du willst, mit Vorträgen über Höflichkeit für deinen Sohn: wie seine Gesellschaft ist, so werden seine Sitten sein. Einem Ackermann aus deiner Nachbarschaft, der niemals aus seiner Gemeinde herausgekommen ist, magst du noch so viele Vorträge halten; er wird in seiner Sprache wie in seinem Benehmen gleich schnell ein Hofmann werden: das heißt, in keinem von beiden wird er feiner sein als diejenigen, mit denen er für gewöhnlich verkehrt. Daher läßt sich in dieser Beziehung nur so vorsorgen, bis er in einem Alter ist, daß man ihm einen Hauslehrer geben kann, der allerdings ein wohlerzogener Mann sein muß. Ja, in allem Ernst: sollte ich frei meine Meinung sagen, so ist es recht gleichgültig, wie Kinder den Hut abnehmen oder Kratzfüße machen, wenn sie nur nichts aus Eigensinn, Stolz oder Bösartigkeit tun. Wenn du sie lehren kannst, andere Menschen zu lieben und zu achten, dann werden sie, ihrem Alter entsprechend, auch Wege finden, dies in einer jedem wohlgefälligen Weise auszudrücken, je nach den Formen, an die man sie gewöhnt hat; und was ihre Bewegungen und ihre körperliche Haltung betrifft, so wird, wie schon gesagt, ein Tanzlehrer ihnen zu gegebener Zeit beibringen, was am gefälligsten ist. Bis dahin und solange sie jung sind, erwarte man nicht, daß Kinder zu sehr auf solche Förmlichkeiten achten; Unbefangenheit gesteht man jenem Alter zu, und sie paßt so gut zu ihm wie Komplimente zu Erwachsenen; und wenn doch einmal sehr anspruchsvolle Leute es als einen Fehler ansehen, ist es ganz sicher ein Fehler, den man übersehen und der Zeit, einem Hauslehrer und dem geselligen Umgang zur Heilung überlassen sollte. Daher meine ich, es lohnt sich nicht, daß du deinen Sohn deswegen quälst oder schiltst, wie ich es oft bei andern Kindern beobachtet habe; wo sich aber hochmütiger Stolz oder Bösartigkeit in seinem Verhalten zeigen, muß er durch Zureden oder Beschämung auf andere Wege gebracht werden.

Unterbrechung [Interruption]. – Obwohl man Kinder, solange sie noch klein sind, nicht sehr mit Regeln und Förmlichkeiten der Lebensart verwirren sollte, gibt es doch eine Art von Unmanierlichkeit, die leicht mit den jungen Leuten heranwächst, wenn sie nicht früh unterbunden wird, und das ist eine hemmungslose Neigung, andere, die gerade sprechen, zu unterbrechen und ihnen das Wort mit irgendeinem Einwand abzuschneiden. Ob die Gewohnheit des Disputierens und der gute Ruf der Begabung und Gelehrsamkeit, den das Disputieren gewöhnlich erntet, als sei es der einzige Maßstab und Beweis des Wissens, junge Menschen so begierig macht, jede Gelegenheit zu ergreifen, andere in ihren Äußerungen zu korrigieren und keine Gelegenheit auszulassen, ihr Talent zu zeigen: Tatsache ist, daß am häufigsten Gelehrte in dieser Hinsicht Tadel verdienen. Es kann keine größere Unhöflichkeit geben, als jemand anders mitten in seinem Redefluß zu unterbrechen;

denn wenn es nicht geradezu unverschämte Dummheit ist, einem Mann zu antworten, bevor wir wissen, was er sagen will, so ist es doch eine eindeutige Erklärung, daß wir es müde sind, ihn noch länger sprechen zu hören, und daß wir keinen Wert legen auf das, was er sagt; wir halten es nicht für passend, daß er die Gesellschaft damit unterhält, und wünschen, daß man uns Gehör gibt, die wir etwas vorzubringen haben, was ihrer Aufmerksamkeit wert ist. Das zeugt von sehr großer Mißachtung und kann nur beleidigend sein; und doch ist es das, was fast jedes Unterbrechen ständig bewirkt. Wenn dazu noch, was gewöhnlich der Fall ist, irgendein Irrtum korrigiert oder Widerspruch zu dem Gesagten geäußert wird, dann ist das ein Zeichen noch größerer Selbstgefälligkeit und Eingebildetheit, da wir uns zu Lehrern aufwerfen und uns anmaßen, das, was ein anderer vorgebracht hat, zu berichtigen oder auf die Irrtümer seines Urteils hinzuweisen.
Ich sage das nicht, weil ich meine, es dürfe im geselligen Umgang keine Meinungsverschiedenheit oder in der Unterhaltung von Männern keinen Widerspruch geben: das hieße den größten Vorteil der Geselligkeit und den aus einer geistreichen Gesellschaft zu ziehenden Gewinn verschenken; denn die Aufklärung, die man aus den einander bekämpfenden Ausführungen begabter Männer erhält, welche die verschiedenen Seiten einer Sache, ihre mannigfaltigen Gesichtspunkte und Möglichkeiten aufzeigen, würde ganz verlorengehen, wenn jeder verpflichtet wäre, dem ersten Sprecher zuzustimmen und ihm nachzureden. Ich spreche nicht dagegen, daß man seine von einem anderen abweichende Meinung bekennt, sondern gegen eine gewisse Art, dies zu tun. Junge Leute sollte man lehren, ihre Meinung nicht voreilig dazwischenzuwerfen, bevor man sie gefragt hat, oder erst, wenn andere es getan haben und schweigen, und dann nur auf dem Wege der Frage, nicht der Belehrung. Rechthaberisches Be-

haupten und schulmeisterliches Auftreten sollten vermieden werden; und wenn eine allgemeine Pause der ganzen Gesellschaft dazu Gelegenheit bietet, dann mögen sie als Lernende ihre Frage bescheiden einwerfen. Diese gefällige Zurückhaltung wird ihre Fähigkeiten nicht in den Schatten stellen und die Schärfe ihres Verstandes nicht beeinträchtigen, sondern um so geneigtere Aufmerksamkeit erregen und dem, was sie sagen, größeres Gewicht geben. Ein schwacher Beweisgrund oder eine alltägliche Bemerkung, die auf solche Weise, mit höflich-bescheidener Vorbemerkung und Achtung vor den Meinungen anderer, eingeleitet werden, wird ihnen mehr Lob und Achtung als der schärfste Verstand oder das profundeste Wissen einbringen, das sich ungeschliffen, anmaßend oder vorlaut gebärdet; das stößt die Zuhörer immer ab und hinterläßt eine schlechte Meinung von dem Menschen, wenn er auch in der Streitfrage den Sieg davonträgt.
Daher sollte man bei jungen Leuten sorgfältig darauf achten, den Anfängen wehren und in all ihrem geselligen Umgang eine dem entgegengesetzte Gewohnheit ausbilden. Und dies um so mehr, als Redseligkeit, häufiges Unterbrechen bei Auseinandersetzungen und lautes Streiten bei uns nur zu oft unter Erwachsenen zu finden sind, selbst bei Leuten von Rang. Die Indianer, die wir Barbaren nennen, achten viel mehr auf Anstand und Höflichkeit in ihren Verhandlungen und Gesprächen; sie hören einander mit Anstand und schweigend an, bis sie ganz fertig sind, und dann antworten sie einander ruhig und ohne Lärm und Leidenschaft. Wenn das in unserem zivilisierten Teil der Welt nicht so ist, dann müssen wir es einer vernachlässigten Erziehung zuschreiben, die diesen alten Rest von Barbarei bei uns noch nicht beseitigt hat. War es denn nicht ein ergötzliches Schauspiel, zwei Damen von Rang zu sehen, die zufällig auf den zwei Seiten eines Zimmers einander gegenüber saßen, umgeben von Besuchern,

wie sie in ein Streitgespräch gerieten und sich dabei so erregten, daß sie in der Hitze der Auseinandersetzung ihre Stühle nach und nach vorwärtsrückten und nach kurzer Zeit in der Mitte des Zimmers aufeinanderstießen, wo sie nun eine ganze Zeit lang ihren Streit so heftig fortsetzten wie zwei Kampfhähne auf ihrem Kampfplatz,[33] ohne sich um die Gesellschaft, die unterdessen das Lächeln nicht unterdrücken konnte, zu kümmern oder sie überhaupt zu bemerken? Das hat mir eine Person von Stand erzählt, die bei dem Streit zugegen war und nicht unterließ, über das Unschickliche, zu dem Leidenschaftlichkeit im Wortstreit die Menschen oft verleitet, Bemerkungen zu machen; da Gewohnheit diese zu häufig auftreten läßt, sollte die Erziehung um so sorgfältiger darauf achten. Es gibt keinen, der dies bei anderen nicht verurteilt, obwohl man es bei sich selbst übersieht; und gar mancher, der weiß, daß er auch so ist und dagegen angehen will, kann sich doch nicht von einer schlechten Gewohnheit lösen, die eine vernachlässigte Erziehung ihm zur bleibenden Eigenschaft hat werden lassen.

146. *Gesellschaft [Company].* – Was oben über die Gesellschaft gesagt worden ist, würde uns, wenn man gut darüber nachdächte, vielleicht den Blick weiten und uns erkennen lassen, wieviel größer ihr Einfluß ist. Nicht allein die Formen der Höflichkeit werden durch geselligen Umgang geprägt: die Einwirkung der Gesellschaft berührt nicht nur die Oberfläche, sondern geht tiefer; und wenn man die Sittlichkeit und die Religionen der Welt einer wahrhaft kritischen Beurteilung unterzöge, würde man wahrscheinlich merken, daß der weitaus größere Teil der Menschheit selbst jene Meinungen und Bräuche, für die man zu sterben bereit ist, eher aus den Traditionen des Vaterlandes und dem ständigen Handeln derer, mit denen man lebt, ableitet als von irgendwelcher begründeten Überzeugung. Ich erwähne dies nur, um zu zeigen, welche Bedeutung ich

der Gesellschaft für deinen Sohn in seinen jungen Jahren beimesse und welches Gewicht gerade diesem Punkt beizulegen ist und wie sehr man hier vorzusorgen hat; denn sie wirkt mit größerer Macht auf ihn als alles, was du sonst tun kannst.

147. *Kenntnisse [Learning]*. – Du wunderst dich vielleicht, daß ich Kenntnisse an die letzte Stelle setze, besonders wenn ich dir sage, daß ich sie für das am wenigsten Wichtige halte. Dies mag sich in dem Munde eines Büchergelehrten seltsam ausnehmen und erscheint um so widerspruchsvoller, als man in der Regel um Kenntnisse den größten, vielleicht sogar den einzigen Wirbel bei Kindern macht; an sie denkt man fast ausschließlich, wenn man von Erziehung spricht. Wenn ich bedenke, was für einen Trubel man um ein bißchen Latein und Griechisch macht, wie viele Jahre man damit zubringt und daß aller Lärm und alle Geschäftigkeit doch zu nichts führt, so kann ich mich kaum des Gedankens erwehren, daß die Eltern der Kinder immer noch unter der Furcht vor der Rute des Schulmeisters stehen, die sie als einziges Instrument der Erziehung ansehen, als ob eine oder zwei Sprachen alles wären. Wie wäre es sonst möglich, daß man ein Kind sieben, acht oder zehn der besten Jahre seines Lebens an die Galeere kettet, damit es sich ein oder zwei Sprachen aneignet, die man, wie ich glaube, mit einem weit geringeren Aufwand an Mühe und Zeit erwerben und fast spielend lernen könnte?

Man verzeihe mir deshalb, wenn ich nur mit Unwillen daran denken kann, daß ein junger Gentleman in die Herde gesteckt und mit Peitsche und Geißel durch die verschiedenen Klassen getrieben wird, gleichsam als müsse er *ad capiendum ingenii cultum*[34] Spießruten laufen. Aber wie, fragst du, soll er denn nicht schreiben und lesen lernen? Soll er unwissender sein als unser Gemeindeschreiber, der Hopkins und Sternhold[35] als die größten Dichter der Welt ansieht und sie gar noch schlechter macht, als sie sind, weil er so schlecht liest? Aber nein, nicht so rasch, bitte! Ich gebe zu, daß Lesen und Schreiben und Kenntnisse notwendig sind, aber sie sind nicht die Hauptsache. Ich denke, du würdest den für einen recht törichten Gesellen halten, der einen tugendhaften und weisen Mann nicht unendlich höher schätzte als einen großen Gelehrten. Ich glaube durchaus, daß Kenntnisse für beide eine große Hilfe bedeuten, wenn Geist und Gemüt gut geartet sind; man muß aber zugeben, daß sie bei anderen, die nicht so geartet sind, nur dazu dienen, sie als Menschen noch törichter oder schlechter zu machen. Ich sage dies, damit du, wenn du die Erziehung deines Sohnes in Erwägung ziehst und einen Schulmeister oder Erzieher suchst, nicht (wie gewöhnlich) nur an Latein und Logik denkst. Kenntnisse müssen sein, aber erst in zweiter Linie und bedeutenderen Zielen untergeordnet. Suche dir jemanden, der es versteht, seine Sitten mit Umsicht zu bilden; gib ihn einem Mann in die Hände, bei dem du soweit wie möglich seine Unschuld bewahren, das Gute in ihm hegen und pflegen und irgendwelche schlechten Neigungen auf sanfte Weise bessern und ausrotten und ihm gute Gewohnheiten einpflanzen kannst. Das ist die Hauptsache, und wenn dafür gesorgt ist, können Kenntnisse hinzukommen, und zwar, wie ich meine, ohne großen Aufwand durch Methoden, die man noch überlegen kann.

148. *Lesen [Reading].* – Wenn er sprechen kann, ist es Zeit, daß er mit dem Lesenlernen anfängt. Aber hier erlaube man mir, daß ich noch einmal betone, was so leicht vergessen wird, nämlich sehr sorgfältig darauf zu achten, daß es ihm nie zu einer Pflicht gemacht wird und daß er es nicht als eine Aufgabe ansieht. Wir lieben, wie ich gesagt habe, schon von der Wiege an die Freiheit und haben daher eine Abneigung gegen viele Dinge aus dem einfachen Grunde, weil sie uns zur Pflicht gemacht werden. Ich habe mir immer gern vor-

gestellt, daß man Kindern das Lernen zu Spiel und Erholung machen und sie dahin bringen könnte, Verlangen nach dem Unterricht zu tragen, wenn man ihn als Sache der Ehre, des Lobes, des Vergnügens und der Erholung oder als Belohnung für eine andere Leistung hinstellen und wenn man Kinder wegen einer Nachlässigkeit im Unterricht niemals schelten oder zurechtweisen würde. Was mich in dieser Meinung bestärkt, ist die Tatsache, daß bei den Portugiesen die Kinder so sehr darauf aus sind und wetteifern, Lesen und Schreiben zu lernen, daß man sie nicht davon abbringen kann: sie lernen es voneinander und sind so sehr darauf erpicht, als sei es ihnen verboten. Ich entsinne mich, daß ich einmal im Hause eines Freundes war, dessen jüngerer Sohn, noch in Kinderkleidern, nicht leicht ans Buch zu bringen war (seine Mutter unterrichtete ihn zu Hause im Lesen); ich gab den Rat, es anders zu versuchen und es nicht als eine Pflicht von ihm zu verlangen. Wir erklärten daher in einem Gespräch, das wir in bestimmter Absicht in seiner Gegenwart führten, jedoch ohne von ihm Kenntnis zu nehmen, es sei das Vorrecht und der Vorzug der Erben und älteren Brüder, gelehrte Bildung zu erhalten; dies mache sie zu feinen Gentlemen und bei jedermann beliebt; jüngeren Brüdern gegenüber sei es jedoch ein Entgegenkommen, wenn man ihnen Bildung zugestände; im Lesen und Schreiben unterrichtet zu werden, sei mehr, als ihnen zukomme; wenn sie wollten, könnten sie unwissende Tölpel und dumme Kerle bleiben. Das wirkte auf das Kind so, daß es hinterher verlangte, man möge ihm Unterricht geben; es kam von selbst zum Lernen zu seiner Mutter und ließ das Kindermädchen nicht eher in Ruhe, als bis es ihm seine Lektion abgehört hatte. Ich zweifle nicht, daß man ähnlich auch mit anderen Kindern verfahren könnte; wenn man herausgefunden hat, welcher Geistesart sie sind, könnte man ihnen Gedanken einflößen, die den Wunsch zum Lernen erwekken, und sie dahin bringen, daß sie das Lernen suchen als eine Art Spiel oder Erholung. Aber dann darf es, wie gesagt, ihnen nie als Aufgabe aufgezwungen oder zur Last gemacht werden. Man kann Würfel und Spielsachen mit Buchstaben darauf nehmen, um Kindern das Alphabet im Spiel beizubringen; und zwanzig andere Wege lassen sich finden, die ihrer besonderen Anlage gemäß sind, um diese Art des Lernens zum Zeitvertreib werden zu lassen.

149. So kann man Kindern durch List die Kenntnis der Buchstaben vermitteln; sie lernen lesen, ohne gewahr zu werden, daß es etwas anderes als Zeitvertreib ist, und spielen sich in etwas hinein, für das andere geprügelt werden. Kindern sollte nichts als Arbeit oder als ernste Sache auferlegt werden; weder ihr Geist noch ihr Körper kann das vertragen. Es schadet ihrer Gesundheit; und daß man sie gezwungen und an das Lehrbuch gekettet hat in einem Alter, das allem solchen Zwang feindlich gegenübersteht, ist ohne Zweifel der Grund dafür, daß so viele ihr Leben lang Bücher und Wissenschaft gehaßt haben. Es ist wie eine Überladung des Magens, die einen nicht zu überwindenden Ekel hinterläßt.

150. Ich habe mich daher gefragt, ob nicht Spielsachen für diesen Zweck hergerichtet werden könnten, die in der Regel ja keinen Zweck haben, und ob sich nicht etwas denken ließe, woran Kinder lesen lernen könnten, während sie meinen, sie spielten bloß. Wie wäre es zum Beispiel, wenn man eine Elfenbeinkugel machte, wie man sie in der Royal-Oak-Lotterie[36] hat, mit zweiunddreißig Seiten oder vielleicht lieber mit vierundzwanzig oder fünfundzwanzig Seiten, und auf verschiedene dieser Seiten ein A, auf mehrere ein B, auf andere ein C und auf wieder andere ein D klebte? Ich würde empfehlen, mit nur diesen vier Buchstaben anzufangen, vielleicht zuerst nur mit zweien, und wenn ihm diese geläufig sind, einen weiteren hinzuzufügen,

und so weiter, bis jede Seite einen Buchstaben enthält und das ganze Alphabet darauf ist. Damit sollten nun andere vor ihm spielen; denn ein Spiel, in dem es darum geht, wer als erster ein A oder B wirft, ist genauso gut, als wenn man beim Würfeln die Sechs oder Sieben wirft. Da dies ein Spiel unter euch ist, lockt ihn nicht heran, damit es nicht zu einer Aufgabe wird; denn ich möchte nicht, daß es als etwas anderes aussieht als ein Spiel für Ältere, und ich zweifle nicht, daß er sich von selbst heranmacht. Und damit er aus um so besseren Gründen glaubt, es sei ein Spiel, zu dem er gelegentlich gnädig zugelassen wird, sollte man die Kugel nach beendetem Spiel sicher verwahren, so daß er nicht herankann, damit sie nicht dadurch für ihn reizlos wird, daß er sie jederzeit bei sich haben darf.

151. Um seinen Eifer wachzuhalten, laß ihn in dem Glauben, es sei ein Spiel für die, welche über ihm stehen; und wenn er auf solche Weise die Buchstaben gelernt hat, tausche man sie gegen Silben aus, und so mag er lesen lernen, ohne daß er weiß, wie er es angefangen hat und ohne je deswegen gescholten worden zu sein oder Kummer gehabt zu haben, und er wird keinen Groll gegen Bücher hegen, weil er ihretwegen etwa hart angefaßt worden wäre oder weil sie ihm Ärger bereitet hätten. Kinder geben sich, wie man beobachten kann, alle erdenkliche Mühe, verschiedene Spiele zu lernen, die sie als Aufgabe oder etwas, das sie tun müssen, verabscheuen würden, wenn man sie von ihnen als Pflicht verlangte. Ich kenne einen Herrn von hohem Rang (noch verehrungswürdiger wegen seines Wissens und seiner Tugend als wegen seines Ranges und seiner hohen Stellung), der klebte die sechs Vokale (denn in unserer Sprache ist das Y auch einer) auf die sechs Seiten eines Würfels und die übriggebliebenen achtzehn Konsonanten auf die Seiten dreier anderer Würfel und machte daraus ein Spiel für seine Kinder; gewinnen sollte der, der bei einem Wurf mit diesen vier

Würfeln die meisten Wörter geworfen hatte; dadurch hat sich sein ältester Sohn noch in Kinderkleidern mit großem Eifer in das Buchstabieren hineingespielt, ohne daß man ihn je gescholten oder gezwungen hat.

152. Ich habe gesehen, daß kleine Mädchen stundenlang zusammen übten und sich alle erdenkliche Mühe gaben, im Steinchenspiel[37], wie sie es nennen, zu Meistern zu werden. Während ich zusah, dachte ich, man müsse sich nur etwas Gutes ausdenken, um all diesen Fleiß auf etwas für sie Nützlicheres zu lenken; und mir scheint, es liegt nur an der Gleichgültigkeit der Erwachsenen, daß das nicht geschieht. Kinder haben viel weniger Neigung zum Müßiggang als Erwachsene, und die Erwachsenen sind zu tadeln, wenn ein Teil ihres geschäftigen Wesens nicht auf nützliche Dinge gerichtet wird, die man in der Regel so vergnüglich für die Kinder machen könnte wie alles, mit dem sie sich abgeben, wenn nur die Erwachsenen halb soviel Eifer aufbrächten wie diese kleinen Äffchen, um den gezeigten Weg zu beschreiten. Ich kann mir vorstellen, daß irgendein weiser Portugiese vorzeiten diesen Brauch unter den Kindern seines Landes beliebt gemacht hat, wo, wie man mir erzählt und wie ich bereits gesagt habe, es unmöglich ist, die Kinder vom Lesen- und Schreibenlernen zurückzuhalten; und in manchen Teilen Frankreichs lehren sie einander von der Wiege an das Singen und Tanzen.

153. Die Buchstaben, die man auf die Seiten des Würfels oder des Polyeders[38] klebt, hätten für den Anfang am besten die Größe der in der Foliobibel verwendeten und sollten keine Großbuchstaben sein; wenn er erst einmal lesen kann, was in solchen Buchstaben gedruckt ist, werden ihm die großen nicht lange unbekannt bleiben; im Anfang sollte er nicht durch ein Vielerlei verwirrt werden. Mit diesem Würfel könnte man auch genau wie in der Royal Oak zur Abwechslung ein Spiel erfinden und um Kirschen oder Äpfel usw. spielen.

154. Außer diesen Spielen könnte man zwanzig andere erfinden, zu denen man Buchstaben braucht, und wer Lust zu dieser Methode hat, kann sich leicht einige ausdenken und für diesen Zweck anfertigen lassen, wenn er will. Die oben erwähnten vier Würfel halte ich aber für so leicht und zweckmäßig, daß man schwerlich ein besseres Spiel finden wird und ein anderes kaum nötig ist.

155. Soviel über das Lesenlernen, zu dem er niemals angetrieben und um dessentwillen er niemals gescholten werden sollte; bring ihn durch List dazu, wenn du kannst, aber mach es ihm nicht zur Arbeit. Es ist besser, es dauert ein Jahr länger, bis er lesen kann, als daß er auf diese Weise eine Abneigung gegen das Lernen faßt. Wenn du ihn schelten mußt, so laß es in Angelegenheiten von Bedeutung sein, wo es um Wahrheit und gute Wesensart geht; ziehe ihn aber nicht wegen des Abc zur Verantwortung. Nutze dein Geschick, um seinen Willen der Vernunft gehorsam und gefügig zu machen; lehre ihn, Lob und Achtung zu lieben und zu vermeiden, daß er in den Augen der Welt, besonders aber scines Vaters und seiner Mutter, als schlecht und gemein gilt, und alles übrige wird sich leicht ergeben. Ich meine aber, wenn du das tun willst, dann darfst du ihn nicht fesseln und binden mit Regeln über gleichgültige Dinge oder ihn zur Rede stellen wegen jedes kleinen Fehlers, der anderen vielleicht auch als großer Fehler erscheinen mag; doch darüber habe ich bereits genug gesagt.

156. Wenn er so allmählich zu lesen anfängt, sollten ihm leichte, vergnügliche Bücher, die seinen Fähigkeiten angemessen sind, in die Hand gegeben werden, Bücher, die Unterhaltung bieten, ihn mitreißen und die Mühen seines Lesens belohnen, die aber doch nicht so sind, daß sie seinen Kopf mit völlig unnützem Plunder füllen oder den Grund zu Laster und Torheit legen. Für diesen Zweck halte ich Äsops *Fabeln* am geeignetsten,

weil es Geschichten sind, die ein Kind ergötzen und unterhalten werden und doch auch einem Erwachsenen nützliche Gedanken eingeben können; und wenn sein Gedächtnis sie für das ganze spätere Leben bewahrt, wird es ihn nicht reuen, sie dort unter den Gedanken des Mannes und ernsten Angelegenheiten wiederzufinden. Wenn sein Äsop Bilder hat, wird er ihn um so besser unterhalten und ihn zum Lesen ermuntern, während er zugleich seine Kenntnisse erweitert: denn von solchen sichtbaren Gegenständen hören Kinder vergeblich und ohne Befriedigung, solange sie keine Vorstellung von ihnen haben; diese Vorstellungen gewinnen sie aber nicht von Lauten, sondern von den Dingen selbst oder ihren Abbildungen. Daher meine ich, sowie er zu buchstabieren beginnt, sollte man ihm so viele Bilder von Tieren verschaffen, wie sich finden lassen, mit den gedruckten Namen darunter; die werden ihn gleichzeitig zum Lesen einladen und ihm Veranlassung zum Fragen und Lernen geben. *Reineke Fuchs* ist ein weiteres Buch, das man meiner Meinung nach zu demselben Zweck benutzen kann. Und wenn seine Umgebung oft mit ihm über die Geschichten spricht, die er gelesen hat, und sie sich von ihm erzählen läßt, hat das außerdem den Vorzug, daß er weiter zum Lesen ermuntert wird und Freude daran hat, wenn er sieht, daß Nutzen und Vergnügen damit verbunden sind. Dieser Anreiz scheint in der herkömmlichen Methode völlig vernachlässigt zu sein, und es dauert in der Regel lange, bis die Anfänger überhaupt einen Nutzen oder ein Vergnügen im Lesen sehen; sie tragen daher kein Verlangen danach und halten Bücher entweder für einen gebräuchlichen Zeitvertreib oder für eine unangenehme Belästigung, die nichts taugt.

157. Das Vaterunser, das Glaubensbekenntnis und die Zehn Gebote muß er unbedingt gründlich auswendig lernen, aber nicht, meine ich, indem er sie selbst in seinem Gebetbüchlein liest, sondern indem jemand sie ihm

vorsagt, schon bevor er lesen kann. Auswendiglernen und Lesenlernen sollten meines Erachtens nicht miteinander verbunden werden, damit das eine nicht das andere hemmt; das Lesenlernen sollte ihm vielmehr sowenig Unannehmlichkeit und Arbeit verursachen, wie nur möglich ist.
Welche anderen englischen Bücher nach Art der obenerwähnten es gibt, die die Herzen der Kinder erwärmen und sie zum *Lesen* einladen können, weiß ich nicht; da aber Kinder gewöhnlich den Methoden der Schulen ausgeliefert werden, wo die Furcht vor der Rute sie zum Lernen zwingt und keine Freude am Tun sie dazu einlädt, möchte ich annehmen, daß diese nützliche Art von Büchern bis jetzt das Schicksal gehabt hat, vernachlässigt zu werden, während es von dummen Büchern jede Sorte gibt; soviel ich weiß, ist auch nichts dieser Art erwogen worden, das abseits der ausgetretenen Pfade des Hornbuchs, des Gebetbuchs,[39] des Psalters, des Testaments und der Bibel läge.
158. Was die Bibel betrifft, die man Kindern gewöhnlich in die Hand gibt, um ihre Fertigkeit im Lesen zu üben und zu vervollkommnen, so scheint mir das Durchlesen in der vorliegenden Reihenfolge der Kapitel von so geringem Nutzen für Kinder, sowohl hinsichtlich ihrer Vervollkommnung im Lesen als auch hinsichtlich der Grundlegung ihrer Religion, daß sich etwas Schlechteres gar nicht finden läßt. Denn was für ein Vergnügen oder was für eine Ermunterung kann es für ein Kind sein, sich im Lesen von Abschnitten eines Buches zu üben, von denen es nichts versteht? Und wie wenig sind das Gesetz Moses, das Hohelied Salomos, die Prophezeiungen des Alten und die Episteln und die Offenbarung des Neuen Testaments der Fassungskraft eines Kindes angemessen! Und wenn auch die Geschichte der Evangelisten und die Apostelgeschichte etwas leichter sind, so stehen sie doch, alles in allem, in gar keinem Verhältnis zur Fassungskraft der Kinder.

Ich gebe zu, daß die Grundsätze der Religion von daher geholt werden müssen, und zwar in den Worten der Heiligen Schrift; nur solche Grundsätze sollten aber einem Kind vorgesetzt werden, die seiner Fassungskraft und seinen Begriffen angemessen sind. Aber von da ist es noch ein weiter Weg bis zum Durchlesen der ganzen Bibel, und zwar um des Lesens willen. Und was für einen seltsamen Mischmasch von Gedanken muß ein Kind in seinem Kopf haben, das im zarten Alter alle Abschnitte der Bibel der Reihe nach unterschiedslos als Gottes Wort liest, wenn es überhaupt welche hat, wie es im Fall der Religion nötig wäre! Ich möchte annehmen, daß dies bei manchen Menschen der eigentliche Grund gewesen ist, warum sie niemals in ihrem ganzen Leben klare und bestimmte Gedanken darüber gehabt haben.

159. Da ich nun zufällig auf diesen Gegenstand verfallen bin, erlaube man mir zu sagen, daß es einige Abschnitte der Heiligen Schrift gibt, die man einem Kinde sehr wohl in die Hand geben kann, um es zum Lesen anzuregen, wie die Geschichte von Joseph und seinen Brüdern, von David und Goliath, von David und Jonathan usw., und andere, die es zur Belehrung lesen sollte, wie *Was ihr wollt, daß andere euch tun, das tuet ihnen auch*,[40] und ähnliche leichte und einfache Sittenregeln, von denen man in passender Auswahl häufig Gebrauch machen könnte, sowohl zum Lesen als auch gleichzeitig zur Belehrung; und sie müßten so häufig gelesen werden, bis sie fest im Gedächtnis haften; und wenn das Kind später einmal für sie reif ist, mögen sie ihm dann bei jeweils passenden Gelegenheiten als die unumstößlichen und geheiligten Regeln seiner Lebensführung und seines Handelns eingeprägt werden. Aber das Lesen der ganzen Heiligen Schrift ohne Unterschied sehe ich als für Kinder äußerst unangebracht an, wenn sie nicht vorher mit ihren einfachsten grundlegenden Abschnitten bekannt gemacht worden

sind und eine Art allgemeinen Überblick über das erhalten haben, was sie hauptsächlich zu glauben und zu üben haben; das sollte ihnen jedoch, wie ich meine, in den Worten der Heiligen Schrift selbst gegeben werden und nicht in Worten, deren sich Männer, die durch Systeme und Analogien voreingenommen sind, in diesem Falle gern bedienen und die sie den Kindern aufzwingen wollen. Dr. Worthington hat, um dies zu vermeiden, einen Katechismus zusammengestellt, der alle Antworten genau in den Worten der Heiligen Schrift bringt;[41] ein nachahmenswertes Beispiel und eine so gesunde Form der Darstellung, daß kein Christ daran Anstoß nehmen und es als unpassend ansehen kann, wenn sein Kind danach lernt. Sobald er das Vaterunser, das Glaubensbekenntnis und die Zehn Gebote auswendig hersagen kann, mag es zweckmäßig sein, daß er aus diesem Katechismus jeden Tag oder jede Woche eine Frage lernt, je nachdem sein Verstand sie begreifen und sein Gedächtnis sie festhalten kann. Und wenn er diesen Katechismus vollständig auswendig weiß, so daß er jede Frage in dem ganzen Buch auf Anhieb und klar beantworten kann, dann mag es angebracht sein, die übrigen über die ganze Bibel verstreuten Sittensprüche seinem Geiste als beste Gedächtnisübung einzuprägen; und sie mögen ihm für seine ganze Lebensführung eine immer bereite Richtschnur sein.

160. *Schreiben [Writing].* – Wenn er gut englisch lesen kann, wird es an der Zeit sein, das Schreiben mit ihm zu beginnen, und hier ist das erste, was er lernen sollte, seine Feder richtig zu halten; erst wenn er darin vollkommen ist, sollte er sie auf das Papier setzen dürfen: denn nicht nur Kinder, sondern jeder andere, der etwas gut tun will, sollte nicht zuviel auf einmal tun müssen oder angehalten werden, sich in zwei Teilen einer Handlung zugleich zu vervollkommnen, wenn es möglich ist, diese zu trennen. Ich glaube, die italienische

Art, die Feder zwischen Daumen und Zeigefinger allein zu halten, dürfte die beste sein; aber hierüber möge man einen guten Schreiblehrer oder sonst jemanden befragen, der gut und schnell schreibt. Wenn er gelernt hat, seine Feder richtig zu halten, sollte er als nächstes lernen, wie er das Papier zu legen und seinen Arm und seinen Körper zu halten hat. Wenn diese Übungen erledigt sind, ist der Weg, ihn das Schreiben ohne große Mühe zu lehren, folgender: man beschafft sich eine Platte, auf der die Buchstaben der Handschrift, die dir am besten gefällt, eingegraben sind; du mußt aber darauf achten, daß sie bedeutend größer sind, als er für gewöhnlich schreiben soll; denn jedermann nimmt nach und nach eine kleinere Handschrift an, als er anfänglich gelernt hat, und niemals eine größere. Wenn eine solche Platte graviert worden ist, dann laß mehrere Bogen guten Schreibpapiers davon in roter Farbe bedrucken, die er dann nur mit einer guten und mit schwarzer Tinte gefüllten Feder nachzuziehen braucht; dadurch lernt seine Hand bald, die Schrift zu bilden, nachdem man ihm vorher gezeigt hat, wo er anfangen und wie er jeden Buchstaben bilden muß. Und wenn er das gut kann, muß er auf seinem Papier üben; und so bringst du ihn leicht dazu, daß er die Handschrift schreibt, die du haben willst.

161. *Zeichnen [Drawing]*. – Wenn er gut und schnell schreiben kann, halte ich es für angebracht, daß er nicht nur fortfährt, seine Hand im Schreiben zu üben, sondern daß er sie weiter auch im Zeichnen vervollkommnet; das ist eine für einen Gentleman sehr nützliche Sache bei verschiedenen Gelegenheiten, vor allem auf Reisen, denn es hilft oft in wenigen gut zusammengefügten Linien etwas darzustellen und verständlich zu machen, was ein ganzer Bogen Papier mit Schriftzügen nicht erreichen kann. Wie viele Bauwerke sieht man, wie vielen Maschinen und Kostümen begegnet man, deren Eindruck man durch eine kleine Geschick-

lichkeit im Zeichnen festhalten und von denen man eine Vorstellung vermitteln könnte, während sie durch eine Wiedergabe in Worten Gefahr laufen, verlorenzugehen oder auch in genauesten Beschreibungen bestenfalls nur unvollkommen festgehalten zu werden. Ich meine nicht, daß dein Sohn ein vollendeter Maler werden sollte; um das in einigermaßen annehmbarem Maße zu werden, braucht es mehr Zeit, als ein junger Gentleman von den anderen und gewichtigeren Studien abzweigen kann. Aber soviel Verständnis für Perspektive und Geschick im Zeichnen, wie nötig ist, um alles, was er sieht, ausgenommen Gesichter, auf dem Papier leidlich wiederzugeben, kann man meines Erachtens in kurzer Zeit erwerben, besonders wenn man eine Anlage dazu hat; wo diese jedoch fehlt, ist es, wenn es sich nicht um unbedingt notwendige Dinge handelt, besser, ihn ruhig daran vorbeigehen zu lassen, als ihn sinnlos damit zu quälen: denn in diesen wie in allen nicht unbedingt notwendigen Dingen gilt die Regel: *nil invita Minerva.*[42]

(1)[43] *Kurzschrift [Shorthand]*, eine Kunst, die, wie man mir gesagt hat, nur in England bekannt ist, mag des Erlernens wert sein, sowohl wegen der schnellen Erledigung dessen, was man zur eigenen Erinnerung aufschreibt, als auch um Dinge geheimzuhalten, die nicht offen vor jedermanns Auge daliegen sollen. Denn wer überhaupt einmal Schriftzüge gelernt hat, kann sie nach Belieben zu eigenem privaten Gebrauch leicht abändern und durch größere Zusammenziehung den Zwecken anpassen, für die er sie gebrauchen will. Die Kurzschrift von Herrn Rich,[44] die von allen, die ich gesehen habe, am besten ausgedacht ist, kann meines Erachtens durch jemanden, der die Grammatik gut kennt und heranzieht, noch viel leichter und kürzer gemacht werden. Um aber diese gedrängte Art des Schreibens zu lernen, braucht man sich nicht sofort nach einem Lehrer umzusehen; es ist noch früh genug, wenn sich zu irgendeiner Zeit von selbst eine passende Gelegenheit bietet, nachdem seine Hand sich gut an schöne und schnelle Schrift gewöhnt hat. Denn Jungen haben für Kurzschrift nur wenig Verwendung und sollten sie auf keinen Fall anwenden, bis sie tadellos schreiben und ihnen dieses zur Gewohnheit geworden ist.

162. *Französisch [French].* – Sobald er englisch sprechen kann, ist es Zeit, daß er eine fremde Sprache lernt. Niemand bezweifelt das, wenn das Französische vorgeschlagen wird. Der Grund ist der, daß man an die richtige Methode, diese Sprache zu lehren, gewohnt ist, nämlich sie durch fortwährendes Sprechen in ständiger Unterhaltung und nicht durch grammatische Regeln an die Kinder heranzubringen. Die lateinische Sprache könnte leicht in derselben Weise gelehrt werden, wenn der Hauslehrer, der ja ständig um ihn ist, nichts anderes mit ihm spräche und ihn immer in derselben Sprache antworten ließe. Da aber Französisch eine lebende Sprache ist und mehr gesprochen wird, sollte es zuerst gelernt werden, damit die noch geschmeidigen Organe der Sprache sich an die richtige Bildung der Laute gewöhnen und er sich angewöhnt, das Französische gut auszusprechen, was immer schwieriger wird, je länger man es hinausschiebt.

163. *Latein [Latin].* – Wenn er das Französische gut sprechen und lesen kann, was nach dieser Methode gewöhnlich nach ein oder zwei Jahren der Fall ist, sollte er ans Latein gehen; es ist freilich seltsam, daß die Eltern, die doch die Erfahrung am Französischen gemacht haben, nicht der Meinung sind, dieses müsse auf dieselbe Weise gelernt werden, nämlich durch Sprechen und Lesen. Man muß nur darauf achten, während er diese Fremdsprachen lernt und mit seinem Hauslehrer nichts anderes spricht und liest, daß er nicht vergißt, Englisch zu lesen, worum sich seine Mutter oder sonst jemand kümmern kann, indem sie sich jeden

Tag einige ausgewählte Abschnitte aus der Heiligen Schrift oder einem anderen englischen Buch von ihm vorlesen läßt.

164. Latein sehe ich als unbedingt notwendig für einen Gentleman an; in der Tat hat aber die Tradition, die so übermächtig ist, es so sehr zu einem Bestandteil der Erziehung werden lassen, daß selbst solche Kinder dazu herangeprügelt werden und viele Stunden ihrer kostbaren Zeit mit Unlust über dem Latein verbringen müssen, die nach dem Verlassen der Schule nie mehr etwas damit zu tun haben werden, solange sie leben. Kann es denn etwas Lächerlicheres geben, als daß ein Vater sein eigenes Geld und die Zeit seines Sohnes damit vergeudet, ihn die Sprache der Römer lernen zu lassen, wenn er ihn doch zugleich für einen praktischen Beruf bestimmt, in dem er für Latein keine Verwendung hat und in dem es nicht ausbleibt, daß er das bißchen vergißt, was er von der Schule mitgebracht hat, und zehn zu eins verabscheut, weil er schwer darunter zu leiden hatte? Sollten wir glauben können, wenn wir nicht überall unter uns Beispiele hätten, daß man ein Kind zwingt, die Anfangsgründe einer Sprache zu lernen, die es im ganzen Verlauf des ihm bestimmten Lebens nie gebrauchen wird, und daß es unterdessen eine gute Handschrift und das Aufsetzen von Rechnungen vernachlässigt, Dinge, die in allen Lebenslagen und für die meisten praktischen Berufe unbedingt notwendig sind? Aber obwohl diese Fertigkeiten, die für Handel und Gewerbe und Geschäfte aller Art unerläßlich sind, auf Lateinschulen selten oder nie erworben werden können, schicken nicht nur Gentlemen ihre jüngeren Söhne dahin, die für praktische Berufe bestimmt sind, sondern selbst Geschäftsleute und Landwirte unterlassen es nicht, ihre Kinder dahin zu schicken, obwohl sie weder die Absicht noch die Mittel haben, sie zu Gelehrten werden zu lassen. Wenn man sie fragt, warum sie das tun, halten sie es für eine so seltsame Frage, als

fragte man sie, warum sie zur Kirche gehen. Die Tradition steht an Stelle der Vernunft und hat für diejenigen, die sie für Vernunft nehmen, diese Methode so geheiligt, daß sie sie mit fast religiöser Gewissenhaftigkeit beachten, und sie halten so daran fest, als ob ihre Kinder kaum eine rechtgläubige Erziehung bekämen, wenn sie nicht Lilys Grammatik[45] lernten.

165. Wie notwendig aber auch Latein für manche sein mag und wie sehr andere es für nötig halten mögen, die keinerlei Verwendung dafür haben und denen es nicht nützt: die gewöhnliche Art, wie man es an der Lateinschule lernt, ist so, daß ich mich, nachdem ich mir Gedanken darüber gemacht habe, nicht bereit finden kann, sie zu empfehlen. Die Gründe dagegen sind so einleuchtend und zwingend, daß sie einige verständige Leute bewogen haben, den gewohnten Weg zu verlassen, und zwar nicht ohne Erfolg, obwohl die Methode, die sie anwandten, nicht genau die ist, die ich mir als die leichteste vorstelle; es ist, kurz gesagt, folgende: Das Kind überhaupt nicht mit Grammatik quälen, sondern ihm Latein, wie es mit dem Englischen gewesen ist, ohne verzwickte Regeln durch Sprechen beibringen; denn wenn man es recht bedenkt, ist Latein dem Kind, wenn es zur Welt kommt, nicht unbekannter als Englisch, und doch lernt es Englisch ohne Lehrer, Regeln oder Grammatik; so könnte es auch Latein lernen wie Cicero, wenn es jemanden hätte, der immer in dieser Sprache mit ihm sprechen würde. Wenn man ferner so oft sieht, daß eine Französin einem englischen Mädchen in ein oder zwei Jahren beibringt, perfekt französisch zu sprechen und zu lesen, ohne jede grammatische Regel und durch nichts anderes, als durch Plaudern, dann kann ich mich nur wundern, daß Gentlemen diese Methode für ihre Söhne übersehen haben und diese für stumpfsinniger oder unbegabter halten als ihre Töchter.

166. Wenn man daher einen Mann bekommen könnte,

der selber gutes Latein spräche und immer mit deinem Sohn zusammen wäre, beständig mit ihm spräche und nicht zuließe, daß er anderes spricht oder liest, würde dies der rechte und echte Weg sein, und ihn möchte ich vorschlagen, nicht nur als den leichtesten und besten, auf dem ein Kind sich ohne Mühe und Schelten eine Sprache erwerben kann, wegen der andere sechs oder sieben Jahre lang auf der Schule geprügelt zu werden pflegen, sondern auch, weil auf diesem Wege gleichzeitig sein Geist und seine Umgangsformen gebildet werden könnten und er obendrein in verschiedenen Wissensgebieten unterrichtet werden könnte, als da sind ein großer Teil der Geographie, der Astronomie, der Chronologie, der Anatomie, dazu einige Abschnitte der Geschichte[46] und alle anderen Gebiete von Sachkenntnissen, die auf sinnlicher Erkenntnis beruhen und wenig mehr als das Gedächtnis beanspruchen. Denn hier sollte unser Wissen beginnen, wenn wir den rechten Weg einschlagen wollen; mit diesen Dingen sollte der Grund gelegt werden und nicht mit den abstrakten Begriffen der Logik und Metaphysik, die eher geeignet sind, den Verstand zu unterhalten als zu bilden, wenn er sich erstmalig auf den Weg der Erkenntnis begibt. Wenn junge Menschen ihren Kopf eine Zeitlang mit solchen abstrakten Spekulationen beschäftigt haben, ohne den Erfolg, die Weiterbildung und den Nutzen zu finden, den sie erwartet haben, dann neigen sie dazu, entweder von der Wissenschaft oder von sich selbst eine nur geringe Meinung zu haben; sie kommen in Versuchung, ihr Studium aufzugeben und ihre Bücher wegzuwerfen, da sie nichts als schwere Wörter und leeren Schall enthalten; oder aber sie folgern, falls doch wirkliche Kenntnisse darin enthalten sind, daß sie selbst nicht das nötige Verständnis dafür haben. Daß dies so ist, könnte ich wohl durch persönliche Erfahrung bekräftigen. Unter anderen Dingen, die ein junger Gentleman nach dieser Methode lernen könnte, während andere seines Alters vollauf mit Latein und anderen Sprachen beschäftigt sind, darf ich auch noch beispielsweise die Geometrie anführen; denn ich weiß, daß ein junger Gentleman, der etwa nach dieser Methode erzogen wurde, imstande war, mehrere Sätze des Euklid zu beweisen, bevor er dreizehn Jahre alt war.

167. Wenn du aber einen solchen Mann nicht findest, der gut Latein spricht und befähigt ist, deinen Sohn in allen diesen Wissensgebieten zu unterrichten, und das mit dieser Methode unternehmen will, dann ist das nächstbeste, ihn nach einer Methode unterrichten zu lassen, die dieser möglichst nahekommt, nämlich irgendein leichtes und unterhaltsames Buch wie Äsops *Fabeln* zu nehmen und die englische Übersetzung (so wörtlich wie möglich) in eine Zeile und die jeweils entsprechenden lateinischen Wörter gleich darüber in eine andere Zeile zu schreiben. Diese laß ihn jeden Tag immer und immer wieder lesen, bis er das Latein völlig versteht; dann gehe man zu einer weiteren Fabel über, bis er auch diese beherrscht; dabei darf er nicht vergessen, was er schon gekonnt hat, sondern muß es manchmal wiederholen, um es im Gedächtnis zu bewahren. Und wenn es ans Schreiben geht, sollen diese auch seine Vorlagen sein; die Übung der Hand wird ihn dann auch im Latein voranbringen. Dies ist eine unvollkommenere Methode, als Latein durch Sprechen zu lernen; sie mag ihm aber dadurch, daß er zunächst die Bildung der Verben und dann die Deklination der Substantive und Pronomina gründlich auswendig lernt, die Bekanntschaft mit dem Geist und der Eigenart der lateinischen Sprache erleichtern, welche die Bedeutung der Verben und Substantive nicht wie die modernen Sprachen durch vorgesetzte Partikel, sondern durch Wandel der Endsilben verändert. An Grammatik braucht er, meine ich, nicht mehr als dies, bis er selber *Sanctii Minerva* mit den Anmerkungen von Scioppius und Perizonius lesen kann.[47]

Beim Unterricht der Kinder sollte meiner Meinung nach darauf geachtet werden, daß man sie in den meisten Fällen, in denen sie steckenbleiben, nicht noch mehr verwirrt, indem man sie auffordert, es selbst herauszufinden, und ihnen zum Beispiel Fragen wie diese stellt: was der Nominativ in dem Satz ist, den sie zu übersetzen haben; oder daß man fragt, was *aufero* bedeutet, um sie zu der Bedeutung von *abstulere* hinzuführen usw., wenn sie es nicht sofort sagen können. Diese Verwirrung ist nur Zeitverschwendung; denn während sie lernen und sich der Sache voller Aufmerksamkeit zuwenden, soll man sie bei guter Laune halten und ihnen alles möglichst leicht und angenehm machen. Wenn sie also einmal nicht weiter können und doch weiter wollen, helfe man ihnen sofort über die Schwierigkeit hinweg, ohne sie zurechtzuweisen oder zu schelten, und man denke daran, wo schärfere Mittel angewandt werden, sind sie bloß der Ausfluß des Stolzes und der Empfindlichkeit des Lehrers, der von Kindern erwartet, sie sollten sofort soviel beherrschen, wie er selber weiß; er sollte dagegen lieber bedenken, daß es seine Aufgabe ist, Gewohnheiten in ihnen zu festigen und nicht voller Ärger Regeln einzuschärfen, die uns in unserer Lebensführung nur wenig helfen und zumindest für Kinder keinen Wert haben, die sie so schnell vergessen, wie sie gegeben werden. Ich will nicht in Abrede stellen, daß man diese Methode auf Wissensgebieten, wo der Verstand geübt werden soll, zuweilen ändern und ihnen absichtlich Schwierigkeiten vorsetzen darf, um ihren Eifer anzuregen und den Geist daran zu gewöhnen, seine eigene Kraft und Schärfe im Denken zu betätigen. Doch meine ich, das sollte man nicht bei Kindern tun, die sehr jung sind, und auch nicht, wenn sie irgendein Wissensgebiet gerade erst betreten. Da ist alles an sich schon schwer, und die große Kunst und das Geschick des Lehrers bestehen darin, alles so leicht wie möglich zu machen; ganz besonders aber beim Sprachenlernen liegt am wenigsten Veranlassung vor, Kinder durch Fragen in Verlegenheit zu bringen. Denn da Sprachen durch Routine, Gewohnheit und Gedächtnis zu lernen sind, spricht man sie dann am vollkommensten, wenn man alle Regeln der Grammatik vollkommen vergessen hat. Ich gebe zu, daß man die Grammatik einer Sprache in manchen Fällen sehr sorgfältig studieren muß; aber nur ein erwachsener Mann, der sich mit wissenschaftlicher Strenge um das Verständnis einer Sprache bemüht, braucht sie zu studieren, und das ist selten bei anderen als bei Gelehrten vom Fach nötig. Man wird mit mir einer Meinung sein, daß ein Gentleman, der irgendeine Sprache genau studieren will, die Sprache seines eigenen Landes nehmen sollte, damit er die Sprache, die er tagtäglich gebraucht, mit äußerster Genauigkeit versteht.

Es gibt noch einen weiteren Grund, warum Schulmeister und Lehrer vor ihren Schülern keine Schwierigkeiten auftürmen, sondern im Gegenteil ihnen den Weg ebnen und ihnen bereitwillig voranhelfen sollten, wo sie innehalten. Der Geist der Kinder ist eng und schwach und kann in der Regel nur einen Gedanken auf einmal fassen. Was sich im Kopf eines Kindes befindet, füllt ihn zunächst aus, vor allem, wenn es mit irgendeiner Leidenschaft beladen ist. Der Lehrer sollte daher sein Geschick und seine Kunst darauf richten, ihren Kopf von allen Nebengedanken freizumachen, solange sie etwas Bestimmtes lernen, um so größeren Raum zu schaffen für das, was er ihnen einflößen will, damit es mit Aufmerksamkeit und Hingabe aufgenommen werden kann, denn sonst hinterläßt es keinen Eindruck. Der Geist der Kinder wandert auf Grund ihrer natürlichen Gemütsart. Nur das Neue fesselt sie; was sich als neu vorstellt, wollen sie sofort kosten, und ebenso schnell sind sie gesättigt. Sie werden eines Dinges schnell überdrüssig und haben fast alle ihre Freude an Veränderung und Abwechslung. Es steht im Widerspruch zu dem natürlichen Zustand der Kindheit, wenn sie ihre schweifenden Gedanken festhalten sollen. Ob das der Konstitution ihres Gehirns oder der Lebendigkeit und Unbeständigkeit ihrer Lebensgeister zuzuschreiben ist,[48] deren der Geist noch nicht völlig Herr geworden ist: es ist ersichtlich, daß es Kindern Mühe bereitet, ihre Gedanken beharrlich auf einen Gegenstand zu richten. Dauernde, fortgesetzte Aufmerksamkeit ist eine der schwersten Aufgaben, die man ihnen stellen kann; wer deshalb ihren Fleiß in Anspruch nimmt, sollte sich bemühen, das, was er ihnen vorsetzt, so angenehm und gefällig wie möglich zu machen; zumindest sollte er darauf achten, keine unangenehme oder abschreckende Vorstellung damit zu verbinden. Wenn sie sich nicht irgendwie mit Lust und Liebe an ihre Bücher machen, ist es kein Wunder, daß ihre Gedanken beständig von dem abschweifen, was sie nicht mögen, und bessere Unterhaltung in erfreulicheren Dingen suchen, auf die sie unvermeidlich ausgehen werden.

Ich weiß, es ist die übliche Methode der Erzieher, daß sie sich die Aufmerksamkeit ihrer Schüler durch Tadel und Zurechtweisungen zu verschaffen suchen und damit ihre Gedanken an die gegenwärtige Aufgabe fesseln wollen, wenn sie bemerken, daß sie auch nur ein klein wenig abschweifen. Solche Behandlung bringt aber mit Sicherheit die völlig entgegengesetzte Wirkung hervor. Erregte Worte oder Schläge von seiten des Erziehers erfüllen das Gemüt des Kindes mit Angst und Schrecken, sie erfüllen es auf der Stelle so sehr, daß kein Raum für andere Eindrücke bleibt. Ich glaube, es gibt niemanden, der dies liest und sich nicht erinnert, welchen Aufruhr heftige oder tyrannische Worte von seiten der Eltern oder Lehrer in seinen Gedanken bewirkt, wie sie augenblicklich sein Gehirn verwirrt haben, so daß er kaum wußte, was er sagte oder was ihm gesagt wurde. Sofort verlor er aus den Augen, woran er dachte, sein Geist war voller Aufregung und Verwirrung, und in diesem Zustand war er nicht mehr fähig, irgend etwas anderem seine Aufmerksamkeit zuzuwenden.

Eltern und Erzieher sollten zwar ihre Autorität durch ein Gefühl der Ehrfurcht in dem Gemüt der ihrer Führung Anvertrauten begründen, errichten und sie dadurch regieren; wenn sie aber Gewalt über die Kinder gewonnen haben, sollten sie diese mit großer Mäßigung ausüben und sich nicht selbst zu solchen Vogelscheuchen machen, daß die Schüler vor ihrem Anblick stets erzittern. Solche Strenge mag ihnen selbst das Regieren erleichtern, für ihre Schüler hat sie dagegen nur geringen Wert. Es ist unmöglich, daß Kinder irgend etwas lernen, wenn ihre Gedanken von irgendeiner Erregung beherrscht und verstört werden, besonders von Furcht, die den stärksten Eindruck auf ihre noch zarten und schwachen Lebensgeister macht. Halte das Gemüt in entspannter, ruhiger Stimmung, wenn du willst, daß es deine Belehrung oder irgendwelchen Zuwachs an Kenntnissen aufnehmen soll. Es ist ebenso unmöglich, schöne und regelmäßige Züge in ein bebendes Gemüt einzuzeichnen wie auf ein zitterndes Papier.

Das große Geschick eines Lehrers besteht darin, die Aufmerksamkeit seines Schülers zu gewinnen und sich zu erhalten; solange er sie besitzt, wird er mit Sicherheit so schnell vorankommen, wie die Fähigkeiten des Lernenden es zulassen; ohne sie wird all seine Geschäftigkeit und aller Lärm wenig oder gar keinen Zweck haben. Um sie zu gewinnen, sollte er dem Kind, soweit angängig, den Nutzen dessen, was er lehrt, begreiflich machen und ihm an Hand dessen, was es gelernt hat, zeigen, daß es etwas kann, was es vorher nicht gekonnt hat, etwas, das ihm eine gewisse Macht und einen wirklichen Vorteil gegenüber anderen gibt, die es nicht wissen. Darüber hinaus sollte er ihm den ganzen Unterricht versüßen und das Kind durch eine gewisse Zärtlichkeit in seinem ganzen Verhalten fühlen lassen, daß er es liebt und nur sein Bestes im Sinn hat; das ist die einzige Art, in dem Kind Liebe zu erwecken, die es bewegen wird, seinem Unterricht zu lauschen und Geschmack zu finden an dem, was er lehrt.

Nur der Widersetzlichkeit sollte mit gebieterischer und harter Behandlung begegnet, alle anderen Fehler müssen mit sanfter Hand abgestellt werden; und freundliche, einnehmende Worte wirken besser und nachhaltiger auf ein williges Gemüt und verhindern sogar viel von jener Halsstarrigkeit, die durch rohe und gebieterische Behandlung häufig in gut gearteten und edlen Gemütern hervorgerufen wird. Widersetzlichkeit und willentliche Nachlässigkeit müssen zwar unterbunden werden, selbst wenn es Schläge kosten sollte, aber ich möchte meinen, daß Halsstarrigkeit bei Kindern häufig die Folge des Eigensinns des Erziehers ist und daß die meisten Kinder selten Schläge verdient hätten, wenn nicht unnötige und falsch angewandte Härte sie Bösartigkeit gelehrt und ihnen eine Abneigung gegen ihren Lehrer und alles, was von ihm kommt, eingeflößt hätte.

Unaufmerksamkeit, Vergeßlichkeit, Unstetigkeit und Abschweifung der Gedanken sind natürliche Fehler der Kindheit und müssen daher, wo man keine Absicht sieht, schonend zur Sprache gebracht und mit der Zeit überwunden werden. Wenn jedes kleine Versehen dieser Art Zorn und Zank hervorruft, werden die Anlässe zu Tadel und Zurechtweisung so oft wiederkehren, daß der Erzieher zu einer Ursache fortwährenden Schreckens und der Unlust für seine Schüler wird. Das allein genügt schon zu verhindern, daß sie aus seinem Unterricht Nutzen ziehen, und macht all seine Lehrmethoden wirkungslos.

Sorge dafür, daß die Ehrfurcht, mit der er ihre Gemüter sich gegenüber erfüllt hat, so durch ständige Beweise der Zärtlichkeit und des Wohlwollens gemildert wird, daß Zuneigung sie zu ihrer Pflicht anspornt und sie ein Vergnügen darin sehen, seinen Geboten Folge zu leisten. Das wird zur Folge haben, daß sie mit Freuden zu ihrem Erzieher kommen und ihm lauschen als einem, der ihr Freund ist, der sie liebt und zu ihrem Besten Mühen auf sich nimmt; es wird ihre Gedanken freudig und frei erhalten, solange sie bei ihm sind, und das ist die einzige Stimmung, in welcher der Geist imstande ist, neuen Stoff zu erfassen und jene Eindrücke wirken zu lassen, die man aufnehmen und festhalten muß, wenn nicht alles, was sie und ihre Lehrer gemeinsam tun, verlorene Mühe sein soll; dann gibt es viel Unlust und wenig Wissen.

168. *Grammatik [Grammar].* – Wenn er durch diese Methode, nach der je eine Zeile Latein und Englisch aufeinanderfolgen, sich einige Kenntnisse der lateinischen Sprache angeeignet hat, kann man ihn einen Schritt weiter führen und ihm ein anderes leichtes lateinisches Buch zu lesen geben, wie Justinus oder Eutropius;[49] und um ihm die Lektüre und das Verständnis derselben weniger mühselig und schwierig zu machen, lasse man ihn, wenn er will, sich die Arbeit mit einer englischen Übersetzung erleichtern. Man lasse sich auch nicht abschrecken durch den Einwand, auf diese Weise werde er es nur durch mechanisches Üben können. Recht besehen, ist das durchaus kein Argument gegen, sondern für eine solche Methode, Sprachen zu lernen. Denn Sprachen können nur durch mechanisches Üben erlernt werden; und wer Englisch oder Latein nicht völlig gewohnheitsmäßig spricht, so daß seine Zunge, nachdem er überlegt hat, was er sagen will, von selbst den treffenden Ausdruck und die der Sprache eigentümliche Wendung findet, ohne daß er an Regeln und Grammatik denkt, der spricht eine Sprache nicht

gut und beherrscht sie nicht. Es möge mir doch jemand die Sprache nennen, die man überhaupt durch grammatische Regeln lernen oder mit ihrer Hilfe einwandfrei sprechen kann. Sprachen sind nicht künstlich und nach Regeln gemacht worden, sondern zufällig und im täglichen Gebrauch des Volkes entstanden. Und wer sie einwandfrei sprechen will, hat keine Regel als diese: er braucht sich nur auf sein Gedächtnis zu verlassen und auf die Gewohnheit, so zu sprechen, wie er es von denen gelernt hat, denen man eine einwandfreie Sprache zubilligt; das heißt mit anderen Worten: er braucht nur mechanisch zu sprechen.

Möglicherweise wird man hier fragen: Hat denn die Grammatik gar keinen Wert? Und haben diejenigen, die mit so großer Mühe die verschiedenen Sprachen in Regeln und Vorschriften gefaßt haben, die soviel über Deklinationen und Konjugationen, über Syntax und Konkordanzen geschrieben haben, vergebliche Arbeit geleistet? Ist ihre Gelehrsamkeit sinnlos gewesen? Mitnichten, sage ich; auch die Grammatik hat ihren Platz. Aber dies glaube ich sagen zu dürfen: man macht großenteils mehr Aufhebens von ihr, als nötig ist, und man quält diejenigen damit, die sich durchaus nicht um sie zu kümmern brauchen; ich meine Kinder, denen man im Schulalter an den Lateinschulen in der Regel das Leben mit ihr schwer macht.

Nichts ist augenscheinlicher, als daß Sprachen, die man durch mechanisches Üben gelernt hat, in den alltäglichen Angelegenheiten des Lebens und im gewöhnlichen Geschäftsverkehr völlig ausreichen. Ja, Vertreterinnen des zarten Geschlechts aus den gehobenen Ständen, die ihre Zeit in gebildeter Gesellschaft verbracht haben, zeigen uns, daß dieser einfache, natürliche Weg ohne das geringste Studium und ohne die geringsten Kenntnisse der Grammatik zu einem hohen Grad von Eleganz und Feinheit in der Sprache führen kann; und es gibt Frauen, die nicht wissen, was Zeiten und Partizipien, Adverbien und Präpositionen sind, und so einwandfrei und korrekt sprechen (sie könnten es als schlechtes Kompliment ansehen, wenn ich sagen würde: wie jeder Dorfschulmeister) wie die meisten Gentlemen, die nach den üblichen Methoden der Lateinschulen unterrichtet worden sind. Die Grammatik kann man sich also, wie wir sehen, in manchen Fällen ersparen. Die Frage ist demnach: Wer soll sie lernen und wann? Darauf antworte ich:

(1) Man lernt Sprachen für den täglichen Verkehr in der Gesellschaft und für die Mitteilung von Gedanken im täglichen Leben, ohne mit ihrem Gebrauch irgendwelche weitere Absicht zu verbinden. Für diesen Zweck reicht die ursprüngliche Art des Sprachenlernens durch Umgang und Gespräch nicht nur aus, sondern ist als die schnellste, angemessenste und natürlichste sogar vorzuziehen. Daher darf man antworten: zu diesem Gebrauch der Sprache ist Grammatik nicht nötig. Das müssen alle die unter meinen Lesern zugeben, die verstehen, was ich hier sage, und die in der Unterhaltung andere verstehen, ohne daß sie je die Grammatik der englischen Sprache gelernt haben. Das ist aber vermutlich bei dem unvergleichlich größten Teil der Engländer der Fall; denn ich habe noch nie einen kennengelernt, der seine Muttersprache durch Regeln gelernt hätte.

(2) Es gibt andere, die den größten Teil ihrer Geschäfte in dieser Welt mit der Zunge und mit der Feder zu erledigen haben; für diese ist es angebracht, vielleicht auch notwendig, daß sie einwandfrei und richtig sprechen, um ihre Gedanken desto leichter und mit größerem Nachdruck dem Geist anderer Menschen zu übermitteln. Aus diesem Grunde ist nicht jede Redeweise, mit der man sich gerade verständlich machen kann, für einen Gentleman als ausreichend anzusehen. Er sollte neben den anderen Hilfsmitteln, die zum guten Sprechen führen, auch Grammatik studieren, aber es muß die

Grammatik seiner eigenen Sprache sein, der Sprache, die er spricht, damit er seine eigene Landessprache genau versteht und sie einwandfrei spricht, ohne die Ohren derer, an die er sich wendet, durch Sprachverderb[50] und anstößige Unregelmäßigkeiten zu beleidigen. Zu diesem Zweck ist Grammatik nötig; es ist Grammatik der eigenen, angeborenen Sprache und nötig nur für solche, die sich bemühen wollen, ihre Sprache zu kultivieren und ihren Stil zu vervollkommnen. Ob alle Gentlemen das tun sollten, müßte man überlegen, denn der Mangel an Sprachreinheit und grammatischer Richtigkeit wird als sehr unpassend für einen Mann dieses Ranges angesehen und hat gewöhnlich zur Folge, daß jemand, der sich solcher Fehler schuldig macht, sich den Vorwurf niederer Bildung und schlechterer Gesellschaft als mit seinem Stande vereinbar zuzieht. Wenn dies so ist, und meiner Meinung nach ist es so, dann muß man sich wundern, warum junge Gentlemen gezwungen werden, die Grammatik fremder und toter Sprachen zu lernen, und von der Grammatik ihrer eigenen Sprache niemals etwas erfahren; sie wissen nicht einmal, daß es so etwas gibt; viel weniger mutet man ihnen zu, sich darin unterrichten zu lassen. Auch wird ihnen ihre eigene Sprache nie vorgestellt als etwas, das der Sorgfalt und Pflege würdig ist, obwohl sie sie täglich anwenden und im weiteren Verlauf ihres Lebens nicht selten danach beurteilt werden, ob sie sich ihrer in gefälliger oder ungeschickter Ausdrucksweise bedienen. Dagegen sind die Sprachen, mit deren Grammatik man sie so lange beschäftigt hat, gerade die, die sie wahrscheinlich kaum jemals sprechen oder schreiben werden; sollte dies jedoch gelegentlich vorkommen, würde man ihre Fehler und Versehen dabei wohl entschuldigen können. Müßte nicht ein Chinese, dem diese Art von Erziehung bekannt wird, zu der Vorstellung kommen, daß alle unsere jungen Gentlemen zu Lehrern und Professoren der toten Sprachen fremder Länder bestimmt seien und nicht zu Männern des praktischen Lebens in ihrem eigenen Land?

(3) Es gibt eine dritte Gruppe von Menschen, die sich mit zwei oder drei fremden, toten und (wie man bei uns sagt) gelehrten Sprachen befassen, sie zu ihrem Studium machen und sich etwas darauf einbilden, in ihnen Fertigkeit zu besitzen. Ohne Zweifel muß jeder, der sich vornimmt, eine beliebige Sprache in dieser Absicht zu lernen und wissenschaftlich genau darin zu sein, ihre Grammatik genau studieren. Ich möchte hier nicht mißverstanden werden, als ob ich damit Griechisch und Latein unterschätzen wollte. Ich gebe zu, daß beides Sprachen von großem Wert und hoher Vortrefflichkeit sind, und wem sie fremd sind, der kann in unserem Teil der Welt keinen Platz unter den Gelehrten beanspruchen. Das Wissen aber, das ein Gentleman in der Regel für seine Zwecke aus den römischen und griechischen Schriftstellern zieht, kann er meines Erachtens erlangen, ohne die Grammatik dieser Sprachen zu studieren; durch bloßes Lesen kann er zu einem für alle seine Zwecke hinreichenden Verständnis gelangen. Wieviel ihm darüber hinaus daran gelegen sein kann, Einblick in die Grammatik und in die feinen Unterscheidungsmöglichkeiten dieser beiden Sprachen zu gewinnen, wird er selber entscheiden können, wenn er sich einmal das Studium irgendeiner Sache vornimmt, die das erfordert. Und das führt mich zu dem zweiten Teil der Frage, nämlich: Wann sollte die Grammatik gelehrt werden?

Darauf ist nach den vorausgeschickten Grundsätzen die Antwort naheliegend: wenn Grammatik überhaupt gelehrt werden soll, kommt dafür nur einer in Frage, der die Sprache bereits sprechen kann; wie kann man ihm sonst ihre Grammatik beibringen? Das ergibt sich wenigstens aus der Praxis der weisen und gelehrten Völker des Altertums. Es war bei ihnen ein Teil der

Erziehung, die eigene, nicht fremde Sprachen zu kultivieren. Die Griechen nannten alle anderen Völker Barbaren und verachteten ihre Sprachen. Und obwohl griechische Gelehrsamkeit gegen Ende der Republik bei den Römern an Ansehen zunahm, war es doch die römische Sprache, welche die Jugend studieren mußte; sie sollte sich ihrer eigenen Sprache bedienen, und daher war es die eigene Sprache, in der man sie unterrichtete und in der sie sich zu üben hatte.

Um jedoch die geeignete Zeit für die Grammatik genauer zu bestimmen, so sehe ich nicht ein, wie man ihr Studium vernünftigerweise von jemand fordern kann, wenn sie nicht eine Einführung in die Rhetorik[51] sein soll. Wenn man die Zeit für gekommen hält, daß jemand sich bemühen sollte, seine Sprache zu verfeinern und besser zu sprechen als die Ungebildeten, dann ist es an der Zeit, daß er in den Regeln der Grammatik unterwiesen wird, und nicht früher. Denn da die Grammatik nicht sprechen, sondern korrekt und genau nach den Regeln der Sprache sprechen lehren soll, was in den Bereich gewählter Ausdrucksweise gehört, so ist erstere nur von geringem Wert für den, der keinen Bedarf für letztere hat; wo die Rhetorik nicht nötig ist, kann man sich die Grammatik schenken. Ich weiß nicht, warum jemand seine Zeit mit lateinischer Grammatik verschwenden und sich darüber den Kopf zerbrechen sollte, der nicht die Absicht hat, Kritiker zu werden oder lateinische Reden zu halten und Botschaften zu verfassen. Wenn jemand sich in die Notwendigkeit versetzt sieht oder die Neigung verspürt, eine fremde Sprache von Grund auf zu studieren und sich eine peinlich genaue Kenntnis von ihr zu erwerben, dann wird es früh genug sein, sich eine grammatische Übersicht von ihr zu verschaffen. Wenn die einzige Verwendung darin besteht, ohne kritische Kenntnis von der Sprache selbst einige Bücher zu verstehen, die in ihr geschrieben sind, dann wird, wie gesagt, Lesen allein zum Ziel führen, ohne daß der Kopf mit den vielfältigen und verwickelten Regeln der Grammatik beladen wird.[52]

169. Um sich im Schreiben zu üben, möge er manchmal aus dem Latein ins Englische übersetzen; da aber Lateinlernen nichts weiter als das Lernen von Wörtern ist, ein sehr unangenehmes Geschäft für alt und jung, verbinde man soviel Sachwissen wie möglich damit; auch hier beginne man mit dem Sinnfälligsten, wie Kenntnis der Mineralien, Pflanzen und Tiere und besonders des Nutzholzes und der Obstbäume, ihrer Teile und der Arten der Fortpflanzung, wovon schon dem Kinde sehr vieles beigebracht werden kann, was für den Erwachsenen nicht ohne Wert sein wird; ganz besonders aber Geographie, Astronomie und Anatomie. Worin du ihn aber auch unterweist, achte immer darauf, ihm nicht zuviel auf einmal aufzubürden, ihm nichts zur Pflicht zu machen als unzweideutige Tugend und ihn nie zu tadeln, es sei denn wegen Lasterhaftigkeit oder irgendeiner solchen erkennbaren Neigung.

170. *Latein [Latin].* – Wenn es aber nach allem doch sein Schicksal sein sollte, daß er zur Schule geht, um Latein zu lernen, dann wird es vergebens sein, daß ich mit dir über die Methode rede, die meiner Meinung nach an Schulen verfolgt werden sollte; du mußt dich mit der abfinden, die du dort vorfindest, und kannst nicht erwarten, daß man sie deines Sohnes wegen ändert; setze es aber, wenn es geht, mit allen Mitteln durch, daß man ihn mit dem Anfertigen lateinischer Aufsätze und Deklamationen und vor allem mit dem Versemachen jeglicher Art verschont. Du mußt darauf bestehen, wenn das helfen sollte, daß du nicht die Absicht hast, aus ihm einen lateinischen Redner oder Dichter zu machen. Er solle vielmehr nur einen lateinischen Schriftsteller gründlich verstehen, und du habest die Beobachtung gemacht, daß diejenigen, die eine beliebige moderne Sprache mit Erfolg lehren, ihre

Schüler niemals damit aufhalten, Reden oder Verse in französischer oder italienischer Sprache zu verfertigen, da es für sie nur um die Sprache und nicht um dichterische Erfindung geht.

171. *Aufsätze [Themes].* – Um aber ein wenig ausführlicher zu sagen, warum ich nicht möchte, daß er sich im Aufsatzschreiben und Versemachen übt: (1) Was die Aufsätze betrifft, so hat es, ich gestehe, den Anschein, als hätten sie einen gewissen Wert, der darin besteht, zu lernen, gefällig und gut über irgendeinen Gegenstand zu sprechen; wenn man das auf diese Weise erreichen könnte, wäre es, das gebe ich zu, ein großer Vorzug, denn nichts steht einem Gentleman besser an oder ist bei allen Vorkommnissen im Leben von größerem Nutzen, als bei jeder Gelegenheit gut und zweckentsprechend reden zu können. Ich behaupte aber, daß das Aufsatzschreiben, wie es in den Schulen üblich ist, dazu kein Jota hilft; denn man bedenke nur, womit man einen jungen Burschen beschäftigt, wenn er einen Aufsatz schreibt. Er muß eine Rede über irgendein lateinisches Sprichwort aufsetzen, wie *Omnia vincit amor* oder *Non licet in bello his peccare*,[53] usw. Da muß der arme Bursche, dem jede Kenntnis von den Dingen fehlt, über die er sprechen soll, die man nur mit der Zeit und durch Beobachtung bekommen kann, seine Phantasie auf die Folter spannen, um etwas zu sagen, wo er nichts weiß; das ist eine Art ägyptischer Tyrannei, jemandem zu befehlen, Ziegel zu machen, der dafür kein Material hat.[54] Daher ist es auch üblich, daß die armen Kinder in solchen Fällen zu Schülern der höheren Klassen gehen und sie bitten: Nenn mir doch bitte ein paar Gedanken; wobei nicht leicht zu sagen ist, ob das vernünftig oder lächerlich ist. Bevor jemand über irgendeinen Gegenstand sprechen kann, muß er notwendigerweise mit ihm bekannt sein; andernfalls ist es genauso töricht, ihn sich darüber äußern zu lassen, als wenn man einen Blinden über Farben oder einen

Tauben über Musik sprechen läßt. Und würdest du nicht jemand für nicht ganz richtig im Kopf halten, der von einem anderen, der keine Ahnung von unseren Gesetzen hat, verlangt, er solle sich über einen strittigen Rechtsfall mit Gründen und Gegengründen äußern? Aber bitte, was für eine Ahnung haben denn Schuljungen von den Dingen, aus denen man Aufsatzthemen macht und die man ihnen zur Behandlung vorsetzt, damit sie ihre Einbildungskraft schärfen und üben?

172. Zweitens bedenke man, in welcher Sprache ihre Aufsätze geschrieben werden: es ist Latein, eine Fremdsprache in ihrem Lande und seit langem überall ausgestorben; eine Sprache, in der, tausend zu eins, dein Sohn in seinem ganzen erwachsenen Leben auch nur ein einziges Mal eine Rede zu halten niemals Veranlassung haben wird; und eine Sprache, deren Ausdrucksweise von der unsrigen so sehr abweicht, daß Vollkommenheit in ihr die Reinheit und Leichtigkeit seines Stils im Englischen nur sehr wenig fördern würde. Außerdem ist heutzutage in England auf allen Gebieten des praktischen Lebens sowenig Raum oder Veranlassung für ausgefeilte Reden in der eigenen Sprache, daß ich nicht einmal einen Vorwand für solche Übungen an unseren Schulen sehen kann, es sei denn, man dürfe vermuten, die Ausarbeitung ausgefeilter lateinischer Reden sei der Weg, jemand gutes Reden *ex tempore*[55] auf Englisch beizubringen. Der Weg dazu wäre, meine ich, eher dieser: daß man jungen Gentlemen vernünftige und wertvolle, ihrem Alter und ihren geistigen Fähigkeiten angemessene Fragen über Gegenstände vorlegt, die ihnen nicht gänzlich unbekannt sind und nicht außerhalb ihres Gesichtskreises liegen; über diese sollten sie, wenn sie für Übungen dieser Art reif sind, *ex tempore* oder nach kurzer Überlegung an Ort und Stelle sprechen, ohne sich etwas aufgeschrieben zu haben; denn ich frage: wenn wir die Ergebnisse dieser Methode, gute

Beredsamkeit zu lernen, prüfen wollen, wer spricht besser über ein beliebiges Thema, wenn er dazu anläßlich irgendeiner Debatte aufgefordert wird: der, der sich angewöhnt hat, alles, was er sagen will, vorher zu entwerfen und niederzuschreiben, oder der, der nur an den Gegenstand denkt, ihn so gut wie möglich zu verstehen sucht und sich angewöhnt, *ex tempore* zu sprechen? Wer hiernach sein Urteil fällt, wird kaum Neigung zu der Annahme verspüren, die Gewöhnung an einstudierte Reden und ausgefeilte Ausarbeitungen sei das Mittel, einen jungen Gentleman für das praktische Leben tüchtig zu machen.

173. Aber vielleicht wird man uns sagen: das geschieht, um sie in der lateinischen Sprache zu fördern und zu vervollkommnen. Es stimmt, das ist die eigentliche Aufgabe in der Schule; das Aufsatzschreiben ist aber nicht der Weg dazu. Dabei strengen sie ihr Gehirn an mit der Erfindung von Dingen, die sie sagen sollen, und nicht wegen der Bedeutung der Wörter, die sie lernen sollen; denn wenn sie einen Aufsatz schreiben, dann sind sie auf der Suche nach Gedanken; deswegen schwitzen sie und nicht wegen der Sprache. Da aber das Lernen und die Beherrschung einer Sprache an sich schon mühselige und unerfreuliche Arbeit genug bedeutet, sollten nicht noch andere Schwierigkeiten dazukommen, wie es bei diesem Verfahren geschieht. Und schließlich: wenn die Erfindungsgabe der Jungen durch solche Übungen angeregt werden soll, dann lasse man sie Aufsätze in englischer Sprache schreiben, in der ihnen die Wörter leichter zur Verfügung stehen und wo sie besser sehen werden, was für Gedanken sie haben, da sie diese in ihrer eigenen Sprache ausdrücken. Wenn aber die lateinische Sprache gelernt werden soll, lasse man es auf dem leichtesten Wege geschehen, ohne eine so unangenehme Beschäftigung wie das Ausarbeiten von Reden damit zu verbinden und dadurch den Geist zu quälen und mit Abscheu zu erfüllen.

174. *Verse [Verses]*. – Wenn dies Gründe dagegen sein mögen, daß Kinder in der Schule lateinische Aufsätze schreiben, so habe ich weit mehr und Gewichtigeres dagegen zu sagen, daß sie Verse machen, Verse jeder Art: denn wenn ein Kind keine Anlage zur Poesie hat, ist es das unvernünftigste auf der Welt, es mit etwas zu quälen und seine Zeit für etwas zu opfern, was nie gelingen kann; wenn es aber eine poetische Ader hat, ist es für mich ganz unverständlich, daß ein Vater wünschen oder dulden kann, daß man sie pflegt oder fördert. Ich meine, die Eltern sollten alle Mühe aufwenden, sie soweit wie möglich zu ersticken und zu unterdrücken; denn ich weiß nicht, aus welchem Grunde ein Vater sich einen Dichter zum Sohne wünschen könnte, wenn er nicht will, daß er allen anderen Berufen und Geschäften Widerstand entgegensetzt, und das ist noch nicht das schlimmste an der Sache; denn wenn er sich als erfolgreicher Verseschmied zeigt und erst einmal in den Ruf eines Schöngeistes gekommen ist, möge man bedenken, in welcher Gesellschaft und an welchen Orten er wohl seine Zeit, ja auch sein Vermögen verschwenden wird; denn man sieht nur selten, daß jemand Gold- oder Silberminen auf dem Parnaß entdeckt. Da weht eine angenehme Luft, aber der Boden ist unfruchtbar; und der Beispiele sind nur wenige, daß einer sein Erbgut gemehrt hat durch das, was er dort geerntet hat. Dichten und Spielen gehen gewöhnlich Hand in Hand und gleichen sich auch darin, daß sie selten jemand Vorteile bringen, außer denen, die nichts anderes zum Leben haben. Begüterte Leute gehen fast regelmäßig als Verlierer davon, und sie können noch von Glück sagen, wenn sie billiger davonkommen als unter Verlust ihres ganzen Vermögens oder seines größten Teiles. Wenn du daher deinen Sohn nicht als den Fiedelmann jeder lustigen Gesellschaft sehen willst, ohne den die Lebemänner ihren Wein nicht genießen können und ihren Nachmittag nicht totzuschlagen wissen; wenn du

nicht willst, daß er Zeit und Vermögen zur Belustigung anderer vergeudet und die schmutzigen Äcker verachtet, die seine Vorfahren ihm hinterlassen haben, dann wirst du, glaube ich, keinen großen Wert darauf legen, daß er ein Dichter wird oder daß sein Schulmeister ihn in das Versemachen einweiht. Wenn aber doch jemand die Dichtkunst als wünschenswerte Fähigkeit für seinen Sohn ansieht und meint, das Studium der Poesie könne seine Phantasie und seine geistigen Fähigkeiten fördern, dann muß er doch wohl zugeben, daß zu diesem Zweck das Studium der hervorragenden griechischen und römischen Dichter nützlicher ist, als in einer Sprache, die nicht seine eigene ist, selber schlechte Verse zu machen. Und wer sich in englischer Dichtung hervortun will, würde, wie ich meine, nicht annehmen, daß der Weg zu diesem Ziel darin besteht, die ersten Versuche in lateinischen Versen zu machen.

175. *Auswendiglernen [Memoriter].* – Da ist noch etwas in der herkömmlichen Methode der Lateinschulen, das allgemein üblich ist und dem ich überhaupt keinen Wert beimesse, es sei denn, man wolle jungen Burschen beim Sprachenlernen Schwierigkeiten in den Weg legen, wo doch meiner Meinung nach alles so leicht und angenehm wie möglich gemacht und alles, was mühevoll dabei ist, soweit wie möglich aus dem Wege geräumt werden sollte. Was ich meine und hier beklage, ist, daß man sie zwingt, große Abschnitte aus den Schriftstellern, mit denen man sie bekannt macht, auswendig zu lernen; darin kann ich keinen Vorteil sehen, besonders nicht im Hinblick auf die Aufgabe, die ihnen gestellt ist. Sprachen lernt man nur durch Lesen und Sprechen und nicht durch auswendig gelernte Brocken von Schriftstellern; wenn jemand seinen Kopf damit vollgestopft hat, hat er sich genau das angeeignet, was zum Inventar eines Pedanten gehört, ja, es ist sogar der schnellste Weg, ihn zu einem solchen zu machen; und es gibt doch nichts, was einem Gentleman schlech-

ter anstünde. Denn was kann lächerlicher sein, als die reichen und schönen Gedanken und Aussprüche anderer mit dem armseligen eigenen Plunder zu vermischen, der dadurch nur um so mehr bloßgestellt, aber nicht anmutiger wird und den Sprecher nicht anders empfiehlt als ein abgetragener grober Bauernmantel, den man mit großen Lappen von Purpur und glitzerndem Brokat besetzt hat. Wenn man allerdings auf eine Stelle stößt, deren Gehalt es wert ist, daß man ihn sich einprägt, und deren Form prägnant und ausgezeichnet ist (wie es viele dieser Art in den antiken Schriftstellern gibt), dann mag es nicht fehl am Platze sein, sie in dem Geist junger Schüler zu bewahren und mit solchen bewundernswerten Pinselstrichen jener großen Meister gelegentlich das Gedächtnis von Schuljungen zu üben. Daß sie aber ihre Lektionen auswendig lernen, wahllos und ohne Unterschied, wie sie gerade in ihrem Buch an der Reihe sind: wozu das gut sein soll, weiß ich nicht; das ist höchstens Verschwendung von Zeit und Mühe und erfüllt sie mit Abscheu und Abneigung gegen ihre Bücher, in denen sie nichts als nutzlose Beschäftigung finden.

176. Ich höre nun, daß man sagt, man müsse Kinder auswendig lernen lassen, damit sie ihr Gedächtnis üben und stärken. Ich wünschte nur, man sagte dies mit genauso guten Vernunftgründen wie mit voreiliger Selbstverständlichkeit und dieser Brauch gründe sich mehr auf gute Beobachtung als auf altes Herkommen; denn es liegt auf der Hand, daß Gedächtnisstärke die Folge einer glücklichen Veranlagung und durchaus nicht einer durch Übung erlangten und zur Gewohnheit gewordenen Fertigkeit ist. Es ist zwar richtig, daß der Geist leicht das festhält, worauf er seine Aufmerksamkeit richtet und was er sich in der Befürchtung, es könne ihm entfallen, durch häufiges Nachdenken immer wieder neu einprägt; aber das geht immer nur so weit, wie seine natürliche Kraft des Behaltens reicht.

Ein Eindruck auf Bienenwachs oder Blei ist nicht so beständig wie einer auf Erz oder Stahl. Wenn er oft erneuert wird, mag er zwar um so länger dauern; jedes neue Nachdenken ist aber ein neuer Eindruck; und von hier aus muß man rechnen, wenn man wissen möchte, wie lange der Geist etwas festhält. Das seitenweise Auswendiglernen von Latein macht aber das Gedächtnis nicht fähiger, etwas anderes festzuhalten, als ein in Blei eingegrabener Satz dieses fähiger macht, irgendwelche anderen Schriftzüge festzuhalten. Wenn Übungen dieser Art das Gedächtnis stärken und unsere geistigen Fähigkeiten steigern könnten, müßten Schauspieler vor allen anderen Menschen das beste Gedächtnis haben und die beste Gesellschaft sein. Ob aber die Bruchstücke, die sie auf diese Weise in den Kopf bekommen haben, dazu führen, andere Dinge besser im Gedächtnis zu behalten, und ob ihre geistigen Fähigkeiten wachsen im Verhältnis zu der Mühe, die sie aufwenden, um auswendig zu lernen, was andere gesagt haben, das mag die Erfahrung zeigen.

Das Gedächtnis ist auf allen Lebensgebieten und in allen Lebenslagen so notwendig, und man kann so wenig ohne Gedächtnis anfangen, daß wir, falls Übung es stärken könnte, nicht zu befürchten brauchten, es könne aus Mangel an Übung abstumpfen und unbrauchbar werden.[56] Ich fürchte aber, dieses Vermögen des Geistes ist im allgemeinen keiner großen Hilfe und Verbesserung durch irgendwelche Übung oder irgendein Bemühen von seiten unserer selbst fähig, am allerwenigsten durch das, was man unter diesem Vorwand auf den Lateinschulen betreibt. Wenn Xerxes imstande war, jeden gemeinen Soldaten seines aus nicht weniger als hunderttausend Mann bestehenden Heeres bei Namen zu nennen, so kann man wohl annehmen, daß er diese wunderbare Fähigkeit nicht dadurch gewonnen hat, daß er als Junge seine Lektionen auswendig gelernt hat. Diese Methode, das Gedächtnis durch mühseliges Wiederholen des Gelesenen ohne Buch zu üben und zu stärken, wird, wie ich glaube, in der Erziehung von Prinzen wenig angewandt; wenn sie die Vorteile hätte, die man ihr nachsagt, sollte sie doch bei ihnen sowenig vernachlässigt werden wie bei dem geringsten Schuljungen; denn Prinzen brauchen ein gutes Gedächtnis genauso wie alle Menschen in dieser Welt und haben im allgemeinen gleich viel von diesem geistigen Vermögen wie andere Menschen, obwohl man sich in dieser Weise nie darum gekümmert hat. Worauf der Geist sich richtet und worum er sich bemüht, dessen erinnert er sich am besten, und zwar aus dem obenerwähnten Grunde; wenn man dem Methode und Ordnung hinzufügt, hat man meines Erachtens alles getan, was man tun kann, um ein schwaches Gedächtnis zu stützen; wer aber einen anderen Weg dazu einschlagen will, besonders den, das Gedächtnis mit einer ganzen Prozession von Worten anderer zu beladen, die dem Lernenden gleichgültig sind, der wird vermutlich einsehen, daß der Nutzen kaum der Hälfte der aufgewendeten Zeit und Mühe entspricht.

Ich meine damit nicht, daß man dem Gedächtnis von Kindern keine Übungsaufgaben stellen sollte. Ich glaube, man sollte ihr Gedächtnis beschäftigen, aber nicht durch mechanisches Auswendiglernen ganzer Seiten aus Büchern, die wieder der Vergessenheit anheimfallen und für immer unbeachtet bleiben, wenn die Lektion einmal aufgesagt und die Aufgabe erledigt ist. Das fördert weder das Gedächtnis noch den Geist. Was sie aus Schriftstellern auswendig lernen sollten, habe ich oben erwähnt; solche weisen und lehrreichen Aussprüche aber, die man ihrem Gedächtnis einmal anvertraut hat, sollten sie nie wieder vergessen dürfen, sondern man sollte verlangen, daß sie Rechenschaft darüber ablegen; abgesehen von dem Wert, den solche Aussprüche im weiteren Leben als gute Lebensregeln und Beobachtungen für sie haben mögen, lernen sie dadurch, häufig nachzudenken und sich darauf zu besinnen, woran sie sich zu erinnern haben, und das ist das einzige Mittel, das Gedächtnis lebhaft und tüchtig zu machen. Die Gewöhnung an häufiges Nachdenken wird ihren Geist daran hindern, daß er aufs Geratewohl umherirrt, und ihre Gedanken zurückrufen, wenn sie nutzlos und unaufmerksam umherschweifen. Daher mag es gut sein, wenn man ihnen jeden Tag etwas zum Erinnern aufgibt, immer aber etwas, das an sich des Erinnerns wert ist und von dem du möchtest, daß es ihnen immer gegenwärtig ist, sooft du danach fragst oder sie selbst danach suchen. Das wird sie zwingen, ihre Gedanken häufig nach innen zu kehren, und eine bessere geistige Gewohnheit kann man ihnen nicht wünschen.

177. *Latein [Latin].* – In wessen Obhut ein Kind aber auch in seinen zarten und bildsamen Lebensjahren zur Unterrichtung gestellt wird, es sollte auf jeden Fall ein Mann sein, der Latein und Sprachen für den am wenigsten wichtigen Teil der Erziehung hält, ein Mann, der weiß, wie sehr Tugend und eine wohlgestimmte Seele den Vorzug vor jeglicher Gelehrsamkeit und allen Sprachen verdienen, und es daher als seine Hauptaufgabe ansieht, Geist und Gemüt seiner Schüler zu bilden und ihnen die rechte Neigung zu geben; wenn das einmal erreicht ist, wird es, selbst wenn alles übrige versäumt worden ist, zu gegebener Zeit alles übrige hervorbringen; wenn das aber nicht erreicht wird und nicht so gefestigt ist, daß es bösartige und lasterhafte Neigungen fernhält, dann werden Sprachen und Wissenschaften und all die anderen Errungenschaften der Erziehung keinen anderen Zweck erfüllen, als einen nur um so schlechteren oder gefährlicheren Menschen heranzubilden. Man macht einen solchen Wirbel um das Lateinlernen und sieht darin eine große und schwere Aufgabe: doch in Wirklichkeit kann seine Mutter selbst es ihm beibringen, wenn sie jeden Tag nur

zwei oder drei Stunden mit ihm zubringt und sich die Evangelisten auf lateinisch vorlesen läßt; denn sie braucht bloß ein lateinisches Testament zu kaufen und sich von jemandem die vorletzte Silbe bezeichnen zu lassen in Wörtern, in denen sie lang ist (das genügt, um ihre Aussprache und die Betonung der Wörter zu regeln), sie braucht bloß täglich in den Evangelien zu lesen, und dann möchte ich einmal sehen, ob sie überhaupt anders kann, als sie auf Lateinisch zu verstehen. Und wenn sie die Evangelisten auf Lateinisch versteht, möge sie in der gleichen Weise Äsops *Fabeln* lesen und so zu Eutropius, Justinus und ähnlichen Büchern fortschreiten. Ich erwähne dies nicht als eine Ausgeburt meiner Phantasie, sondern ich weiß, daß man es so gemacht hat und daß die lateinische Sprache so ohne Schwierigkeit gelernt worden ist.
Aber zurück zu dem, was ich sagen wollte: wer es auf sich nimmt, junge Männer zu erziehen, besonders junge Gentlemen, sollte etwas mehr in sich haben als Latein, mehr auch als Kenntnisse in den freien Wissenschaften[57]; er sollte eine Persönlichkeit von hervorragender Tugend und Einsicht sein und einen guten Verstand, ein ausgeglichenes Temperament und das Geschick besitzen, sich in ständigem Umgang mit seinen Schülern würdevoll, ungezwungen und freundlich zu geben. Davon habe ich aber schon an anderer Stelle ausführlich gehandelt.
178. Zur gleichen Zeit, da es Französisch und Latein lernt, kann ein Kind, wie schon gesagt, auch in Arithmetik, Geographie, Chronologie, Geschichte und Geometrie eingeführt werden. Denn wenn diese Fächer in französischer oder lateinischer Sprache gelehrt werden, sobald es anfängt, eine dieser beiden Sprachen zu verstehen, wird es sich Kenntnisse in diesen Fächern aneignen und die Sprache obendrein lernen.
Geographie [Geography]. – Mit der Geographie sollte man meines Erachtens anfangen; denn die Kenntnis

der Erdgestalt, Lage und Grenzen der vier Erdteile[58] und der einzelnen Königreiche und Länder ist nur Übung des Auges und des Gedächtnisses, und ein Kind wird das mit Vergnügen lernen und behalten. Das ist ganz sicher; denn ich lebe zur Zeit in einem Hause mit einem Kind, das von seiner Mutter auf diese Weise in Geographie unterrichtet worden ist; es kannte die Grenzen der vier Erdteile und konnte, wenn es gefragt wurde, auf Anhieb jedes Land auf dem Globus und jede Grafschaft auf der Karte von England zeigen; es kannte alle großen Flüsse, Vorgebirge, Meerengen und Buchten der Welt und konnte die Länge und Breite von jedem Ort finden, bevor es sechs Jahre alt war. Diese Dinge, die es so vom Sehen lernen und mechanisch im Gedächtnis behalten kann, sind zugegebenermaßen nicht alles, was es am Globus lernen muß. Es ist aber doch ein bedeutender Schritt dahin und eine Vorbereitung und wird alles übrige erleichtern, wenn sein Verständnis einmal reif genug dafür ist; außerdem bedeutet es Zeitgewinn, und das Vergnügen am Erkennen von Dingen führt das Kind unmerklich zur Aneignung der Sprachen.

179. *Arithmetik [Arithmetic].* Wenn ihm die natürlichen Teile des Globus fest im Gedächtnis sitzen, mag es an der Zeit sein, mit Arithmetik zu beginnen. Unter den natürlichen Teilen des Globus verstehe ich die Lage der einzelnen Land- und Wassermassen, die unter verschiedenen Namen als getrennte Gebiete erscheinen. Lasse dabei jene künstlichen und nur vorgestellten Linien aus, die man erfunden hat und die lediglich zur besseren Weiterentwicklung der Wissenschaft angenommen werden.

180. *Astronomie [Astronomy].* – Arithmetik ist die leichteste und infolgedessen in der Regel die erste Art abstrakter Geistestätigkeit, die der Geist verträgt oder an die er sich gewöhnt; und sie ist auf allen Gebieten des praktischen Lebens von so allgemeinem Nutzen,

daß man ohne sie kaum etwas anfangen kann. Eins ist sicher: niemand kann zuviel oder zu gründlich darin bewandert sein. Man sollte daher mit dem Üben im Zählen beginnen, sobald und soweit er dazu imstande ist, und jeden Tag etwas darin tun, bis er die Kunst der Zahlen beherrscht. Wenn er addieren und subtrahieren kann, mag er in der Geographie weitergehen; wenn er mit den Polen, Zonen, Parallelkreisen und Meridianen bekannt gemacht worden ist, kann er Länge und Breite lernen und so zum Verständnis von Karten geführt werden und an den am Rand angebrachten Zahlen die jeweilige Lage der Länder erkennen und lernen, wie man sie auf dem Erdglobus aufsuchen kann. Wenn er das ohne weiteres kann, mag man ihn mit dem Himmelsglobus vertraut machen, und indem man hier noch einmal alle Kreise durchgeht und dabei besonders die Ekliptik oder den Tierkreis betrachtet, um sie alle seinem Geist klar und deutlich einzuprägen, kann man ihn Gestalt und Lage der verschiedenen Sternbilder lehren, die man ihm zuerst auf dem Himmelsglobus und dann am Himmel selbst zeigen mag.
Wenn das geschehen ist und er die Sternbilder unserer Halbkugel recht gut kennt, mag es an der Zeit sein, ihm einige Begriffe von unserem Planetensystem zu vermitteln; dazu dürfte es angebracht sein, ihm eine Skizze des kopernikanischen Systems zu entwerfen und ihm daran die Lage der Planeten und ihre jeweiligen Entfernungen von der Sonne als dem Mittelpunkt ihrer Umläufe zu erklären. Das wird ihn auf dem leichtesten und natürlichsten Wege zum Verständnis der Bewegung und der Theorie der Planeten führen. Denn da die Astronomen nicht mehr die Bewegung der Planeten um die Sonne bezweifeln, ist es nur recht, daß er dieser Hypothese folgt, die nicht nur die einfachste und verständlichste für einen Anfänger, sondern auch mit größter Wahrscheinlichkeit die an sich wahre ist. Hier wie auf allen anderen Unterrichtsgebieten muß

man bei Kindern jedoch darauf achten, mit dem Verständlichen und Einfachen zu beginnen, so wenig wie möglich auf einmal zu bringen und dieses gut in ihrem Kopf zu festigen, bevor man zum nächsten oder überhaupt zu etwas Neuem auf diesem Wissensgebiet fortschreitet. Man gebe ihnen zunächst eine einfache Vorstellung und achte darauf, daß sie diese richtig erfassen und vollständig begreifen, bevor man weitergeht, dánn füge man eine weitere einfache Vorstellung hinzu, die als nächste auf dem Wege zum angestrebten Ziel liegt, und wenn man so allmählich mit unmerklichen Schritten vorangeht, wird sich das Verständnis der Kinder ohne Verwirrung und Befremdung erschließen und ihre Gedanken werden weiter ausgreifen, als man hätte erwarten können. Wenn jemand selbst etwas gelernt hat, gibt es kein besseres Mittel, es in seinem Gedächtnis festzuhalten und ihn zum Fortschreiten zu ermutigen, als wenn man ihn veranlaßt, andere darüber zu belehren.

181. *Geometrie [Geometry]*. – Wenn er einmal soweit mit dem Globus vertraut ist, wie oben erwähnt ist, mag er imstande sein, sich an ein bißchen Geometrie zu versuchen, in der ich die ersten sechs Bücher des Euklid als genug für seinen Unterricht ansehe. Denn ich bezweifle doch, daß mehr für einen Mann des praktischen Lebens nötig oder nützlich ist. Zumindest wird er, wenn er durch seinen Erzieher soweit eingeführt worden ist und Talent und Neigung dazu hat, ohne Lehrer selbständig fortfahren können.

Die Globen müssen also studiert werden, und zwar mit Fleiß; und ich meine, man kann damit beizeiten anfangen, wenn der Erzieher nur darauf bedacht ist zu unterscheiden, was das Kind erkennen kann und was nicht; dafür mag dies eine Regel sein, die vielleicht recht weitgehende Geltung beanspruchen kann, nämlich: man kann Kinder alles lehren, was sie mit den Sinnen, besonders mit dem Gesicht, wahrnehmen können, solange dabei nur ihr Gedächtnis in Anspruch genommen wird. So kann ein Kind in sehr jungen Jahren lernen, was der Äquator ist, was ein Meridian usw., was Europa und was England auf dem Globus ist, fast so schnell, wie es die Zimmer des Hauses kennenlernt, in dem es wohnt, wenn man darauf achtet, daß es nicht zuviel auf einmal lernen muß oder daß man ihm nicht etwas Neues aufgibt, bevor das, womit es sich gerade befaßt, gründlich gelernt und fest in seinem Gedächtnis ist.

182. *Chronologie [Chronology]*. – Mit der Geographie sollte die Chronologie Hand in Hand gehen. Ich meine ihren allgemeinen Teil, so daß er einen Überblick über den ganzen Ablauf der Zeit und die verschiedenen bedeutenden Epochen im Kopf hat, in die man die Geschichte einteilt. Ohne diese zwei wird die Geschichte, welche die große Lehrmeisterin der Weltklugheit und des staatsbürgerlichen Wissens ist und worin das eigentliche Studium eines Gentleman oder eines Mannes des praktischen Lebens bestehen sollte, ohne Geographie und Chronologie also wird die Geschichte sich sehr schlecht lernen lassen und sehr wenig Nutzen bringen; sie wird nur ein Durcheinander von Tatsachen sein, die wirr aufeinandergehäuft sind, ohne Ordnung und ohne belehrenden Wert. Durch diese zwei wird jedoch den Taten der Menschen nach Zeiten und Ländern der ihnen nach ihrer Bedeutung zukommende Platz angewiesen, so daß sie nicht nur viel leichter im Gedächtnis haften, sondern in solch natürlicher Ordnung auch allein jene Betrachtungen ermöglichen, die einen Mann, der sie gelesen hat, besser und tüchtiger machen.

183. Wenn ich von der Chronologie spreche als von einer Wissenschaft, in der er gründliches Wissen haben sollte, meine ich nicht die kleinlichen Streitfragen, die es darin gibt. Diese sind endlos und größtenteils von so geringer Bedeutung für einen Gentleman, daß sie keine genauere Untersuchung verdienen, selbst wenn sie leicht

entschieden werden könnten. Daher muß man dem ganzen gelehrten Lärm und Staub der Chronologen völlig aus dem Wege gehen. Das nützlichste Buch, das ich aus diesem Wissensgebiet gesehen habe, ist eine kleine Abhandlung von Strauchius, die unter dem Titel *Breviarium Chronologicum*[59] in Duodezformat gedruckt ist und aus der man auswählen kann, was ein junger Gentleman in der Chronologie mit Notwendigkeit lernen muß; denn man braucht einen Anfänger nicht mit allem zu belasten, was in der Abhandlung steht. In ihr findet er die bemerkenswertesten oder am nützlichsten zu wissenden Epochen, alle zurückgeführt auf die Zeitbestimmung des Julianischen Kalenders, was die leichteste, einfachste und sicherste Methode ist, der man sich in der Chronologie bedienen kann. Diese Abhandlung von Strauchius kann man ergänzen durch die *Tafeln* des Helvicus[60], ein Buch, zu dem man bei jeder Gelegenheit greifen kann.

184. *Geschichte [History].* – Wie nichts belehrender ist, so ist auch nichts unterhaltender als Geschichte. Ersteres empfiehlt sie dem Studium erwachsener Männer, letzteres läßt sie mir für einen jungen Burschen am geeignetsten erscheinen; sobald er in der Chronologie unterrichtet und mit den einzelnen Zeitrechnungen bekannt geworden ist, die in unserem Teil der Welt gebräuchlich sind, und sobald er diese auf den Julianischen Kalender umrechnen kann, sollte man ihm eine lateinische Geschichte in die Hand geben. Die Wahl sollte sich nach dem Schwierigkeitsgrad des Stils richten; denn wo er auch beginnt, die Chronologie wird eine Verwirrung verhindern; und da der angenehme Gegenstand ihn zum Lesen lockt, wird er die Sprache unmerklich lernen ohne jene schreckliche Quälerei und Unlust, unter der Kinder zu leiden haben, wenn man sie, nur um die Sprache der Römer zu lernen, an Bücher setzt, die ihre Fassungskraft übersteigen, wie die römischen Redner und Dichter. Wenn er mit den leichteren fertig gewor-

den ist, wie etwa mit Justinus, Eutropius, Quintus Curtius usw., werden ihm die nächst schwierigeren keinen großen Kummer bereiten; und so kann er in stufenweisem Fortschreiten von den einfachsten und leichtesten Geschichtsschreibern schließlich soweit kommen, daß er die schwierigsten und erhabensten der lateinischen Schriftsteller liest, wie Cicero, Vergil und Horaz.

185. *Ethik [Ethics].* – Da ihn die Kenntnis der Tugend schon von Anfang an in allen Fällen, die er begreifen konnte, mehr durch das Handeln als durch Vorschriften gelehrt worden ist, und da das Streben nach einem guten Ruf und nicht die Befriedigung seiner Begierden ihm zur Gewohnheit geworden ist, weiß ich nicht, ob er überhaupt andere Abhandlungen über die Moral lesen sollte als das, was er in der Bibel findet, oder ob man ihm überhaupt ein System der Ethik in die Hand geben soll, bis er Ciceros *Offizien*[61] lesen kann, nicht als Schuljunge, um Latein zu lernen, sondern als einer, der sich in den Grundsätzen und Vorschriften der Tugend unterrichten möchte, um seine Lebensführung danach einzurichten.

186. *Bürgerliches Recht [Civil Law].* – Wenn er Ciceros *Offizien* recht gründlich durchgearbeitet und Pufendorfs *de Officio Hominis et Civis* dazugenommen hat, mag es an der Zeit sein, ihn an Grotius, *de Jure Belli et Pacis*, zu setzen, oder was vielleicht besser als beides ist, an Pufendorfs *de Jure naturali et Gentium*, in denen er sich über die natürlichen Rechte des Menschen, über Entstehung und Grundlagen der Gesellschaft und die sich daraus ergebenden Pflichten unterrichten kann.[62] Dieser allgemeine Teil des bürgerlichen Rechts und der Geschichte sind Studien, die ein Gentleman nicht nur flüchtig berühren, sondern bei denen er ständig verweilen und die er nie als erledigt abtun sollte. Einen tugendhaften und gesitteten jungen Mann, der in dem allgemeinen Teil des bürgerlichen Rechts

wohl bewandert ist (der nicht die Schikanen privater Rechtsfälle betrifft, sondern die Angelegenheiten und den Wechselverkehr zivilisierter Nationen ganz allgemein, gegründet auf die Grundsätze der Vernunft), der gut Latein versteht und eine gute Handschrift hat, den kann man mit ruhiger Zuversicht, daß er überall Beschäftigung finden und auf Achtung stoßen wird, in die Welt hinauslassen.

187. *Gesetzgebung [Law]*. – Es wäre seltsam, wenn man annähme, ein englischer Gentleman brauche von den Gesetzen seines Landes nichts zu wissen. In welcher Stellung er sich auch befindet, dies ist so unumgänglich, daß ich vom Friedensrichter bis zum Staatsminister keine Stelle weiß, die er ohne Rechtskenntnis gut ausfüllen könnte. Ich meine nicht die Rechtskniffe oder Zänkereien und Spitzfindigkeiten der Rechtswissenschaft: ein Gentleman, dessen Aufgabe es ist, das richtige Maß von Recht und Unrecht zu suchen und nicht die Kunst, wie man das eine umgehen und das andere in aller Sicherheit begehen kann, sollte von einem solchen Studium der Gesetze so weit entfernt sein, wie er sich mit Eifer dem widmen soll, womit er seinem Lande nützlich sein kann. Und zu diesem Zweck ist meines Erachtens für einen Gentleman, der unser Recht studieren, es aber nicht zu seinem Beruf machen will, der richtige Weg, unsere englische Verfassung und Regierung nach den alten Büchern des Common Law[63] und mit Hilfe einiger neuerer Schriftsteller zu untersuchen, die, von diesem ausgehend, eine Darstellung dieser Regierung gegeben haben. Wenn er davon eine wahre Vorstellung hat, möge er unsere englische Geschichte lesen und damit die Gesetze verbinden, die unter der Regierung jedes Königs erlassen worden sind. Das gibt ihm einen Einblick in den Ursprung unseres Gesetzesrechts und zeigt ihm den wahren Grund, aus dem es entstanden ist, und die Bedeutung, die ihm zukommt.

188. *Rhetorik [Rhetoric]* und *Logik [Logic]* sind die Künste, die in der herkömmlichen Methode gewöhnlich unmittelbar auf die Grammatik folgen;[64] daher mag man sich vielleicht darüber wundern, daß ich von ihnen so wenig gesagt habe. Der Grund liegt in dem geringen Vorteil, den junge Leute von ihnen haben; denn ich habe selten oder nie bemerkt, daß irgendjemand die Fähigkeit guten Urteils oder ansprechender Rede durch ein Studium jener Regeln erlangt hätte, die vorgeben, das zu erreichen; daher möchte ich, daß ein junger Gentleman sich eine Übersicht davon in dem kürzesten System verschafft, das sich finden läßt, ohne lange bei der Betrachtung und dem Studium jener Formalismen zu verweilen. Gesundes Urteil gründet sich auf etwas anderes als *Praedicamenta* und *Praedicabilia* und besteht nicht schon darin, daß man *in modo et figuris* spricht.[65] Es liegt aber außerhalb meines gegenwärtigen Vorhabens, mich in solchen Spekulationen zu verbreiten. Um daher auf das zu kommen, womit wir uns befassen: wenn du willst, daß dein Sohn folgerichtig denken kann, laß ihn Chillingworth[66] lesen; und wenn du willst, daß er gut reden kann, laß ihn in Cicero bewandert sein, um ihm eine wahre Vorstellung von Beredsamkeit zu geben; und laß ihn lesen, was in englischer Sprache gut geschrieben ist, damit er seinen Stil in der Reinheit unserer Sprache vervollkommnet.

189. Wenn Sinn und Zweck des rechten Vernunftgebrauchs darin bestehen, daß man richtige Begriffe und ein richtiges Urteil über die Dinge hat, daß man zwischen Wahrheit und Irrtum, zwischen Recht und Unrecht unterscheiden und entsprechend handeln kann, dann achte sehr darauf, daß dein Sohn nicht in den Künsten und Formalismen des Disputierens erzogen wird, weder durch eigenes Praktizieren noch durch die Bewunderung anderer, es sei denn, du wolltest nicht einen tüchtigen Mann, sondern einen nichtssagenden Wortstreiter, einen starrsinnigen Disputierhelden zum

Sohn haben, der damit prahlt, daß er anderen widerspricht, oder, was noch schlimmer ist, einen, der alles in Frage stellt und meint, beim Disputieren komme es gar nicht auf die Entdeckung der Wahrheit, sondern nur auf den Sieg an. Nichts kann so unedel sein, nichts steht einem Gentleman oder jedem anderen, der Anspruch erhebt, ein vernunftbegabtes Wesen zu sein, so wenig an, wie sich der einfachsten Vernunft und der Überzeugung durch klare Beweisgründe nicht zu beugen. Gibt es denn überhaupt etwas, das mit höflicher Unterhaltung und dem Endzweck jeder Auseinandersetzung weniger vereinbar ist, als eine Entgegnung nicht gelten zu lassen, sei sie auch noch so umfassend und zufriedenstellend, sondern mit dem Disputieren immer fortzufahren, solange zweideutige Worte einen Terminus liefern (einen *medius terminus*[67]), mit dem man auf der einen Seite streiten, auf der anderen Seite dagegen Unterscheidungen treffen kann; dabei spielt es keine Rolle, ob es zur Sache gehört oder nicht, ob es Sinn oder Unsinn ist, ob es mit dem, was der Betreffende vorher gesagt hat, übereinstimmt oder ihm widerspricht. Denn dies ist, kurz gesagt, die Methode und das Ideal logischer Dispute, daß der Gegner der These niemals eine Erwiderung gelten läßt und der Verteidiger sich niemals irgendwelchen Gegengründen beugt. Keiner von beiden darf das tun, ganz gleich, was dabei aus Wahrheit und Erkenntnis werden mag, wenn er nicht als armseliger, verächtlicher Wicht gelten und sich die Schande zuziehen will, er habe nicht aufrechterhalten können, was er einmal behauptet hat; nur das ist das große Ziel und der Ruhm beim Disputieren. Die Wahrheit findet und festigt man durch reife und angemessene Betrachtung der Dinge selbst und nicht durch künstliche Formeln und Methoden der Beweisführung: diese führen die Menschen nicht so sehr zur Entdeckung der Wahrheit, sondern vielmehr zu dem verfänglichen und trügerischen Gebrauch zweifelhafter Worte. Das

aber ist die nutzloseste und beleidigendste Art des Gesprächs und paßt als solche zumindest nicht zu einem Gentleman oder einem, der auf irgendeine Weise die Wahrheit in dieser Welt liebt.
Es kann kaum einen größeren Makel an einem Gentleman geben, als wenn er sich schriftlich und mündlich nicht gut ausdrücken kann. Und doch darf ich meine Leser wohl fragen, ob sie nicht viele kennen, die auf ihren Gütern leben, die also nicht nur den Namen, sondern auch die Eigenschaften eines Gentleman haben sollten, aber nicht einmal eine Geschichte ordentlich erzählen, geschweige denn in irgendwelchen Angelegenheiten klar und überzeugend reden können. Ich halte das weniger für einen Fehler ihrer selbst als für einen Fehler ihrer Erziehung; denn ich muß, ohne voreingenommen zu sein, meinen Landsleuten soweit Gerechtigkeit widerfahren lassen, daß sie, wo sie etwas unternehmen, sich von keinem ihrer Nachbarn übertreffen lassen. Sie haben Rhetorik gelernt, aber niemals, wie sie sich in gefälliger Weise mündlich und schriftlich in der Sprache ausdrücken können, der sie sich täglich zu bedienen haben, als ob die Bezeichnungen der Redefiguren, welche die Reden derjenigen schmücken, die in der Redekunst bewandert sind, schon die Kunst und Fertigkeit der guten Rede selbst wären. Wie alle anderen Dinge des praktischen Lebens kann man Beredsamkeit nicht durch ein paar oder eine große Zahl übernommener Regeln lernen, sondern muß sie gemäß guter Regeln, oder besser Musterbeispielen, so lange fleißig üben, bis man sie gewohnheitsmäßig und mit Leichtigkeit beherrscht.
Stil [Style]. – In Übereinstimmung damit dürfte es vielleicht nicht fehl am Platze sein, Kinder, sobald sie dazu fähig sind, oft eine Geschichte über irgend etwas, das sie kennen, erzählen zu lassen und zunächst den auffälligsten Fehler zu verbessern, wenn sie nach ihrer Art die Geschichte zusammensetzen. Wenn dieser Feh-

ler abgestellt ist, weise man ihn auf den nächsten hin und so weiter, bis sie alle nacheinander verbessert sind, wenigstens die groben. Wenn sie recht ordentlich Geschichten erzählen können, mag es an der Zeit sein, daß man sie diese aufschreiben läßt. Die *Fabeln* des Äsop, beinahe das einzige für Kinder geeignete Buch, das ich kenne, mag ihnen für diese schriftlichen Übungen im Englischen Stoff geben, ebenso zum Lesen und zum Übersetzen, um sie in die lateinische Sprache einzuführen. Wenn sie die grammatischen Fehler überwunden haben und die einzelnen Teile einer Geschichte in eine fortlaufende, zusammenhängende Rede bringen können, ohne (wie gewöhnlich) bei den Übergängen wiederholt dürftige und ungefällige Formen zu gebrauchen, kann man, wenn man sie weiter darin vervollkommnen will, was ja der erste Schritt zu guter Rede ist und keiner Einbildungskraft bedarf, auf Cicero zurückgreifen und ihnen durch praktische Anwendung jener Regeln, die dieser Meister der Beredsamkeit in seiner ersten Schrift *De inventione*, Kapitel 20,[68] gibt, zeigen, worin je nach den verschiedenen Gegenständen und Absichten das Geschick und die Anmut einer gefälligen Erzählung liegen. Für jede dieser Regeln kann man geeignete Beispiele suchen und ihnen daran zeigen, wie andere sie angewendet haben. Die alten klassischen Schriftsteller bieten eine Fülle solcher Beispiele, die sie nicht nur übersetzen sollten, sondern die man ihnen auch als Vorbilder für tägliche Nachahmung vorsetzen sollte.

Briefe [Letters]. – Wenn sie wissen, wie sie englisch zusammenhängend, angemessen und geordnet in gebührender Weise schreiben müssen, und es zu einer gewissen Beherrschung eines leidlichen Erzählstils gebracht haben, kann man mit ihnen zum Briefschreiben fortschreiten; dabei sollte man von ihnen keine geistreichen Wendungen oder gesuchte Formulierungen verlangen, sondern sie lehren, ihre eigenen einfachen und ungezwungenen Gedanken zusammenhängend, klar und fließend auszudrücken. Wenn sie das beherrschen, mag man ihnen, um ihren Gedanken höheren Flug zu geben, die Briefe Voitures[69] in die Hand geben als Beispiele dafür, wie sie ihre abwesenden Freunde mit Briefen in höflichem, heiterem, scherzhaftem und plauderndem Ton unterhalten können, dazu die *Briefe* Ciceros als das beste Muster für geschäftliche oder persönliche Angelegenheiten. Das Briefschreiben spielt bei allen Vorkommnissen des menschlichen Lebens eine so große Rolle, daß kein Gentleman umhin kann, sich in dieser Art des Schreibens zu zeigen. Jeden Tag wird er aus irgendeinem Anlaß gezwungen sein, deswegen zur Feder zu greifen; außer den Folgen, die es für seine geschäftlichen Angelegenheiten hat, ob er gut oder schlecht damit fertig wird, setzt er sich dabei jederzeit einer strengeren Beurteilung seiner Erziehung, seines Verstandes und seiner Fähigkeiten aus als in mündlichen Besprechungen, in denen Fehler auftauchen, die meistenteils mit dem Laut verhallen, der ihnen Leben gibt, und, da sie nicht einer strengen Betrachtung unterworfen sind, der Beobachtung und Kritik leichter entgehen.

Wären die Erziehungsmethoden auf ihr eigentliches Ziel gerichtet gewesen, hätte man nicht meinen brauchen, dieses so notwendige Gebiet sei vernachlässigt worden, während man auf die so gänzlich nutzlosen lateinischen Aufsätze und Verse ständig und überall solchen Nachdruck legte, die Einbildungskraft der Kinder über ihre Kräfte strapazierte und sie durch unnatürliche Schwierigkeiten daran hinderte, beim Sprachenlernen freudig Fortschritte zu machen. Die Tradition hat es aber so befohlen, und wer wagt da, nicht zu gehorchen? Wäre es nicht auch ein sehr unbilliges Verlangen an einen gelehrten Dorfschulmeister (der alle Tropen und Redefiguren in Farnabys *Rhetorik*[70] aus dem Ärmel schütteln kann), er solle seinen Schüler lehren, sich einigermaßen ordentlich auf englisch auszudrücken, wo es doch so wenig seine Aufgabe oder seine Sorge ist, daß die Mutter des Jungen (wahrscheinlich mit Verachtung angesehen, weil sie ungebildet ist und kein System der Logik und Rhetorik studiert hat) ihn darin übertrifft?

Korrektes Schreiben und Sprechen verleiht dem, was man zu sagen hat, Anmut und verschafft geneigtes Gehör: und da es die englische Sprache ist, mit der ein englischer Gentleman beständig umgehen muß, ist es auch die Sprache, die er in erster Linie pflegen und worin er seinen Stil mit größter Sorgfalt verfeinern und vervollkommnen sollte. Wenn jemand besser lateinisch als englisch spricht oder schreibt, mag er wohl in aller Munde sein, aber es wäre besser für ihn, wenn er sich gut in seiner eigenen Sprache ausdrücken könnte, die er jeden Augenblick gebraucht, als eitles Lob von anderen wegen einer sehr bedeutungslosen Fertigkeit entgegenzunehmen. Überall, finde ich, versäumt man es und nirgends achtet man darauf, junge Menschen in ihrer eigenen Sprache zu fördern, so daß sie sie gründlich kennen und beherrschen. Wenn irgendeiner unter uns über eine mehr als gewöhnliche Fertigkeit und Reinheit im Gebrauch seiner Muttersprache verfügt, dann verdankt er es dem Zufall oder seiner natürlichen Anlage oder allem anderen eher als seiner Erziehung oder irgendwelcher Sorgfalt seines Lehrers. Darauf zu achten, was für ein Englisch sein Schüler spricht oder schreibt, ist unter der Würde eines Mannes, der mit Griechisch und Latein aufgewachsen ist, mag er auch selbst nur wenig davon haben. Dies sind die gelehrten Sprachen, und sie allein sind es, womit sich gelehrte Männer abgeben und die sie lehren; Englisch ist die Sprache des ungebildeten Pöbels. Und doch sehen wir, daß die Staatsklugheit einiger unserer Nachbarn es der öffentlichen Fürsorge nicht unwert gefunden hat, die Verbesserung der eigenen Sprache zu fördern und zu belohnen.[71] Ihre Sprache zu verfeinern und zu bereichern, ist ihnen kein kleines Anliegen; man hat Kollegien gegründet und Stipendien dafür ausgesetzt, und ein großer Ehrgeiz und Wetteifer hat sich unter ihnen erhoben, korrekt zu schreiben; und wir sehen, wozu sie es gebracht haben und wie weit sie eine der möglicherweise schlechtesten Sprachen verbreitet haben, die es in diesem Teil der Welt gab (wenn wir betrachten, wie sie vor einigen Generationen war, mag sie nun auch anders sein). Die großen Männer unter den Römern übten sich täglich in ihrer eigenen Sprache, und uns sind noch die Namen von Rednern überliefert, die einige Kaiser Latein gelehrt haben, obwohl es deren Muttersprache war.

Es ist ganz klar, daß die Griechen es mit ihrer Sprache noch genauer nahmen. Alle anderen Sprachen, außer ihrer eigenen, nannten sie barbarisch, und es scheint, daß keiner in diesem gelehrten und scharfsinnigen Volk fremde Sprachen studiert oder geschätzt hat, obwohl es keinem Zweifel unterliegt, daß sie ihr Wissen und ihre Philosophie von auswärts entlehnt haben.

Ich sage hier nichts gegen Griechisch und Latein; ich bin der Meinung, man sollte diese Sprachen studieren und jeder Gentleman müßte wenigstens gut Latein können. Mit welchen Fremdsprachen sich ein junger Mann aber auch abgibt (und je mehr er kennt, desto besser), die Sprache, die er mit aller Genauigkeit studieren und in der er sich um Leichtigkeit, Klarheit und Eleganz des Ausdrucks bemühen sollte, muß die eigene sein; und zu diesem Zweck sollte er sich täglich darin üben.

190. *Naturphilosophie [Natural Philosophy]*[72] als spekulative Wissenschaft haben wir, glaube ich, nicht, und vielleicht habe ich Grund zu der Annahme, daß wir niemals eine Wissenschaft aus ihr werden machen können. Die Werke der Natur sind von einer Weisheit ersonnen und wirken auf eine Weise, die zu entdecken unsere Fähigkeiten und die zu begreifen unsere Fas-

sungskraft zu sehr überschreitet, als daß wir jemals imstande wären, sie in ein wissenschaftliches System zu bringen. Naturphilosophie ist die Kenntnis von den Grundursachen, Eigenschaften und Wirkungsweisen der Dinge, wie sie an sich sind; daher meine ich, sie besteht aus zwei Teilen, aus einem, der sich mit geistigen Wesen [spirits], ihrer Natur und ihren Eigenschaften, und einem anderen, der sich mit Körpern [bodies] befaßt. Den ersten dieser Teile weist man gewöhnlich der Metaphysik zu; unter welche Überschrift die Betrachtung geistiger Wesenheiten aber auch fällt, sie sollte meines Erachtens vor dem Studium der Materie und der Körper kommen, nicht als eine Wissenschaft, die man methodisch in ein System bringen und nach den Grundsätzen der Erkenntnis behandeln kann, sondern als Ausweitung unseres Geistes zu einem echteren und volleren Erfassen der intellektuellen Welt, zu der sowohl Vernunft als auch Offenbarung uns hinführen. Und da die klarsten und weitesten Enthüllungen, die wir, abgesehen von Gott und unserer eigenen Seele, von anderen geistigen Wesen haben, uns vom Himmel durch Offenbarung zuteil werden, meine ich, müßte die Belehrung, die wenigstens jungen Leuten darüber zuteil werden soll, aus jener Offenbarung kommen. Deshalb, so folgere ich, wäre es gut, wenn man aus der Bibel eine gute Erzählung zum Lesen für junge Leute machte, wobei alles, was zweckmäßigerweise hineingehört, in entsprechender Zeitfolge darzustellen und verschiedene Dinge, die nur für ein reiferes Alter geeignet sind, auszulassen wären; dadurch würde jene Verwirrung vermieden, die in der Regel eine Folge unterschiedslosen Lesens der Heiligen Schrift ist, wie sie jetzt vorliegt. Es hätte ferner den Vorteil, daß durch ständiges Lesen einer solchen Erzählung Kinder dazu gebracht würden, sich von geistigen Wesen einen Begriff zu bilden und an sie zu glauben, da diese in allen Begebenheiten jener Geschichte eine so große Rolle spielen, und das wird eine gute Vorbereitung auf das Studium der Körper sein. Denn ohne den Begriff und das Zugeständnis geistiger Wesen ist unsere Philosophie auf einem ihrer Hauptgebiete stümperhaft und unvollständig, da sie die Betrachtung des hervorragendsten und mächtigsten Teiles der Schöpfung ausläßt.

191. Es wäre meines Erachtens auch gut, wenn von dieser biblischen Geschichte ein kurzer und einfacher Auszug gemacht würde, der die hauptsächlichen und wichtigsten Kapitel enthielte, mit dem Kinder sich vertraut machen könnten, sobald sie lesen können. Obwohl dieses sie frühzeitig zu gewissen Vorstellungen von geistigen Wesen führen wird, steht es nicht im Widerspruch zu dem, was ich oben gesagt habe, nämlich, daß ich nicht möchte, man solle Kinder in jungem Alter mit Geistervorstellungen quälen; das war so zu verstehen: ich halte es für unangebracht, ihre noch zarten Gemüter mit Eindrücken von Kobolden, Gespenstern und Geistererscheinungen zu bedrängen, womit Kindermädchen und die sonstige Umgebung sie gerne erschrecken, damit sie ihren Anordnungen nachkommen, was sich oft als schwerer Schaden in ihrem ganzen späteren Leben erweist; denn es macht ihr Gemüt zum Sklaven des Schreckens, angstvoller Befürchtungen, der Schwäche und des Aberglaubens; und wenn sie dann in die Welt hinaustreten und geselligen Umgang haben, dann ist ihnen das lästig, und sie schämen sich, und es geschieht nicht selten, daß sie eine Radikalkur zu machen glauben, indem sie den Gedanken an geistige Wesen überhaupt verwerfen; so stürzen sie sich in das entgegengesetzte, aber schlimmere Extrem.

192. Der Grund, warum ich dies dem Studium der Körper voranstellen und die jungen Leute gründlich mit der Lehre der Heiligen Schrift vertraut machen möchte, bevor sie in die Naturphilosophie eingeführt werden, ist der, daß die Materie etwas ist, womit alle unsere Sinne ständig umgehen und das so gern von-

unserm Geist Besitz ergreifen will unter Ausschluß aller anderen Wesen, die nicht Materie sind, daß das Vorurteil, das sich auf solche Prinzipien gründet, häufig keinen Raum läßt für die Anerkennung geistiger Wesen oder zugeben will, daß es so etwas wie immaterielle Wesen *in rerum natura*[73] gibt; dabei ist es doch augenscheinlich, daß lediglich durch Materie und Bewegung keines der großen Phänomene der Natur erklärt werden kann, zum Beispiel nicht einmal die gewöhnliche Erscheinung der Schwerkraft, die meines Erachtens unmöglich durch das natürliche Wirken der Materie oder irgendein anderes Gesetz der Bewegung erklärt werden kann, sondern nur durch den ausdrücklichen Willen und den Befehl eines höheren Wesens. Und da auch die Sintflut nicht befriedigend erklärt werden kann ohne das Zugeständnis, es gäbe etwas außerhalb des gewöhnlichen Ganges der Natur, so möge man doch einmal überlegen, ob die Annahme, Gott habe für eine gewisse Zeit den Mittelpunkt der Schwerkraft in der Erde verändert (eine Sache, die so begreiflich wäre wie die Schwerkraft selbst und die vielleicht durch eine kleine Veränderung in uns unbekannten Ursachen hervorgerufen werden könnte), ob eine solche Annahme nicht eine einfachere Erklärung für Noahs Flut ergeben könnte als jede Hypothese, die man bis heute zur Lösung dieser Frage aufgestellt hat. Ich höre wohl den großen Einwand, daß dies nur eine teilweise Flut hervorrufen würde. Wenn man aber einmal zugibt, daß die Veränderung des Zentrums der Schwerkraft möglich ist, dann ist es nicht schwer, sich vorzustellen, daß die göttliche Macht das Schwerezentrum in angemessenem Abstand vom Mittelpunkt der Erde und in angemessener Zeit um die Erde bewegen konnte, wodurch die Flut eine allgemeine würde, und das würde, wie ich glaube, allen Erscheinungen der Sintflut, wie Moses sie überliefert hat, leichter gerecht werden als jene vielen schwer zu verstehenden Vermutungen, deren man sich zur Erklärung bedient hat. Aber hier ist nicht der Ort für eine solche Beweisführung, die nur am Rande erwähnt sei, um zu zeigen, wie notwendig es ist, daß man zur Erklärung der Natur auf etwas zurückgreift, das über die bloße Materie und ihre Bewegung hinausgeht; und dafür können die Vorstellungen von geistigen Wesen und ihren Kräften, die in der Bibel überliefert sind, wo so vieles ihrem Wirken zugeschrieben wird, eine geeignete Vorbereitung sein; dabei mag es dann einer passenderen Gelegenheit vorbehalten bleiben, diese Hypothese ausführlicher zu erklären und sie auf alle Teile der Sintflut anzuwenden und auf alle Schwierigkeiten, die in der Geschichte der Flut, wie die Heilige Schrift sie berichtet, angenommen werden können.

193. Aber zurück zum Studium der Naturphilosophie. Obwohl die Welt voll von diesbezüglichen Systemen ist, kann ich doch nicht sagen, mir sei auch nur eines bekannt, das man einen jungen Mann lehren könnte als eine Wissenschaft, in der er mit Sicherheit Wahrheit und Gewißheit findet, und das lassen doch alle Wissenschaften erwarten. Ich folgere daraus nicht, daß man keines von ihnen lesen sollte. In diesem gelehrten Zeitalter ist es notwendig, daß ein Gentleman in einige davon einen Blick wirft, um in Gesellschaft mitreden zu können; ob man ihm aber das System von Descartes in die Hand geben soll als das, was augenblicklich am meisten gefragt ist, oder ob man es für angebracht hält, ihm einen kurzen Überblick über dieses und verschiedene andere zu geben: meiner Meinung nach sollte man die Systeme der Naturphilosophie, die sich in unserem Teil der Welt behauptet haben, in erster Linie lesen, um die Hypothesen kennenzulernen und die Ausdrücke und die Sprache der verschiedenen Richtungen zu verstehen, und nicht so sehr in der Hoffnung, dadurch eine umfassende, wissenschaftliche und befriedigende Kenntnis von den Werken der Natur zu erhalten. Nur soviel

sei gesagt, daß die modernen Anhänger der Korpuskulartheorie in den meisten Dingen verständlicher reden als die Peripatetiker, welche die Schulen unmittelbar vor ihnen beherrschten.[74] Wer weiter zurückgehen und sich mit den verschiedenen Meinungen des Altertums bekannt machen will, möge Dr. Cudworths Intellektuelles System[75] zu Rate ziehen, in dem der sehr gelehrte Schriftsteller die Meinungen der griechischen Philosophen mit solcher Genauigkeit und so gutem Urteil gesammelt und erläutert hat, daß man bei ihm besser als anderswo, soweit mir bekannt ist, erkennen kann, auf welchen Grundlagen sie ihre Systeme aufgebaut haben und durch welche Hypothesen sie sich hauptsächlich unterscheiden. Ich möchte aber niemand von dem Studium der Natur abschrecken, weil alle Kenntnis, die wir von ihr haben oder möglicherweise haben können, nicht in eine Wissenschaft gebracht werden kann. Es gibt sehr vieles darin, das zu wissen für einen Gentleman angebracht und notwendig ist, und sehr vieles andere, das die Mühen eines Wißbegierigen durch Vergnügen und Nutzen reichlich belohnt. Diese Dinge, glaube ich, findet man aber eher bei den Schriftstellern, die sich mehr damit abgegeben haben, rationale Experimente und Beobachtungen anzustellen, als bloß spekulative Systeme zu begründen. Solche Schriften, wie viele von Herrn Boyle[76], und andere, die von Landwirtschaft, Obstbau, Gartenbau und dergleichen handeln, mögen geeignet sein für einen Gentleman, der sich ein wenig mit einigen der vorherrschenden Systeme der Naturphilosophie bekannt gemacht hat.

194. Obwohl die mir bekannten Systeme der Physik wenig dazu angetan sind, zur Suche nach wissenschaftlich gesicherter Erkenntnis in den einschlägigen Abhandlungen einzuladen, die behaupten, uns ein geschlossenes Ganzes der Naturphilosophie im allgemeinen von den ersten Prinzipien der Körper an zu geben,

so hat doch der unvergleichliche Newton gezeigt, wie weit die Mathematik, auf einige Gebiete der Natur angewandt und nach Grundsätzen, die durch Tatsachen gerechtfertigt werden, uns in der Erkenntnis einiger, wenn ich so sagen darf, besonderer Provinzen des unbegreiflichen Weltalls bringen kann. Und wenn andere uns eine so gute und klare Darstellung von anderen Gebieten der Natur geben könnten, wie er sie von unserer planetarischen Welt und den bedeutendsten darin zu beobachtenden Erscheinungen in seinem bewundernswerten Buch *Philosophiae naturalis Principia Mathematica* gegeben hat,[77] dann dürften wir hoffen, bald mit zuverlässigerer und gewisserer Kenntnis über verschiedene Teile dieser erstaunlichen Maschine[78] ausgerüstet zu werden, als wir bislang haben erwarten können. Und obwohl es nur sehr wenige gibt, die genügend mathematische Kenntnisse haben, um seine Beweise zu verstehen, verdient sein Buch doch gelesen zu werden, denn die gewissenhaftesten Mathematiker haben seine Beweise geprüft und als solche anerkannt; und alle, welche die Bewegungen, Eigenschaften und Wirkungen der großen Massen in diesem unseren Sonnensystem verstehen wollen und Newtons Schlußfolgerungen, auf die man sich als auf einwandfrei bewiesene Sätze verlassen kann, sorgfältig überdenken, werden in dem Buch Aufklärung finden und es mit Vergnügen lesen.

195. *Griechisch [Greek].* – Dies sind in Kürze die Gedanken, die ich mir über die Studien eines jungen Gentleman gemacht habe; dabei wird man sich möglicherweise wundern, daß ich das Griechische ausgelassen habe, da ja bei den Griechen sozusagen Ursprung und Grundlage alles Wissens in unserem Teil der Welt zu suchen sind. Das gebe ich zu und will hinzufügen, daß keiner als Gelehrter gelten kann, der die griechische Sprache nicht kennt. Ich spreche hier aber nicht über die Erziehung zu einem berufsmäßigen Gelehrten,

sondern zu einem Gentleman, für den, wie die Dinge heute liegen, nach allgemeiner Ansicht Latein und Französisch notwendig sind. Wenn er einmal erwachsen ist, seine Studien weiterführen und Einblick in das Griechische gewinnen möchte, wird er sich diese Sprache leicht selber aneignen können; wenn er aber keine solche Neigung verspürt, wird es nur verlorene Mühe sein, daß er sie bei einem Lehrer gelernt hat, und er wird einen großen Teil seiner Zeit und Mühen an etwas gesetzt haben, das er vernachlässigen und wegwerfen wird, sobald er sein eigener Herr ist. Denn wie viele gibt es unter hundert, selbst unter Gelehrten, die ihr Griechisch, das sie von der Schule mitgebracht haben, behalten oder so weit fortsetzen, daß ihnen die Lektüre keine Schwierigkeiten mehr macht und sie die griechischen Schriftsteller vollkommen verstehen?

Um diesen Abschnitt über die Studien eines jungen Gentleman zu beschließen: sein Erzieher sollte immer daran denken, daß es nicht so sehr seine Aufgabe ist, ihn alles zu lehren, was Menschen überhaupt wissen können, sondern Liebe und Achtung gegenüber der Wissenschaft in ihm zu erwecken und ihn auf den rechten Weg zu bringen, auf dem er zum Wissen kommen und sich selber vervollkommnen kann, wenn er das will.

Die Gedanken eines klugen Autors über die Sprachen will ich dem Leser hier so genau wie möglich mit des Autors eigenen Worten mitteilen.[79] Er sagt:

»Man kann Kinder kaum mit zu vielen Sprachkenntnissen belasten. Sie sind nützlich für Menschen in allen Lebenslagen und eröffnen ihnen gleichzeitig den Zugang zu den tiefgründigsten wie den leichteren und angenehmeren Wissensgebieten. Wenn dieses beschwerliche Studium in ein etwas vorgeschritteneres Alter verlegt wird, haben junge Menschen weder Energie genug, sich ihm aus eigener Wahl zu widmen, noch Ausdauer genug, es fortzuführen. Wenn aber jemand die Gabe der Ausdauer besitzt, ist es dennoch mißlich, daß er seine Zeit mit Sprachenlernen hinbringen muß, die zu anderen Zwecken bestimmt ist; er beschränkt sich auf das Lernen von Wörtern in einem Lebensalter, das darüber hinaus ist und nach Sachen verlangt; zumindest bedeutet es den Verlust der besten und schönsten Jahre seines Lebens. Diese breite Grundlegung der Sprachen kann nur geschehen, wenn alles einen leichten und tiefen Eindruck auf den Geist macht, wenn das Gedächtnis frisch, aufnahmebereit und treu ist, wenn Kopf und Herz noch frei von Sorgen, Leidenschaften und Plänen sind und diejenigen, von denen das Kind abhängig ist, genügend Autorität besitzen, es streng zu lang andauerndem Fleiß anzuhalten. Ich bin überzeugt, daß die kleine Zahl von wahrhaft Gelehrten und die Menge der oberflächlichen Scharlatane der Vernachlässigung dieser Grundsätze zuzuschreiben ist.«

Ich glaube, jeder wird diesem Beobachter zustimmen, daß Sprachen das eigentliche Studium unserer ersten Jahre sind. Doch müssen Eltern und Erzieher wohl überlegen, welche Sprachen das Kind zweckmäßigerweise lernen soll. Denn man muß zugeben, daß es fruchtlose Mühe und Zeitverlust ist, eine Sprache zu lernen, für die er auf der ihm bestimmten Lebensbahn wahrscheinlich nie Verwendung haben wird oder die er, nach seiner Wesensart zu schließen, völlig aufgeben und wieder vergessen wird, sobald das Herannahen des Mannesalters ihn von seinem Erzieher befreit und ihn seiner eigenen Neigung in die Hand gibt, wobei nicht zu erwarten ist, daß er auch nur einen Teil seiner Zeit auf die Pflege der gelehrten Sprachen verwenden wird oder sich bewegen läßt, sich um eine andere Sprache zu kümmern als um die, zu der täglicher Gebrauch oder eine besondere Notwendigkeit ihn zwingen.

Im Interesse derjenigen aber, die zu Gelehrten bestimmt sind, will ich hinzufügen, was derselbe Verfasser zur Begründung seiner obigen Bemerkung des weiteren sagt. Es verdient von allen beachtet zu werden, die wahrhaft gelehrt sein wollen, und mag daher eine geeignete Regel sein, die Erzieher ihren Schülern einprägen und mit auf den Weg geben können, um ihre zukünftigen Studien zu lenken.

»Das Studium von Originaltexten«, sagt er, »kann gar nicht genug empfohlen werden. Es ist der kürzeste, sicherste und angenehmste Weg zu allen Arten der Gelehrsamkeit. Schöpfe aus der Quelle, und nimm die Dinge nicht aus zweiter Hand. Lege die Schriften der großen Meister nie zur Seite, verweile bei ihnen, präge sie deinem Gedächtnis ein und zitiere sie bei Gelegenheit; laß es dir angelegen sein, sie in vollem Ausmaß und in jeder Hinsicht ganz zu verstehen; mach dich gründlich vertraut mit den Grundsätzen des originalen Autors; bringe diese in Übereinstimmung und dann ziehe selbst deine Schlußfolgerungen. In dieser Lage befanden sich die ersten Kommentatoren, und laß nicht ab, bis du selbst so weit gekommen bist. Gib dich nicht mit jenem geborgten Licht zufrieden und laß dich nicht von ihren Meinungen leiten, außer wenn dein eigenes Licht versagt und dich im Dunkeln läßt. Ihre Erklärungen sind nicht die deinen und werden dich im Stich lassen. Im Gegenteil, deine eigenen Beobachtungen sind das Erzeugnis deines eigenen Geistes, in dem sie bleiben und bei allen Gelegenheiten in Gesprächen, Beratungen und Auseinandersetzungen bereitwillig zur Verfügung stehen. Laß dir nicht das Vergnügen entgehen, zu sehen, daß nichts deine Lektüre aufhalten kann als unüberwindliche Schwierigkeiten, wo die Kommentatoren und Scholiasten selber steckenbleiben und nichts zu sagen wissen. Diese wortreichen Ausdeuter der Stellen anderer, die mit eitlem und prunkendem Überfluß an Gelehrsamkeit sich über einfache und eindeutige Passagen ergießen, sind sehr freigebig mit Worten und Bemühungen, wo es nicht notwendig ist. Betreibe so deine Studien und überzeuge dich selbst gründlich davon, daß nur menschliche Faulheit die Pedanterie ermuntert hat, die Bibliotheken vollzustopfen und nicht zu bereichern und gute Schriftsteller unter Bergen von Anmerkungen und Kommentaren zu begraben, und du wirst erkennen, daß die Trägheit hier gegen sich selbst und gegen ihr eigenes Interesse gearbeitet hat, indem sie die Arbeit des Lesens und Nachforschens vervielfacht und die Mühen vermehrt hat, die sie zu umgehen trachtete.«

Dies mag scheinbar nur wirkliche Gelehrte angehen; es ist aber von so großer Bedeutung für die richtige Anlage der Erziehung und der Studien, daß ich hoffe, man wird mich nicht tadeln, daß ich es hier eingeschaltet habe, besonders wenn man bedenkt, daß es auch für Gentlemen von Wert sein kann, wenn sie einmal tiefer unter die Oberfläche dringen und sich selber gründliche, befriedigende und zu voller Beherrschung führende Einsichten auf irgendeinem Wissensgebiet verschaffen wollen.

Methode [Method]. – Ordnung und Ausdauer, sagt man, machen den großen Unterschied zwischen zwei Menschen aus; ich bin indessen sicher, daß nichts einem Lernenden den Weg so sehr ebnet, ihm so sehr voranhilft und ihn bei jeder Unternehmung so leicht und weit vorankommen läßt wie eine gute Methode. Der Erzieher sollte sich bemühen, ihn davon zu überzeugen; er sollte ihn an Ordnung gewöhnen und ihn methodisches Vorgehen bei jeder gedanklichen Tätigkeit lehren; er sollte ihm zeigen, worin dieses besteht und was seine Vorteile sind; er sollte ihn mit den verschiedenen Möglichkeiten vertraut machen, entweder vom Allgemeinen zum Besonderen oder vom Besonderen zum Allgemeinen fortzuschreiten; und er sollte ihn beide Möglichkeiten üben und erkennen lassen, in welchen Fällen die jeweilige Methode am geeignetsten ist und welchen Zwecken sie am besten dient.

In der Geschichte sollte die zeitliche Ordnung vorherrschen, bei philosophischen Untersuchungen die natürliche, die darin besteht, daß man bei allem Weiterschreiten von dem Platz, an dem man sich gerade befindet, zu dem nächsten und angrenzenden geht; und genauso ist es im Geist: von der Kenntnis, die er bereits besitzt, zu derjenigen, die ihr zunächst liegt und mit ihr zusammenhängt, und so weiter bis zum Ziel mit Hilfe der einfachsten und am wenigsten zusammengesetzten Teile, in die eine Sache sich zerlegen läßt. Zu diesem Zweck wird es für den Schüler von großem Wert sein, wenn man ihn an gutes Unterscheiden gewöhnt, das heißt, klare Begriffe von Unterschieden zu haben, wo immer der Geist einen wirklichen Unterschied finden kann, ebenso sorgfältig aber Unterscheidungen in Ausdrücken zu vermeiden, wo er keine klar unterschiedenen und andersartigen Vorstellungen hat.

196. *Tanzen [Dancing].* – Außer dem, was man durch Studium und aus Büchern lernen kann, gibt es andere Fertigkeiten, die für einen Gentleman notwendig sind, die man durch Üben erlangt, wozu man aber Zeit braucht und wofür die Lehrer da sein müssen.

Das Tanzen gibt für das ganze Leben Anmut der Bewegung und vor allem eine männliche Haltung und verleiht jungen Kindern ein gefälliges Selbstvertrauen; daher kann es meines Erachtens nicht früh genug gelernt werden, sobald sie erst einmal alt genug sind und ihre Kräfte sie dazu befähigen. Man muß aber darauf achten, daß man einen guten Lehrer bekommt, der weiß und lehren kann, was Anmut und Anstand sind und was allen Bewegungen des Körpers Freiheit und Ungezwungenheit gibt. Ein Lehrer, der das nicht lehrt, ist schlimmer als gar keiner: denn natürliche Formlosigkeit ist viel besser als äffische und affektierte Pose; und wenn einer wie ein biederer Landedelmann den Hut zieht und seine Verbeugung macht, ist mir das lieber, als wenn er sich wie ein schlecht erzogener Tanzmeister benimmt. Denn was das Hüpfen und die kunstvollen Tanzschritte betrifft, so halte ich davon wenig oder nichts, sofern es mehr bezweckt als anmutiges Benehmen.

197. *Musik [Music]*, so meint man, ist in gewisser Weise mit dem Tanzen verwandt, und Instrumente zu spielen wird von manchen Leuten sehr geschätzt. Darin aber auch nur eine bescheidene Fertigkeit zu erlangen, bedeutet für einen jungen Mann so viel Zeitverschwendung und führt ihn häufig in so seltsame Gesellschaft, daß manche meinen, man sollte lieber darauf verzichten; und ich habe unter den befähigten Männern des praktischen und öffentlichen Lebens so selten gehört, daß jemand wegen seines musikalischen Könnens gelobt oder geschätzt worden ist, daß ich glaube, unter allen Dingen, die je in der Liste der Fertigkeiten aufgeführt worden sind, kann ich der Musik den letzten Platz anweisen. Unser kurzes Leben reicht nicht aus, daß wir alle Dinge erwerben, und unser Geist kann nicht immer darauf aus sein, etwas zu lernen. Die Schwäche unserer natürlichen Veranlagung, sowohl des Geistes als des Körpers, verlangt, daß wir uns häufig entspannen, und wer, ganz gleich in welchem Alter, von seiner Zeit rechten Gebrauch machen will, muß einen großen Teil davon der Erholung widmen. Wenigstens jungen Leuten darf das nicht versagt werden; sonst läßt man sie mit zu großer Eile alt werden und erlebt den Schmerz, sie früher, als man wünschen kann, ins Grab oder in eine zweite Kindheit zu bringen. Daher meine ich, Zeit und Mühe, die für ernsthafte Ausbildung zur Verfügung stehen, sollten auf Dinge von größtem Nutzen und größter Wichtigkeit verwandt werden, und zwar mit den leichtesten und kürzesten Methoden, die man überhaupt finden kann; und vielleicht wäre es, wie ich oben gesagt habe, keines der geringsten Geheimnisse der Erziehung, die Übungen des Körpers und des Geistes gegenseitig zur Erholung

werden zu lassen. Ich zweifle nicht daran, daß ein verständiger Mann, der Wesensart und Neigungen seines Schülers gut überlegt, in dieser Richtung etwas tun könnte. Denn wer vom Studieren oder vom Tanzen müde ist, möchte nicht sofort schlafen gehen, sondern etwas anderes tun, das ihn ablenkt und erfreut. Man muß aber immer daran denken, daß nichts als Erholung angesehen werden kann, was nicht mit Vergnügen getan wird.

198. Fechten und Schulreiten[80] werden als so notwendige Teile der Erziehung angesehen, daß man ihre Vernachlässigung als schwerwiegende Unterlassung bezeichnen würde. Letzteres, das man größtenteils nur in großen Städten lernen kann, ist eine der besten Übungen für die Gesundheit, die man an jenen Orten der Bequemlichkeit und des Luxus findet, und ist infolgedessen eine geeignete Beschäftigung für einen jungen Gentleman, solange er sich dort aufhält. Und insofern es weiter dazu verhilft, einem Mann einen festen und eleganten Sitz zu Pferde zu geben und ihn zu befähigen, sein Pferd schnell anzuhalten und zu wenden und auf der Hinterhand hochgehen zu lassen, ist es für einen Gentleman im Frieden und im Krieg von Nutzen. Ob das aber von so großer Wichtigkeit ist, daß man es deswegen mit ganzer Hingabe betreibt, und ob es mit Recht mehr Zeit in Anspruch nehmen kann, als man solchen energischen Übungen nur aus Gesundheitsgründen von Zeit zu Zeit zubilligt, überlasse ich der Einsicht der Eltern und Erzieher, die gut tun werden, sich bei allem, was die Erziehung betrifft, daran zu erinnern, daß Zeit und Fleiß vorwiegend dem zuzuwenden sind, was für den jungen Mann von größter Bedeutung sein wird und was er im Hinblick auf den normalen Verlauf und die Begegnungen des ihm bestimmten Lebens wahrscheinlich am meisten brauchen wird.

199. *Fechten [Fencing].* – Was das Fechten anlangt,

scheint es mir eine gute Übung für die Gesundheit, aber gefährlich für das Leben zu sein, denn Leute, die glauben gelernt zu haben, wie man ein Schwert gebraucht, neigen im Vertrauen auf ihre Geschicklichkeit dazu, sich in Händel zu verwickeln. Diese Annahme macht sie häufig in Ehrensachen empfindlicher, als nötig ist, selbst wenn nur eine geringe oder gar keine Veranlassung vorliegt. Junge Männer sind heißblütig und glauben leicht, sie hätten das Fechten umsonst gelernt, wenn sie ihren Mut und ihre Geschicklichkeit nicht im Duell zeigen, und sie scheinen damit recht zu haben. Aber zu wievielen traurigen Tragödien dieses Rechthaben Anlaß gegeben hat, davon können die Tränen mancher Mutter Zeugnis ablegen. Ein Mann, der nicht fechten kann, wird sich eher bemühen, sich von der Gesellschaft von Raufbolden und Spielern fernzuhalten und wird nicht halb so geneigt sein, es in Ehrensachen zu genau zu nehmen oder jemandem einen Schimpf anzutun oder eine einem anderen zugefügte Beleidigung heftig zu rechtfertigen, was in der Regel den Streit veranlaßt. Und wenn ein Mann im Feld steht, setzt ihn eine mäßige Geschicklichkeit im Fechten dem Schwert seines Gegners eher aus, als daß sie ihn davor bewahrt. Sicher hat ein Mann von Mut, der überhaupt nicht fechten kann und daher alles auf einen Stoß setzt und sich nicht aufs Parieren verläßt, alle Vorteile gegenüber einem mäßigen Fechter, besonders wenn er Geschicklichkeit im Ringen besitzt. Wenn daher jemand überhaupt gegen solche Zufälle vorsorgen und seinen Sohn auf Duelle vorbereiten will, so wäre es mir viel lieber, mein Sohn wäre ein guter Ringer als ein durchschnittlicher Fechter, wozu ein Gentleman es doch höchstens bringen kann, wenn er nicht ständig in der Fechtschule sein und täglich üben will. Da aber Fechten und Schulreiten so allgemein als notwendige Eigenschaften in der Erziehung eines Gentleman angesehen werden, wird es schwer sein, einem Manne dieses Ranges jene

Merkmale der Auszeichnung ganz zu versagen. Ich will es daher dem Vater überlassen, in Betracht zu ziehen, wieweit die Wesensart seines Sohnes und die Stellung, die er wahrscheinlich innehaben wird, ihm erlauben oder es erfordern, sich Lebensgewohnheiten anzupassen, die mit dem bürgerlichen Leben nur wenig zu tun haben, vorzeiten selbst den kriegsliebendsten Nationen unbekannt waren und denen, die sie angenommen haben, anscheinend nur wenig Zuwachs an Stärke und Mut gebracht haben; es sei denn, wir meinten, Tüchtigkeit und Heldentum im Kriege hätten zugenommen durch das Duellieren, mit dem das Fechten in die Welt gekommen ist und mit dem es, so nehme ich an, auch wieder aus der Welt verschwinden wird.

200. Dies sind meine gegenwärtigen Gedanken über Kenntnisse und Fertigkeiten [accomplishments]. Der Hauptzweck des Ganzen sind aber Tugend und Weisheit: *Nullum numen abest si sit prudentia.*[81] Lehre ihn, seiner Neigungen Herr zu werden und seine Begierden der Vernunft zu unterwerfen. Wenn das erreicht und durch ständiges Tun zur Gewohnheit geworden ist, ist der schwerste Teil der Aufgabe getan. Ich weiß nichts, das so sehr dazu beiträgt, einen jungen Mann so weit zu bringen, wie das Streben nach Lob und Anerkennung, welches ihm daher mit aller nur erdenklichen Kunst eingepflanzt werden sollte. Mache sein Gemüt so empfindlich für Ehre und Schande, wie es nur geht, und wenn du das getan hast, hast du ihm einen Grundsatz eingepflanzt, der sein Tun beeinflussen wird, wenn du nicht da bist, und mit dem die Furcht vor einem kleinen Schmerz durch die Rute nicht verglichen werden kann; er wird der eigentliche Grundstock sein, den man später durch die wahren Grundsätze der Sittlichkeit und Religion veredeln kann.

201. *Gewerbe [Trade].* – Ich habe noch eines hinzuzufügen, das ich nur zu erwähnen brauche, um Gefahr zu laufen, daß man mich verdächtigt, ich hätte verges-

sen, worum es mir geht und was ich oben über die Erziehung geschrieben habe; läuft doch alles auf den Beruf eines Gentleman hinaus, womit ein Gewerbe ganz und gar nicht in Einklang zu stehen scheint. Und doch kann ich nicht umhin, zu sagen, daß ich ihn ein Gewerbe, ein Handwerk lernen lassen möchte, ja, zwei oder drei, aber eines etwas gründlicher.

202. Da die geschäftige Neigung der Kinder immer auf etwas gerichtet sein soll, das ihnen nützlich sein kann, darf man sagen, die Vorteile, die sich aus dem ihnen aufgegebenen Tun ergeben, seien zweierlei Art: 1. die durch Übung erlangte Fertigkeit lohnt sich selbst; so lohnt sich nicht nur die Fertigkeit in Sprachen und gelehrten Wissenschaften, sondern auch im Malen, Drechseln, in Gartenarbeit, im Härten und Bearbeiten des Eisens und in allen anderen nützlichen Künsten; 2. das Tun selbst ohne jeden Bezug auf anderes ist für die Gesundheit nötig oder nützlich. Es ist so nötig, daß Kinder, solange sie klein sind, Kenntnisse in manchen Dingen erwerben, daß ein Teil ihrer Zeit einer solchen Ausbildung zugewiesen werden muß, obwohl solche Beschäftigungen ganz und gar nicht zu ihrer Gesundheit beitragen. Dazu gehören Lesen und Schreiben und alle anderen mit vielem Sitzen verbundenen Studien zur Ausbildung des Geistes, die ganz unvermeidlich einen großen Teil der Zeit eines Gentleman beanspruchen, schon von der Wiege an. Andere Handfertigkeiten, die zu erlangen und auszuüben Anstrengung kostet, steigern großenteils durch ihre Ausübung nicht nur unsere Gewandtheit und Fertigkeit, sondern tragen auch zu unserer Gesundheit bei, besonders jene, die uns im Freien beschäftigen. Bei diesen können also Gesundheit und Ausbildung gleichermaßen gefördert werden, und man sollte von diesen solche auswählen, die als Erholung für hauptsächlich mit Büchern und Studieren beschäftigte Menschen geeignet sind. Bei dieser Wahl müssen Alter und Neigung des Betreffenden

in Betracht gezogen werden, und jeder Zwang muß dabei vermieden werden. Denn Befehl und Gewalt mögen oft eine Abneigung hervorrufen, können sie aber nie beseitigen; und was man einem mit Zwang auferlegt, das wird er, sobald er kann, wieder ablegen, und es wird ihm wenig Nutzen und noch weniger Erholung bringen, während er sich damit abgibt.

203. *Malen [Painting].* – Was mir vor allem anderen am besten gefallen würde, wäre das Malen, gäbe es nicht ein oder zwei Gründe dagegen, die man nicht so leicht entkräften kann. Erstens ist schlechte Malerei eines der schlimmsten Dinge auf der Welt, und auch nur einen erträglichen Grad von Fertigkeit darin zu erlangen, kostet jeden Menschen zuviel Zeit. Wenn er eine natürliche Veranlagung dazu hat, geraten alle anderen nützlicheren Studien in Gefahr, sie werden vernachlässigt und zurückgestellt; und wenn er keine Neigung dazu hat, wird alles, was man an Zeit, Mühe und Geld dafür aufwendet, nutzlos vertan sein. Ein zweiter Grund, warum ich bei einem Gentleman nicht für das Malen bin, ist der, daß es eine Erholung ist, bei der man sitzt und die mehr den Geist als den Körper beschäftigt. Als ernsthaftere Beschäftigung eines Gentleman sehe ich das Studium an, und wenn davon Ausspannung und Erfrischung nötig ist, sollte es durch irgendeine körperliche Übung geschehen, die die Gedanken entspannt und Gesundheit und Kraft festigt. Aus diesen zwei Gründen bin ich nicht für das Malen.

204. *Gartenbau [Gardening]. Tischler [Joiner].* – Danach möchte ich für einen auf dem Lande lebenden Gentleman eines oder lieber gleich zweierlei vorschlagen, nämlich Gartenbau oder Landwirtschaft ganz allgemein und Holzarbeiten als Zimmermann, Tischler oder Drechsler; denn das ist geeignete und gesunde Erholung für einen Studierenden oder einen Mann mit Geschäftsverkehr. Der Geist erträgt es nämlich nicht, immer nur mit derselben Sache oder auf dieselbe Weise

beschäftigt zu sein, und Studierende mit sitzender Lebensweise sollten sich Arbeit verschaffen, die ihren Geist ablenkt und zugleich den Körper in Anspruch nimmt; und da weiß ich nichts, das für einen Gentleman besser wäre, als diese beiden, von denen das eine ihm Gelegenheit zum Sichausarbeiten gibt, wenn das Wetter oder die Jahreszeit ihn von dem andern abhält. Außerdem wird er, wenn er auf dem einen Gebiet bewandert ist, seinen Gärtner anweisen und anleiten können, und auf dem anderen Gebiet kann er viele Dinge erfinden und machen, die sowohl Freude bereiten als auch nützlich sind; das schlage ich jedoch nicht als den Hauptzweck seiner Arbeit vor, sondern nur als Anreiz: Denn Ablenkung von den anderen ernsthafteren Gedankengängen und Beschäftigungen durch nutzbringende und gesunde körperliche Betätigung ist für mich das Hauptziel dabei.

205. Die großen Männer des Altertums wußten sehr wohl Handarbeit und Staatsgeschäfte zu vereinigen und hielten es nicht für unter ihrer Würde, das eine zur Erholung von dem anderen zu machen. Was in der Tat am allgemeinsten ihre Beschäftigung und Erholung in Mußestunden gewesen zu sein scheint, ist der Ackerbau. Gideon bei den Juden wurde vom Dreschen, Cincinnatus bei den Römern vom Pflug weggeholt, um die Heere des Vaterlandes gegen die Feinde zu führen; und es liegt auf der Hand, daß ihr geschicktes Umgehen mit dem Dreschflegel oder dem Pflug und ihre Tüchtigkeit im Gebrauch dieser Werkzeuge ihrer Geschicklichkeit in den Waffen nicht hinderlich war und sie zu der Kunst der Kriegführung oder der Regierung nicht unfähig gemacht hat. Sie waren ebenso große Heerführer und Staatsmänner wie Landwirte. Cato der Ältere, der mit großer Auszeichnung alle hohen Ämter der Republik bekleidete, hat uns mit eigener Hand davon Zeugnis hinterlassen, wie gut er in ländlichen Geschäften Bescheid wußte, und wenn ich mich recht

erinnere, hielt Cyrus Gartenarbeit für so wenig unter der Würde und Hoheit des Thrones, daß er Xenophon ein großes Feld mit Obstbäumen zeigte, die er selbst gepflanzt hatte. Die Berichte des Altertums, von Juden wie von Heiden, sind voll von Beispielen dieser Art, wenn es nötig sein sollte, nutzbringende Erholung durch Beispiele zu empfehlen.

206. *Erholung [Recreation].* – Man möge auch nicht denken, ich irrte mich, wenn ich diese oder ähnliche körperliche Betätigungen und Handfertigkeiten als Entspannung oder Erholung bezeichne: Denn Erholung heißt nicht, untätig sein (wie jedermann beobachten kann), sondern besteht darin, daß man dem ermüdeten Körperteil durch Wechsel der Tätigkeit Erleichterung verschafft; und wer glaubt, Entspannung könne nicht in harter und mühevoller Arbeit bestehen, der vergißt, daß Jäger früh aufstehen, anstrengende Ritte unternehmen und Hitze, Kälte und Durst ertragen, und das ist doch bekannt als ständige Erholung von Männern in den höchsten Stellungen. Graben, Pflanzen, Baumveredelung oder jede ähnliche nutzbringende Beschäftigung wäre nicht weniger Entspannung als der müßige Zeitvertreib der heutigen Zeit, wenn man die Menschen nur dazu bringen könnte, daß sie Freude daran haben, und dazu können Gewohnheit und Geschick in einem Gewerbe jedem schnell verhelfen. Ja, ich zweifle nicht, daß es Leute gibt, die von Freunden, denen sie es nicht abschlagen konnten, manches Mal zu den Karten oder zu anderem Spiel gerufen und durch solche Erholung mehr ermüdet wurden als durch die ernsthafteste Beschäftigung im Leben, obwohl sie von Natur aus keine Abneigung gegen ein solches Spiel hatten und sich gelegentlich wohl gern damit unterhielten.

207. Das Spiel, mit dem Personen von Stand, besonders Damen, so viel Zeit verschwenden, ist für mich ein schlagender Beweis, daß die Menschen nicht völlig müßig sein können; sie müssen etwas zu tun haben;

denn wie könnten sie sonst so viele Stunden dasitzen und sich mit einer Sache abquälen, die im allgemeinen, solange man damit zu tun hat, mehr Ärger als Freude bereitet? Es ist doch klar, daß das Spiel bei keinem, der sich hinterher Gedanken darüber macht, ein Gefühl der Befriedigung hinterläßt, und weder Leib noch Seele haben etwas davon; wenn aber das Spiel so weit geht, daß es das Vermögen in Mitleidenschaft zieht, dann ist es keine Erholung, sondern ein Gewerbe, das nur wenigen, die auch sonst noch etwas zum Leben haben, Gewinn bringt; bestenfalls betreibt ein glücklicher Spieler nur ein erbärmliches Handwerk damit, da er seine Taschen auf Kosten seines guten Rufs füllt.

Erholung ist nichts für Leute, die keine Beschäftigung kennen und von der Tätigkeit in ihrem Beruf nicht abgearbeitet und müde sind. Es wäre gut, die Zeit für die Erholung so zu legen, daß diese den Körperteil entspannen und beleben kann, der abgearbeitet und ermüdet ist, und daß man dabei doch etwas tut, das, abgesehen von der augenblicklichen Freude und Entspannung, etwas schafft, was später von Nutzen sein wird. Es ist nichts als Eitelkeit und Stolz der Größe und des Reichtums gewesen, was unnützen und gefährlichen Zeitvertreib [pastime], wie man es nennt, in Mode gebracht und die Menschen zu dem Glauben verführt hat, daß das Erlernen von etwas Nützlichem und das Handanlegen keine geeignete Erholung für einen Gentleman seien. Allein deshalb genießen Karten, Würfel und Trinken solches Ansehen in der Welt, und viele vergeuden ihre Freizeit damit, weil es so Brauch ist und sie keine bessere Beschäftigung kennen, mit der sie ihre freien oder müßigen Stunden füllen könnten, und nicht so sehr, weil sie echte Freude daran haben. Sie können das tote Gewicht unbeschäftigter Zeit, das auf ihnen lastet, und das Unbehagen der Untätigkeit nicht ertragen, und da sie nie eine löbliche Handfertigkeit gelernt haben, mit der sie sich zerstreuen könnten, nehmen sie, um über die Zeit hinwegzukommen, Zuflucht zu diesen allgemein üblichen törichten und schlimmen Mitteln, an denen ein vernünftiger Mensch, der noch nicht durch die Gewohnheit verdorben ist, nur sehr wenig Gefallen finden kann.

208. *Gewerbe [Trade].* – Damit will ich nicht sagen, daß ein junger Gentleman niemals den harmlosen Zerstreuungen, die unter anderen seines Alters und seines Standes üblich sind, nachgeben sollte. Ich möchte ihn durchaus nicht finster und verdrießlich haben und gehe soweit, daß ich ihn zu mehr als gewöhnlicher Aufgeschlossenheit gegenüber allen Belustigungen und Zerstreuungen im Kreise derer, mit denen er umgeht, bewegen möchte, und er sollte auch nicht ablehnend und eigensinnig sein, wenn sie etwas von ihm wollen, das einem Gentleman und achtbaren Menschen ansteht. Was allerdings Karten und Würfel betrifft, so wäre der sicherste und beste Weg, solche Spiele überhaupt nicht zu lernen und damit zu diesen gefährlichen Versuchungen und dem grenzenlosen Verschwenden nützlicher Zeit gar nicht erst befähigt zu sein. Aber selbst wenn man müßiger und heiterer Unterhaltung und aller anständigen Erholung, die gang und gäbe ist, Zugeständnisse macht, meine ich doch, daß ein junger Mann neben seiner ernsthaften und hauptsächlichen Beschäftigung Zeit genug hat, nahezu jedes Gewerbe zu lernen. Es liegt am Fleiß und nicht am Mangel an Muße, daß die Menschen nicht in mehr als einer Kunst bewandert sind; eine Stunde täglich, ständig in solcher Zerstreuung verbracht, wird einen Mann in kurzer Zeit viel weiter bringen, als er denkt; und wenn es keinen anderen Zweck hätte, als den herkömmlichen, sittengefährdenden, nutzlosen und gefährlichen Zeitvertreib aus der Mode zu bringen und zu zeigen, daß man diesen gar nicht braucht, so würde es schon deswegen Ermunterung verdienen. Wenn die Menschen von Jugend an jenes Hanges zum Schlendrian entwöhnt würden,

in dem manche aus Gewohnheit einen guten Teil ihres Lebens ohne Tätigkeit und Erholung nutzlos verrinnen lassen, würden sie Zeit genug haben, Geschicklichkeit und Gewandtheit in hunderterlei Dingen zu erwerben, die zwar nichts mit ihrem eigentlichen Beruf zu tun haben, ihn aber trotzdem nicht gefährden würden. Und daher meine ich, aus diesen und anderen, bereits erwähnten Gründen darf man eine träge, schlaffe Gemütsstimmung, welche die Tage im Nichtstun verträumt, bei jungen Leuten am allerwenigsten hingehen lassen oder dulden. Es ist der Zustand eines Kranken, dessen Gesundheit nicht in Ordnung ist, und ist bei jedem andern, was auch sein Alter und seine Stellung sein mögen, unerträglich.

209. Den obenerwähnten Künsten kann man das Bereiten von Wohlgerüchen, Firnissen, Gravieren und verschiedene Arten von Eisen-, Messing- und Silberarbeiten hinzufügen, und wenn der junge Gentleman, wie es bei den meisten der Fall ist, einen beträchtlichen Teil seiner Zeit in einer großen Stadt verbringt, mag er das Schneiden, Polieren und Fassen von Edelsteinen lernen oder sich mit dem Schleifen und Polieren optischer Gläser befassen.[82] Es gibt eine solche Vielfalt von sinnreichen Handfertigkeiten, daß es ganz leicht möglich ist, eine zu finden, die ihm gefällt und ihm Freude macht, wenn er nicht gerade faul und verdorben ist, was aber bei richtig angelegter Erziehung nicht anzunehmen ist. Und da er nicht immer mit Studieren, Lesen und geselligem Umgang beschäftigt sein wird, wird es neben seinen Arbeitsstunden manche Stunde geben, die, nicht in dieser Weise genutzt, zu Schlimmerem verwendet werden wird. Denn, so schließe ich, ein junger Mann wird selten völlig still und untätig dasitzen wollen; tut er das doch, dann ist es ein Fehler, der abgestellt werden sollte.

210. Wenn seine im Irrtum befangenen Eltern aber vor den entehrenden Bezeichnungen Handwerk und Ge-

werbe zurückschrecken und im Hinblick auf ihre Kinder gegen alles dieser Art eine Abneigung hegen, dann gibt es doch noch eines, das mit dem Gewerbe zu tun hat und das sie bei rechter Überlegung als unbedingt notwendig für ihre Söhne ansehen werden.

Kaufmännische Buchführung [Merchant's Accounts] ist zwar keine Wissenschaft, die einem Gentleman vielleicht zu einem Vermögen verhelfen kann; aber vielleicht gibt es nichts Nützlicheres und Zweckmäßigeres, ihm den Besitz seines Vermögens zu erhalten. Man erlebt selten, daß jemand, der über seine Einkünfte und Ausgaben Buch führt und damit den Verlauf seiner häuslichen Angelegenheiten ständig im Auge hat, diese dem Ruin zutreiben läßt; ja, ich zweifle nicht daran, daß mancher ins Hintertreffen gerät, ohne es zu merken, oder weiter herunterkommt, wenn er einmal drin sitzt, weil er diese Vorsorge nicht trifft oder nicht zu treffen weiß. Ich würde daher allen Gentlemen raten, die kaufmännische Buchführung gründlich zu lernen und nicht zu glauben, es sei dies eine Fertigkeit, die sie nichts angehe, weil sie ihren Namen von Geschäftsleuten hat und von diesen auch hauptsächlich betrieben wird.

211. Wenn mein junger Herr einmal Fertigkeit in der Buchführung erlangt hat (was mehr eine Angelegenheit der Vernunft als der Arithmetik ist), dann wird es vielleicht nicht falsch sein, wenn sein Vater von nun an von ihm verlangt, daß er sie in allen eigenen Angelegenheiten anwendet. Ich will natürlich nicht, daß er jeden Schoppen Wein oder jedes Spiel, das Geld kostet, aufschreibt; dazu wird der allgemeine Titel für Ausgaben völlig ausreichen; ich möchte auch nicht, daß sein Vater so genau in seine Rechnungen schaut, daß er von daher Anlaß nimmt, seine Ausgaben zu kritisieren; er möge daran denken, daß er auch einmal jung war, und nicht vergessen, wie er damals gedacht hat und daß sein Sohn das Recht hat, genauso zu denken, und daß

man ihm daher manches zugute halten muß. Wenn ich daher den jungen Gentleman zur Buchführung verpflichten möchte, dann durchaus nicht, um auf diese Weise seine Ausgaben zu kontrollieren (denn was der Vater ihm bewilligt, darüber sollte er ihm auch freie Verfügung gewähren), sondern nur, um ihn frühzeitig daran zu gewöhnen; sie muß ihm beizeiten vertraut und gewohnt werden, weil ihre Durchführung für den ganzen Verlauf seines Lebens so nützlich und notwendig ist. Ein vornehmer Venetianer, dessen Sohn sich in der Fülle des väterlichen Reichtums wälzte, merkte, daß die Ausgaben seines Sohnes sehr hoch und verschwenderisch wurden, und befahl seinem Kassierer, ihm in Zukunft nicht mehr Geld zu geben, als er beim Empfang zählen würde. Man würde meinen, das sei keine große Beschränkung für die Ausgaben eines jungen Gentleman, der ja ohne weiteres soviel Geld haben konnte, wie er zählen wollte. Und doch erwies es sich für diesen, der nichts kannte, als seinem Vergnügen nachzujagen, als eine sehr große Unannehmlichkeit, die schließlich damit endete, daß er die nüchterne und heilsame Überlegung anstellte: wenn es mir soviel Mühe macht, das Geld nur zu zählen, das ich ausgeben will, wieviel Arbeit und Mühen hat es dann meine Vorfahren gekostet, es nicht nur zu zählen, sondern zusammenzubringen? Diese vernünftige Überlegung, eine Folge der kleinen ihm auferlegten Mühe, wirkte so nachhaltig auf seinen Geist, daß er sich änderte und sich von da ab als sparsamer Haushälter erwies. Jeder muß wenigstens zugeben, daß nichts einen Menschen leichter in Grenzen halten kann, als wenn er durch regelmäßige Buchführung den Stand seiner Angelegenheiten immer vor Augen hat.

212. *Reisen [Travel].* – Der letzte Teil der Erziehung ist gewöhnlich das Reisen, von dem man in der Regel annimmt, es kröne das Werk und vollende den Gentleman.[83] Ich gebe zu, das Reisen in fremde Länder hat

große Vorteile; die Zeit aber, die man gewöhnlich wählt, um junge Männer nach draußen zu schicken, ist meines Erachtens ausgerechnet die, in der sie am wenigsten in der Lage sind, jene Vorteile einzuheimsen. Alle Vorteile, die man nennt, können im wesentlichen auf die beiden folgenden zurückgeführt werden: erstens Sprachen; zweitens Bereicherung an Weisheit und Klugheit durch Zusammentreffen und Umgang mit Menschen, deren Charakter, Sitten und Lebensweise untereinander und besonders von denen seines Heimatortes und der Nachbarschaft verschieden sind. Von sechzehn bis einundzwanzig, der gewöhnlichen Zeit des Reisens, sind die Menschen aber weniger solcher Bereicherungen fähig als zu jeder anderen Zeit ihres Lebens. Die erste Zeit zum Sprachenlernen und zur Gewöhnung der Zunge an die richtige Aussprache sollte, so scheint mir, von sieben bis vierzehn oder sechzehn sein, und dann ist auch ein Lehrer für sie nützlich und notwendig, der ihnen mit den Sprachen andere Dinge beibringen kann. Sie aber so weit entfernt von ihren Eltern einem Erzieher zu unterstellen, wenn sie sich für zu erwachsen halten, um von anderen geleitet zu werden, und doch noch nicht genug Klugheit und Erfahrung besitzen, um sich selbst leiten zu können, was heißt das anderes, als sie den größten Gefahren ihres ganzen Lebens auszusetzen zu einer Zeit, wo sie davor am wenigsten geschützt und behütet sind? Bis diese gärende und brausende Zeit des Lebens herankommt, mag man hoffen, daß der Erzieher sich eine gewisse Autorität verschafft hat; weder der Eigensinn dieses Alters noch die Versuchungen und das Beispiel anderer können ihn der Leitung durch seinen Lehrer entziehen, ehe er fünfzehn oder sechzehn ist; dann aber, wenn er sich unter Männern wohlfühlt und sich selbst für einen Mann hält, wenn er an den Lastern des Mannes Gefallen findet und sich dessen rühmt, wenn er es als Schande ansieht, weiterhin unter der Kontrolle und Anleitung eines anderen zu stehen: was kann man da selbst von dem sorgsamsten und einsichtigsten Erzieher erwarten, da der nicht die Macht hat, ihn zu zwingen, und der Schüler keine Neigung verspürt, sich raten zu lassen, sondern im Gegenteil der Stimme seines heißen Blutes und der herrschenden Sitte folgt und auf die Versuchungen seiner Gefährten hört, die genauso weise sind wie er, und nicht auf die Ratschläge seines Erziehers, den er nun als einen Feind seiner Freiheit betrachtet? Und wann wird ein Mann leichter ins Verderben geraten, als wenn er zugleich unerfahren und ungebärdig ist? Dies ist das Lebensalter, das zu seiner Lenkung am meisten das wachsame Auge und die Autorität der Eltern und Freunde erfordert. Die Biegsamkeit der früheren Lebensjahre, wo man noch nicht erwachsen ist und seinen Willen durchsetzen will, macht sie fügsamer und sicher; und in späteren Jahren beginnen Vernunft und Voraussicht allmählich Platz zu greifen und lassen den Mann an seine Sicherheit und Vervollkommnung denken. Ich meine daher, die beste Zeit, einen jungen Gentleman ins Ausland zu schicken, wäre entweder, wenn er jünger ist, mit einem Lehrer, von dem er etwas haben könnte, oder wenn er einige Jahre älter ist, ohne einen Erzieher; dann ist er alt genug, sich selbst in die Hand zu nehmen und Beobachtungen anzustellen über das, was er in fremden Ländern seiner Kenntnisnahme würdig vorfindet und was ihm nach seiner Rückkehr von Nutzen sein könnte, und dann ist er auch so gründlich mit den Gesetzen und Bräuchen, den naturgegebenen und inneren Vorzügen und Mängeln seines Vaterlandes vertraut, daß er den Ausländern, von deren Umgang er sich Erweiterung seiner Kenntnisse erhofft, etwas Gleiches bieten kann.

213. [Fehlt][84]

214. Daß man das Reisen nicht so einrichtet, ist, wie mir scheint, der Grund, warum so viele junge Gentlemen so wenig gefördert wieder nach Hause kommen.

Und wenn sie irgendwelche Kenntnis von Ländern und Leuten, die sie gesehen haben, mit nach Hause bringen, dann ist es häufig eine Bewunderung der schlimmsten und dümmsten Bräuche, die sie draußen angetroffen haben; sie bewahren sich lieber eine Vorliebe und die Erinnerung an das, worin sie ihrer Freiheit zum ersten Male freien Lauf gelassen haben, als daran, was sie nach ihrer Rückkehr besser und weiser machen sollte. Und wie kann es denn auch anders sein, da sie in einem Alter hinausgehen, in dem sie unter der Obhut eines anderen stehen, der alles für sie besorgt, was sie brauchen, und der die Beobachtungen für sie anstellt? So dient ihnen der Erzieher als Schirm und Vorwand, und so halten sie selbst sich für entschuldigt, wenn sie nicht auf eigenen Füßen stehen und nicht für ihr eigenes Verhalten verantwortlich sind, und sie bemühen sich daher nur selten, eigene Nachforschungen oder nützliche Beobachtungen anzustellen. Ihre Gedanken sind auf Spiel und Vergnügen gerichtet, und sie empfinden es als Beeinträchtigung, wenn sie dabei kontrolliert werden; sie kümmern sich aber selten darum, die Absichten der Menschen, mit denen sie zusammenkommen, zu prüfen, ihr Benehmen zu beobachten, ihre List, ihr Wesen, ihre Neigungen zu überdenken, um so zu erkennen, wie sie sich selbst ihnen gegenüber zu verhalten haben. Hier muß ihr Reisebegleiter sie decken, sie herausholen, wenn sie in die Dornen geraten sind, und für alle ihre Fehltritte die Verantwortung übernehmen.

215. Ich gestehe, Menschenkenntnis ist eine so schwierige Sache, daß man von einem jungen Mann nicht erwarten kann, er müsse darin sofort vollkommen sein. Das Reisen hat aber nur wenig Sinn, wenn es ihm nicht manchmal die Augen öffnet, ihn vorsichtig und bedächtig macht und ihn daran gewöhnt, unter die Oberfläche zu sehen und unter dem nie verletzenden Schutz höflichen und verbindlichen Benehmens im Verkehr

mit Fremden und allen möglichen Leuten seine Freiheit und Sicherheit zu wahren, ohne deren gute Meinung zu verlieren. Wer auf Reisen geschickt wird, in dem Alter und in der Gesinnung eines Mannes, der sich selbst vervollkommnen will, kann überall, wohin er kommt, auf Umgang und Bekanntschaft mit Menschen in hohen Stellungen rechnen; das ist für einen Gentleman auf Reisen etwas sehr Vorteilhaftes; und doch frage ich, gibt es unter den meisten unserer jungen Männer, die hinausgehen, auch nur einen unter hundert, der je eine Person von Rang aufsucht? Geschweige denn, daß er die Bekanntschaft von Leuten macht, aus deren Umgang er lernen könnte, was in dem Lande als gute Lebensart gilt und was davon vermerkt zu werden verdient, wo man doch von solchen Leuten an einem Tage mehr lernen kann, als wenn man ein Jahr lang von einem Wirtshaus zum andern zieht. Das ist in der Tat auch nicht verwunderlich; denn Männer von Ansehen und Geist werden sich nicht so leicht zu vertrautem Umgang mit Jungen herablassen, die noch der Fürsorge eines Erziehers bedürfen, während ein junger Gentleman und Fremder, der als Mann auftritt und zu erkennen gibt, daß er sich über Bräuche, Umgangsformen, Gesetze und Regierungsform des Landes, in dem er sich aufhält, unterrichten möchte, überall bei den besten und bestunterrichteten Personen Hilfe und Aufnahme finden wird; sie werden bereit sein, einen verständigen und lernbegierigen Fremden zu empfangen, zu fördern und zu unterstützen.

216. So wahr dies auch ist, so wird es doch, fürchte ich, die Gewohnheit nicht ändern, welche die Zeit zum Reisen in den ungünstigsten Lebensabschnitt eines Mannes verlegt hat, nur aus Gründen, die nichts mit seiner Ausbildung zu tun haben. Der junge Bursche darf der Gefahr einer Auslandsreise im Alter von acht oder zehn Jahren nicht ausgesetzt werden; man fürchtet, es könne dem zarten Kind etwas zustoßen, obwohl es in dieser

Zeit zehnmal weniger Gefahr läuft als mit sechzehn oder achtzehn. Er darf auch nicht zu Hause bleiben, bis dies gefährliche und ungestüme Alter vorüber ist, weil er mit einundzwanzig zurück sein muß, um zu heiraten und eine Familie zu gründen. Der Vater kann das Erbteil nicht länger zurückhalten, die Mutter kann nicht länger auf eine Reihe kleiner Kinder zum Spielen warten; und also muß man sich, wie es auch ausgehen mag, nach einer Frau für meinen jungen Herrn umsehen, sobald er volljährig ist; obwohl es für seine körperliche Kraft, seinen Geist und seine Nachkommenschaft kein Schade wäre, wenn man es noch einige Zeit anstehen ließe und ihm verstattet wäre, nach Jahren und Einsicht einen kleinen Vorsprung vor seinen Kindern zu gewinnen, die ihren Vätern, wie man sieht, häufig zu nahe auf den Fersen folgen, was weder Vater noch Sohn zu sehr begrüßen. Aber da haben wir den jungen Gentleman schon in den Vorhof der Ehe geführt, und daher ist es Zeit, ihn seiner Geliebten zu überlassen.

217. *Schluß [Conclusion]*. – Obwohl ich nun am Ende dessen bin, was naheliegende Beobachtungen mir über die Erziehung eingegeben haben, möchte ich nicht, daß man annimmt, ich sähe es als eine Abhandlung an, die dem Gegenstand gerecht wird. Es gibt tausend andere Dinge, die man erwägen müßte, besonders wenn man die mannigfaltigen Temperamente, die verschiedenen Neigungen und besonderen Fehler heranziehen wollte, die man an Kindern findet, und geeignete Heilmittel dagegen verschreiben wollte. Die Mannigfaltigkeit ist so groß, daß man ein dickes Buch dazu brauchte, und auch das würde nicht ausreichen; jedes Menschen Wesen so gut wie sein Gesicht hat seine Eigentümlichkeit, die ihn von allen anderen unterscheidet; und es gibt möglicherweise nicht einmal zwei Kinder, die man genau nach der gleichen Methode leiten könnte. Außerdem meine ich, ein Prinz, ein Adliger und der Sohn

eines gewöhnlichen Gentleman sollten auf verschiedene Weise erzogen werden. Ich habe hier aber nur einige allgemeine Gesichtspunkte im Hinblick auf die hauptsächlichen Absichten und Ziele der Erziehung im Auge gehabt, und die betrafen den Sohn eines Gentleman, den ich, als er damals sehr klein war, nur als weißes Papier oder Wachs ansah, das man bilden und formen kann, wie man will; ich habe daher wenig mehr berührt als diese Hauptpunkte, die ich für die Erziehung eines jungen Gentleman in seiner Lage im allgemeinen für nötig hielt; und obwohl diese meine gelegentlichen Gedanken weit davon entfernt sind, eine vollständige Abhandlung über den Gegenstand zu sein, und obwohl nicht jeder einzelne darin finden kann, was gerade auf sein Kind paßt, so habe ich sie doch veröffentlicht in der Hoffnung, sie möchten denen ein klein wenig Licht geben, die in der Sorge um ihre lieben Kleinen so ungewöhnlich kühn sind, daß sie es wagen, bei der Erziehung ihrer Kinder lieber ihre eigene Vernunft zu befragen, als sich ganz auf Altüberkommenes zu verlassen.

Anmerkungen

1. Edward Clarke of Chipley in der Grafschaft Somerset, Parlamentsmitglied und Freund Lockes.
2. Anspielung auf einen alten medizinischen Spruch; bei der Umwandlung eines Körpers in einen andern hängt alles von der Beschaffenheit des ersten Körpers ab; das gilt zum Beispiel auch für die Verdauung, an die Locke denken mag (concoction = Zubereitung, Ausreifung, Verdauung).
3. *Gentry:* in der englischen Adelshierarchie der unmittelbar unter dem eigentlichen Adel (nobility) stehende Stand der Gebildeten und Besitzenden; dementsprechend *Gentleman*: Mann von vornehmer Geburt, der nicht adlig ist, aber z. B. das Recht hat, ein Wappen zu führen. Gentleman ist im folgenden nicht übersetzt worden, da es im Deutschen keine genaue Entsprechung gibt.
4. Die Abhandlung erschien im Juli 1693. Das Datum der Widmung wird verschieden angegeben; die erste Auflage erschien ohne Datum und Unterschrift, die dritte und vierte haben 1692, die fünfte hat 1690.
5. Juvenal, »Satiren« X, 356: Orandum est, ut sit mens sana in corpore sano = Man muß darum beten, daß ein gesunder Geist im gesunden Körper sei.
6. »Nouveau voyage du Levant« 150/175 – (Anm. Lockes).
7. Auch die Übersetzung schreibt daher in den meisten Fällen »er«, wo Locke als persönliches Fürwort für Kind »he« hat.
8. Nach Pierre Coste, der die »Gedanken« bereits 1695 ins Französische übersetzte, wegen der Kohlendünste, die man bei der Zubereitung einatmen mußte.
9. *Madam Cloacina:* Anspielung auf den Prozeß der Darmentleerung; Kloake = Exkretionsöffnung.
10. Man ließ Kinder einander schlagen, um sie zu Zornesausbrüchen zu veranlassen.
11. unter sonst gleichen Umständen.
12. Wie sehr die Römer die Erziehung ihrer Kinder als ein Geschäft ansahen, das eigentlich die Eltern selbst anging, sehe man bei Suetonius, »Augustus« § 64; Plutarch, »Vita Catonis Censoris«; Diodorus Siculus, Buch II Kap. 3 – (Anm. Lockes).
13. Die Stelle fehlt in der ersten Auflage. Locke spielt wahrscheinlich auf die Vernichtung einer englischen Handelsflotte bei Lagos im Jahre 1693 an (so Sallwürk). Adamson vermutet eine Anspielung auf Ereignisse des Jahres 1695; die englische

Flotte zog sich nach Milford Haven zurück und lieferte englische Handelsschiffe Überfällen durch die Franzosen aus.

14. Juvenal, »Satiren« XIV, 47: Höchste Achtung gebührt dem Knabenalter.
15. *scotch-hoppers:* heute: hopscotch, »Himmel und Hölle«, ein Spiel, bei dem ein Stein o. ä. mit dem Fuß durch verschiedene Felder getrieben werden muß.
16. Kinder von Gentlemen wurden häufig gleich nach der Geburt im Wohnhaus der Amme untergebracht, lebten dort mit dieser in ihrer Familie und kehrten oft erst nach Jahren in die eigene Familie zurück.
17. Verzeichnis aller in einer Schrift (bes. der Bibel) vorkommenden Wörter oder Sachen.
18. Willkür.
19. Vgl. Michel de Montaigne (1533–1592), »Essais« I, 34 »D'un défaut de nos polices«: Aus einem Hinweis auf den Tod des französischen Humanisten Castalion (1563) hat Locke eine Anekdote gemacht.
20. *freie Künste:* s. Anm. 64 zu Abschnitt 188; *Enzyklopädie:* Gesamtumfang der wissenschaftlichen Kenntnisse.
21. Sallwürk weist in einer Anmerkung zu dieser Stelle auf das autobiographische Element des ganzen Abschnittes hin. Als »Eule (alter Knabe) im Efeubusch« wird ein zwar gelehrter, aber weltfremder Mensch bezeichnet.
22. *Peripatetiker:* Anhänger des Aristoteles; *Cartesianer:* Anhänger Descartes'.
23. Franco Burgersdicius, »Institutionum logicarum libri duo ...«. Leyden 1626; Christophorus Scheiblerus, »Introductio Logica«. Gießen, ^{2}1618; »Philosophia Compendiosa« Oxford ^{6}1639.
24. *Character* hat bei Locke noch nicht die Bedeutung von Charakter im Sinne der Psychologie; es bedeutet im allgemeinen Eigenschaft; hier liegt ein Wortspiel vor: Charakter im Drama und Charaktereigenschaften. – Die in diesem und dem vorhergehenden Abschnitt genannte Theorie der »vorherrschenden Leidenschaften« (predominant passions) spielt im englischen Roman des 18. Jahrhunderts eine Rolle.
25. Horaz, »Satiren« I, 1, 75: Was sich die menschliche Natur nicht gern versagen läßt (Wieland).
26. *curiosity* bedeutet im Englischen ›Wißbegier‹ und ›Neugier‹.
27. Gemeint ist die Seele (soul); vgl. »Essay Concerning Human Understanding« II, 21, 64.
28. Die Lehre von den Lebensgeistern (spiritus vitales) als den Ursachen der Lebenserscheinungen hat bis ins 18. Jahrhundert hinein gewirkt. Locke erwähnt die *spirits* an mehreren Stellen, so u. a. in den Abschnitten 25 und 115.
29. *appetite* bedeutet im Englischen sowohl ›Appetit‹ als auch ›Begierde‹.

30. *wisdom* kann im Englischen ›Weisheit‹ und ›Lebensklugheit‹ bedeuten; gemeint ist letzteres, wie die Ausführungen in Abschnitt 140 zeigen.
31. *raw-head and bloody-bones:* eigentlich »Totenkopf und gekreuzte Knochen«; Schreckgespenster der englischen Kinderstube.
32. Vorstehender Satz ist nur in der Erstausgabe, nicht in der Gesamtausgabe von 1714 enthalten.
33. *gamecocks in the pit:* beliebte englische Unterhaltung, die erst 1849 wegen ihrer Grausamkeit verboten wurde.
34. um Geistesbildung zu erwerben.
35. T. Sternhold brachte 1548 die Psalmen in Verse; J. Hopkins ergänzte sie 1549. Sie erschienen gesammelt 1562 als Anhang zum »Prayer Book«.
36. Ein Glücksspiel, bei dem man sich, nach Coste, einer Elfenbeinkugel (genauer eines aus 32 Seiten bestehenden Polyeders) bediente; auf den Flächen standen die Zahlen von 1 bis 32. Genaueres ist über das Spiel und seinen Namen nicht bekannt.
37. *dibstones:* ein noch heute in London gespieltes altes Kinderspiel. Benötigt werden ein Ball und vier Kieselsteine; ein Gegenstand wird in die Höhe geworfen, einer der anderen vier muß auf dem Boden bewegt oder aufgegriffen werden, solange der fünfte in der Luft ist; dieser muß beim Herunterkommen aufgefangen werden.
38. *polygon:* Vieleck; gemeint ist polyhedron: Polyeder, Vielkant oder Vielflächner.
39. *Hornbuch* (horn-book): altes Lehrmittel, bestehend aus einem Blatt mit Alphabet und Vaterunser; das Blatt wurde auf eine Holztafel mit Griff geklebt und zum Schutz gegen Abnutzung mit durchsichtigem Horn überzogen. – Das *Gebetbuch* (primer) nahm als Schullesebuch im Laufe der Zeit zunehmend weltliche Stoffe auf und wandelte sich zum heutigen Abc-Buch und zur Fibel.
40. Matth. 7, 12.
41. John Worthington (1618–71): sein Katechismus erschien 1673 und ist »nach Form und Inhalt für Kinder sehr ungeeignet« (Adamson, »The Educational Writings of John Locke«. Cambridge 1922, p. 122).
42. nichts gegen den Willen Minervas; d. h. nichts tun wollen, was man nur erzwingen kann, weil es einem nicht gegeben ist.
43. Nachträglich eingefügt, daher außer der Reihe beziffert.
44. erschienen 1646. Schon die Griechen hatten übrigens Kurzschriftsysteme (z. B. 350 v. Chr. das Akropolis-System).
45. William Lily, erster Headmaster der St. Paul's School in London (1512–22). Seine lateinische Grammatik wurde bis weit in das 19. Jahrhundert als Standardwerk an englischen Schulen benutzt; Erasmus soll einen Teil der Syntax geschrieben haben.

46. Über den Unterschied zwischen Chronologie und Geschichte s. u. Abschnitt 182 ff.
47. Francesco Sanches (oder Sanctius) (1523–1601), Professor in Salamanca; seine »Minerva« (1586) war ein Schulbuch, das mit den Anmerkungen des Deutschen Caspar Schoppe (Scioppius) (1576–1649) und des Holländers Jacob Voorbroek (Perizonius) (1651–1715) noch im 18. Jahrhundert berühmt war.
48. vgl. Anm. 28.
49. römische Geschichtsschreiber des 3. bzw. 4. Jahrhunderts.
50. *solecisms:* Solöcismen sind grobe Sprachfehler, besonders Verstöße gegen Aussprache, Reinheit der Mundart und Wortfügung; so genannt nach der Stadt Soli in Kleinasien, deren Einwohner ihre attische Mundart in der fremden Umgebung verdarben.
51. *rhetoric:* ursprünglich die Grundsätze der Redekunst; heute im allgemeinen die Kunst des guten Ausdrucks in Sprache und Schrift.
52. Lockes Gedanken über die Grammatik spielen noch heute (oder heute wieder) eine große Rolle in den Auseinandersetzungen über die »direkte Methode« oder die Methode des »natürlichen« Spracherwerbs. Die modernen Sprachlabors z. B. arbeiten ganz in seinem Sinne.
53. Die Liebe besiegt alles; und: Im Kriege darf man einen Fehler nicht zweimal machen.
54. 2. Mos. 5, 7.
55. aus dem Stegreif.
56. Locke meint, die Anforderungen des praktischen Lebens seien ohnehin nur durch ununterbrochene Gedächtnisübung zu bewältigen.
57. *liberal sciences:* ›liberal‹ bedeutet ursprünglich u. a. ›für einen Gentleman (als für einen Freien) geeignet‹; daher liberal education als Allgemeinbildung, die nicht auf einen bestimmten Beruf gerichtet ist. Liberal sciences sind dementsprechend die sachlichen Inhalte einer solchen Allgemeinbildung.
58. Australien wurde erst nach den Entdeckungsreisen von Cook (1768–80) als eigener Erdteil angesehen, obwohl es schon Anfang des 17. Jahrhunderts bekannt war.
59. »Abriß der Chronologie« von Aegidius Strauch, Professor in Wittenberg; 17. Jahrhundert.
60. Christoph Helwig, Professor in Gießen. Seine Geschichtstafeln erschienen 1609.
61. Ciceros Werk »De officiis«, dt. »Vom rechten Handeln«.
62. Hugo Grotius (1583–1645); sein »Recht des Krieges und des Friedens« (1625) galt als Grundlegung des neueren Völkerrechts. Samuel Pufendorf (1632–1694); das zuerst erwähnte Werk ist eine kürzere Fassung des zuletzt genannten Hauptwerkes »Naturrecht und Völkerrecht« (1672).

63. *Common Law:* ›gemeines Recht‹, ungeschriebenes Gewohnheitsrecht der angloamerikanischen Rechtsordnung, ohne Einfluß des römischen Rechts im 12. und 13. Jahrhundert herausgebildet; im Gegensatz und als Ergänzung zum im übernächsten Satz erwähnten *Statute Law*: geschriebenes ›Gesetzesrecht‹, das auf Parlamentsbeschlüssen und im Anschluß daran erfolgten königlichen Verordnungen beruht (Sammlung sämtlicher Parlamentsbeschlüsse).
64. Locke denkt an die »freien Künste« (liberal arts) des mittelalterlichen Lehrplans: Grammatik, Logik, Rhetorik (Trivium, Unterstufe); Musik, Arithmetik, Geometrie, Astronomie (Quadrivium, Oberstufe).
65. *Praedicamenta:* Kategorien; *Praedicabilia:* Grundeigenschaften; *modo et figuris:* Schluß der formalen Logik.
66. William Chillingworth (1602–44), Theologe, trat vom Katholizismus (Jesuitenschüler) zum Protestantismus über und forderte die Auslegung der Bibel mit den Mitteln der Vernunft. Er war ein Meister logischer Beweisführung.
67. *medius terminus:* Mittelbegriff im logischen Schluß. – Locke lehnt auch an anderen Stellen die scholastische Logik und das Disputieren ab (z. B. *Conduct of Understanding*, Abschnitt 31).
68. »De inventione« (Von der Erfindung, vom Stoff) ist der Titel einer rhetorischen Jugendschrift Ciceros.
69. Vincent Voiture (1598–1648), französischer Schriftsteller, Mitglied der Akademie und einer der Begründer der modernen französischen Prosa. Sein Stil zeichnet sich durch Präzision und Anmut aus.
70. Thomas Farnaby (um 1575–1647), Abenteurer aus dem Kreise um Drake, Gelehrter und Schulmeister in London. Sein »Index Rhetoricus« erschien 1625.
71. Locke denkt wahrscheinlich an Frankreich und die Académie Française, die 1635 von Richelieu gegründet und mit der Herausgabe eines Wörterbuches beauftragt wurde.
72. *Natural philosophy* wurde bis Newton nicht von den Naturwissenschaften (heute ›natural science‹) unterschieden. Seit Newton ist natural philosophy im englischen Sprachgebrauch »theoretische und mathematische Grundlegung der exakten Naturwissenschaften« (Hoffmeister, Wörterbuch der philosophischen Begriffe). Locke schließt in den Begriff auch die naturwissenschaftlichen Fächer ein.
73. in der Natur der Dinge.
74. Nach der *Korpuskulartheorie* sind die letzten Bestandteile der Körperwelt kleine, nicht weiter teilbare Korpuskeln; die Erscheinungen der Körperwelt erklären sich aus Bewegungen dieser Korpuskeln (Bacon, Hobbes, Gassendi, Descartes, Newton, Locke). *Peripatetiker:* Anhänger der aristotelischen Philosophie.

75. Ralph Cudworth (1617–88); Philosoph (Platoniker), Haupt der Schule von Cambridge. Sein »Intellectual System« erschien 1678.
76. Robert Boyle (1627–91), bedeutender Chemiker, Freund Lockes und Mitbegründer der Royal Society (1662).
77. Isaac Newton (1643–1727); seine »Principia« (Mathematische Grundlagen der Naturwissenschaft) aus dem Jahre 1687 sind das »erste moderne Lehrbuch der Physik« (Laemmel, Newton, Zürich 1957); in ihm begründet Newton ein System der theoretischen Mechanik. Newton war wie Boyle ein Freund Lockes.
78. Die Auffassung des Universums als einer Maschine geht auf den Rationalismus Descartes' zurück; sie ist mit der Vorstellung Gottes vereinbar, insofern Gottes Weisheit die Maschine erfunden hat.
79. Jean de La Bruyère, »Moeurs du siècle«, p. 577/662 (Anm. Lockes). – La Bruyère (1645–96), französischer Moralphilosoph, fügte einer Übersetzung des Theophrast seine eigenen berühmten »Charaktere« hinzu, denen die folgenden Stellen entnommen sind. Die Zitate stimmen nicht genau mit dem Original überein; sie werden deshalb hier nicht aus dem Original, sondern nach Locke übersetzt.
80. *riding the great horse:* eigentlich Ausbildung im Umgang mit Kavalleriepferden.
81. Juvenal, »Satiren« X, 364: Das Göttliche fehlt nicht, wenn nur Weisheit da ist.
82. Physikalisch-chemische Experimente erfreuten sich zur Zeit Lockes bei gebildeten Laien großer Beliebtheit; dazu gehörte auch das ›perfuming‹, die Bereitung von Wohlgerüchen, eine Kunst, mit der sich schon Bacon beschäftigt hat.
83. Die Grand Tour oder Continental Tour, die große Auslandsreise, dauerte gewöhnlich ein bis zwei Jahre und war besonders im 18. Jahrhundert als Vollendung der Erziehung für Adel und Gentry unerläßlich. Sie führte in der Regel über die Niederlande, Frankreich und die Schweiz, seltener über Deutschland, nach Italien. Der Historiker Gibbon berichtet, daß 1785 vierzigtausend Engländer den Kontinent bereisten.
84. Ein Versehen Lockes in der Numerierung, das alle späteren Ausgaben nicht berichtigt haben. »Dem Texte eines klassischen Buches ist man auch in solchen Dingen eine gewisse Achtung schuldig« (Sallwürk im Vorwort zur 2. Auflage seiner Übersetzung).

Nachwort

Biographische Notiz

John Locke wurde am 29. August 1632 in Wrington in der Nähe von Bristol in der englischen Grafschaft Somerset geboren. Nach einem sechsjährigen Besuch der Westminster School in London, einer der berühmten Public Schools des Landes, studierte er am Christ Church College zu Oxford von 1652 an Philosophie, Naturwissenschaften und Medizin. 1666 lernte er in Oxford, wo er vorübergehend mehrere Lehrämter (Griechisch, Rhetorik, Moralphilosophie) innehatte, Lord Ashley, den späteren ersten Grafen von Shaftesbury, kennen. Die Freundschaft mit diesem etwas zwielichtigen Politiker, dessen Charakterbild und wechselvolle Laufbahn durchaus zu dem Bilde der Restaurationsepoche gehören, wurde entscheidend für Lockes weiteres Leben: sie bekräftigte sein Interesse an politischen Fragen, das sich in der Annahme verschiedener Staatsämter, vor allem aber in einer Reihe politischer Schriften äußerte, die zu den einflußreichsten der Zeit gehören. Er wurde der Arzt Shaftesburys, sein Vertrauter und Erzieher seines Sohnes. Die Freundschaft endete erst mit dem Tode Shaftesburys im Jahre 1683.

Von 1675 bis 1679 hielt Locke sich wegen seiner angegriffenen Gesundheit in Frankreich auf; in Montpellier begegnete er der französischen Medizin, in Paris pflegte er Umgang mit führenden Vertretern der Philosophie Gassendis und Descartes'. Nach seiner Rückkehr nach England geriet er in den Umkreis revolutionärer Umtriebe, an denen Shaftesbury beteiligt war, und 1683 ging er aus politischen Gründen nach Holland. Er verlor sein akademisches Amt; ein Auslieferungsbegehren der englischen Regierung wurde von den Holländern nicht beachtet.

In Holland reiften lang gehegte literarische Pläne und Entwürfe: Er begann die endgültige Ausarbeitung seines Hauptwerkes, des *Essay über den menschlichen Verstand*; er schrieb eine lateinische Fassung des *Ersten Briefes über die Toleranz* und entwickelte seine *Gedanken über Erziehung.* Nach einer Zeit politischer Zurückgezogenheit wurde er Ratgeber Wilhelms von Oranien und kehrte, als dieser im Verlauf der Glorreichen Revolution englischer König wurde, 1689 in seine Heimat zurück.
Das ihm angetragene Amt eines Gesandten am brandenburgischen Hof, den er bereits 1665 in diplomatischer Mission besucht hatte, lehnte er, vornehmlich aus gesundheitlichen Gründen, ab; einige kleinere Ämter, die ihn wenig belasteten, nahm er an. Er lebte zunächst in Westminster und veröffentlichte hier 1690 den *Essay* und *Zwei Abhandlungen über die Regierung*, wählte aber 1691 das Haus von Sir Francis Masham in Oates in Essex zu seinem ständigen Wohnsitz. Hier, in der Zurückgezogenheit des Landsitzes, wo er sich auch der Freundschaft Isaac Newtons erfreute, arbeitete er bis zu seinem Tode an seinen Schriften. Er starb in Oates am 28. Oktober 1704; sein Grab befindet sich auf dem Friedhof von High Laver.

Zur Entstehung und Charakteristik der Schrift

Die *Gedanken über Erziehung (Some Thoughts Concerning Education)* sind das pädagogische Hauptwerk Lockes. Sie sind nicht die einzige Schrift, die Locke Erziehungsfragen gewidmet hat; neben kleineren Aufsätzen, Fragmenten und Briefen ist der Entwurf einer Abhandlung *Of the Conduct of the Understanding (Über die Leitung des Verstandes)* erhalten, der in der Sammlung nachgelassener Schriften 1706 erschien und als Ergänzung des philosophischen Hauptwerks, des *Essay Concerning Human Understanding* (1690) gedacht war. Auch diese Schrift ist für das Verständnis von Lockes pädagogischen Ansichten unentbehrlich; die große

Wirkung auf die Nachwelt ist aber im wesentlichen von den *Gedanken* ausgegangen.

Über ihre Entstehung in den Jahren der Emigration in Holland hat Locke selbst in der Widmung Auskunft gegeben, und in einem Brief aus dem Jahre 1698 schreibt er inhaltlich gleichlautend: »Während ich in Holland war, beschäftigte ich mich in einigen Mußestunden damit, einem Freund Briefe zu schreiben, um ihm bei der Erziehung seines kleinen Sohnes behilflich zu sein.« Es ist gut, wenn man sich diese Entstehungsart und den Anlaß der Schrift bei der Lektüre vor Augen hält: denn Form und Inhalt sind von Grund auf von daher bestimmt, wenn auch die Abhandlung, wie sie nun vorliegt, zum Zweck der Drucklegung Änderungen und Erweiterungen erfahren hat. Festzuhalten wäre aber, daß der Anlaß, wie fast immer bei Locke, rein praktischer Art ist; es ist einer seiner Wesenszüge, der sich auch in seiner Philosophie spiegelt, daß die Besinnung immer aus dem Tun und aus der Erfahrung, das Abstrakte immer aus dem Konkreten erwächst; anderseits dient die Besinnung wiederum dem Tun, hat alle theoretische Überlegung nur praktische Anwendung im Sinn. Die *Gedanken* sind keine Philosophie der Erziehung, sondern verfolgen ein praktisches Ziel; daher ist in ihnen so viel vom Nutzen, von Zwecken, von Erfolg, von Dingen des Alltags, und so wenig von erhabenen Idealen die Rede; daher rührt der Charakter des Pragmatischen, des Naturalistischen oder wie man sonst, und nicht immer ohne Überheblichkeit, die »anspruchslos auftretenden, aber bedeutenden Gedanken« (Falckenberg) zu bezeichnen pflegt. Es wäre aber falsch, sie nur als mehr oder weniger brauchbare Empfehlungen für das praktische Verhalten im Einzelfall anzusehen; sie stehen noch in all ihrer Zweckbestimmtheit in einem übergreifenden Sinnzusammenhang: die pädagogischen Gedanken sind sowenig wie die politischen und religiösen aus dem Gesamtzusammenhang der Lockeschen Philosophie wegzudenken; sie haben ihre starke Wirksamkeit entfalten können, weil sie allesamt mit der neuen Art des Philosophierens zusammenhängen, mit der Locke eine »neue Ordnung der Dinge« hat heraufführen helfen (Paul Hazard, *Die Krise des europäischen Geistes. 1680–1715.* Hamburg 1939, S. 515). Diese philosophische Grundhaltung kann man als den Glauben an den Menschen als an ein vernunftbegabtes Wesen und die Anerkennung aller sich daraus ergebenden Folgen kennzeichnen.

Das praktische Ziel der *Gedanken* ist die Erziehung eines jungen Gentleman zu einer Persönlichkeit, die im Rahmen der gesellschaftlichen und staatlichen Ordnung die ihrer Stellung und ihrem Range entsprechenden Aufgaben zu erfüllen imstande ist, oder, wie Locke selbst mehrfach in bezeichnend einfachen Worten sagt, »einen jungen Gentleman für das praktische Leben tüchtig zu machen«. Auch das wäre bei der Lektüre zu bedenken: Wie bei Lockes Vorgänger Milton und bei seinem Nachfahren Rousseau, über den er erst seine europäische Wirksamkeit entfaltet hat, geht es in den *Gedanken* nicht um Fragen der Volksbildung, nicht um eine demokratische, sondern um eine aristokratisch bestimmte Erziehung, deren thematische Begrenzung und Beschränkung etwa in den Ausführungen über das Hauslehrersystem oder in der Auswahl und Beurteilung der Unterrichtsfächer deutlich wird. Insofern hat das bescheidene some im Titel *(einige Gedanken)* durchaus seine Berechtigung; hinzu kommt, daß Locke selbst in der Widmung die Notwendigkeit einer »förmlichen«, d. h. systematischen Abhandlung betont, die er nicht geben wolle und nicht geben könne. Es ist aber auch hier wiederum so, daß Locke bescheidener ist, als er zu sein brauchte. Die *Gedanken* kreisen in der Tat um das Ganze der Erziehung; wenn sie den Gentleman im besonderen meinen, blitzen doch überall Stellen auf, an denen sich die Betrachtung zum Allgemeingültigen erhebt; überall sind pädagogische Weisheiten, psychologische Einsichten und methodische Feinheiten verpackt, oft in Abschnitten, die von so speziellen Dingen wie Astronomie oder von besonderen Streitfragen in der Methodik des Sprachunterrichts handeln; und mag manches nur aus seiner Zeit verständlich sein und

scheinbar nur historisches Interesse beanspruchen, so wird man doch auch darin einiges finden, das nicht nur von allgemeiner Bedeutung, sondern zuweilen von großer Aktualität ist.
Das »Neue« in der Pädagogik Lockes, das seine Stellung in der Geschichte der Pädagogik und seinen Rang unter den großen Erziehern begründet, ist schwer mit wenigen Worten zu bestimmen; einige Andeutungen und Hinweise mögen aber vielleicht dienlich sein. Es liegt, wie schon bemerkt, zunächst und vor allem in der Gründung jeden pädagogischen Tuns auf die Vernunft im Gegensatz zu Überlieferung und Autorität; kaum zwei Begriffe kehren in den *Gedanken* so beharrlich wieder wie reason und custom, von denen noch der letzte Satz der Schrift spricht. Es steht ferner im Zusammenhang mit der »neuen Philosophie«, die durch die Naturwissenschaften, insbesondere auch durch Newton, begründet wurde; die »neue Ordnung der Dinge«, die Leibniz im letzten Jahrzehnt des Jahrhunderts heraufkommen sah, meint den Einbruch der Realität, des Realen und der Realien, in eine bislang vorwiegend von Spekulation und Metaphysik beherrschte Welt: Erfahrung wird das Zauberwort und die Grundlage der Erkenntnis, und auch pädagogische Einsichten werden von nun an mehr als je zuvor auf Erfahrungsgrundlage gewonnen. Das Dritte ist die Entdeckung der Psychologie in ihrer Bedeutung für die Erziehung; Vater der englischen Psychologie hat man Locke genannt (Aaron), und Psychologie ist in der Tat ein Schlüssel nicht nur zu seiner Philosophie, sondern auch zu seiner Pädagogik. Wie sein Philosophieren und sein Suchen nach der Wahrheit von der Frage ausgeht, wie denn Erkenntnis überhaupt möglich sei, ist auch in seiner Pädagogik immer die Suche und die Frage nach ihren psychologischen Voraussetzungen und Möglichkeiten festzustellen; das gilt für den Vorgang der Erziehung im Ganzen wie etwa für den Lernprozeß und für Einzelfragen der Methodik; bei Locke gibt es eine ganze Psychologie des Unbehagens und der Unlustgefühle; und ein so wesentlicher Begriff der pädagogischen Psychologie wie der

von der Assoziation der Ideen geht, wenn auch nicht in der Sache, so doch in der noch heute gebräuchlichen Formulierung beispielsweise auf Locke zurück und ist damit Teil des Neuen, dem er den Weg gebahnt hat. Und letztlich darf man auf den Begriff der Natur und des Natürlichen hinweisen, in dem sich Vernunft, Erfahrung und Psychologie als in einem Grundprinzip begegnen. Im Namen des Natürlichen, das für Locke zugleich das Vernünftige ist, das im folgenden Jahrhundert revolutionäre Parole und bei Rousseau Zentralbegriff wird, wendet er sich gegen Konvention und Herkommen in der Erziehung, formuliert er Möglichkeiten und Grenzen der Erziehung überhaupt, wenn er etwa sagt, Erziehung könne nur die natürlichen Anlagen entwikkeln, aber nicht den Charakter des Menschen verändern. Hier klingen Grundfragen der Erziehung an, die über nur praktikable Anweisungen weit hinausgehen und in den Bereich einer *educatio perennis* gehören.

Zum Text und zur Übersetzung

Der 1684 in Holland entstandene Entwurf der »Gedanken« ist erst 1933 unter dem Titel *Directions concerning Education* als Privatdruck veröffentlicht worden; das Manuskript dieses Entwurfs befindet sich seit 1913 im Britischen Museum. Die erste Ausgabe der *Gedanken* (1693) weicht erheblich von dem Entwurf ab; sie ist heute sehr selten. 1705, ein Jahr nach Lockes Tod, erschien die fünfte Auflage. Die heutigen Ausgaben gehen entweder auf die erste Ausgabe oder die erste Gesamtausgabe von Lockes Werken aus dem Jahre 1714 zurück; letztere enthält den Text von 1705, dessen zahlreiche Zusätze und Veränderungen gegenüber der ersten Ausgabe der Schrift nicht immer zum Vorteil gereichen, als letzte Bearbeitung Lockes aber Anspruch auf Beachtung erheben können.

Erstmalig auf dem Titelblatt der dritten Auflage von 1695 findet sich ein Motto aus Horaz, Buch IV, Ode 4:

Doctrina vires promovet insitas,
Rectique cultus pectora roborant:
Utcunque defecere mores,
Dedecorant bene nata culpae.

(Unterweisung beflügelt die angeborenen Kräfte, / Rechte Erziehung stärkt die Brust: / Wo es an Sitten mangelt, / Verunstalten Laster das Wohlgeborene.)

Eine französische Übersetzung durch Pierre Coste, der mit Locke gut bekannt war, erschien schon 1695 und erlebte zahlreiche Auflagen; eine holländische Übersetzung kam noch zu Lebzeiten Lockes heraus, schwedische, deutsche und italienische folgten. Von den deutschen Übersetzungen der letzten Jahrzehnte hat die von Sallwürk klassisches Ansehen gewonnen; sie ist auch heute noch hinsichtlich der biographischen Einleitung und der Anmerkungen wegen ihrer Sorgfalt, Reichhaltigkeit und Gewissenhaftigkeit vorbildlich; in ihrer Sprache wirkt sie auf unsere Zeit aber so altväterisch, daß eine neue Übersetzung keiner Rechtfertigung bedarf.

Vorliegende Übersetzung folgt wie die Sallwürks der Ausgabe von 1714; sie hat die Übersetzung Sallwürks (3. Auflage, Langensalza, 1910) durchgehend mit dem Original verglichen und sie zu Rate gezogen, wo es angängig war, ist aber sonst eigene Wege gegangen.

Es kam einmal darauf an, Lockes Gedanken möglichst unverfälscht wiederzugeben, was auf gewisse Schwierigkeiten stößt. Manche Wörter, die in den *Gedanken* Schlüsselwörter sind, haben im heutigen Englisch eine Bedeutung, die von der, die sie bei Locke haben, abweicht; sie können zudem im Deutschen nicht oder nur unvollkommen mit nur einem entsprechenden Wort wiedergegeben werden. Solche Schlüsselwörter sind z. B. virtue, das Tugend, Rechtschaffenheit oder auch Tüchtigkeit bedeuten kann, oder temper, das Temperament, Naturanlage, Gemütsart oder auch Charakter heißt, oder mind, das u. a. durch Gemüt, Geist, Seele, Geistesart, Charakter, Wesen, Herz, Sinn und Sinnesart wiedergegeben werden kann; selbst ein Wort wie gentleman ist nicht ohne weiteres in seinem Bedeutungsumfang und -gehalt einsichtig und jedenfalls nicht vorbehaltlos mit Edelmann gleichzusetzen, wie Sallwürk übersetzt.

Zum anderen ging es um den sprachlichen Ausdruck, dessen Eigenart in der Übersetzung nach Möglichkeit gewahrt bleiben sollte; dabei kam es nicht darauf an, unbedingt die Eigenarten der Grammatik des 17. Jahrhunderts zu erhalten, deren Satzungeheuer Sallwürk zum Teil in entsprechendes Deutsch zu übertragen sich bemüht hat, sondern um die Sprachschicht und den allgemeinen Sprachcharakter. Lockes Stil ist im allgemeinen einfach, anspruchslos, pedestrian, wie die Engländer sagen, d. h. hausbacken und ohne Höhenflug; er will die Dinge deutlich und unmißverständlich bei ihrem Namen nennen und nicht in gekünstelten und gedrechselten Wendungen sprachliche Kunstwerke schaffen. Er ist gesättigt von Erfahrung, daher scheut er sich nicht, sich zu wiederholen, wo er es für nötig hält; manche Dinge sagt er vier- und fünfmal, wenn sie ihm am Herzen liegen. Manchmal aber gelingen ihm Formulierungen von einer sprachlichen Eleganz, die einer ganzen Stelle den Charakter eines geschliffenen Aphorismus gibt. Auch hinsichtlich der Sprache hat die Übersetzung versucht, der Eigenart Lockes gerecht zu werden.

Locke hat seine *Gedanken* mehr oder weniger systematisch in 217 Abschnitte eingeteilt und diese beziffert; einzelne dieser Abschnitte sind mit Stichworten am Seitenrand gekennzeichnet. Diese sind jedoch bei der Eigenart Lockes, während seiner Argumentation häufig den Gegenstand zu verlassen, in vielen Fällen irreführend. Daher verzichten manche Ausgaben auf eine solche Kennzeichnung der Abschnitte. Unsere Ausgabe bringt eine Gliederung des gesamten Werkes im Inhaltsverzeichnis; diese kann jedoch nur vorläufig orientierenden Charakter haben. Die Stichworte der Randbemerkungen erscheinen *kursiv* zu Anfang der Abschnitte, denen sie zuzuordnen sind. Um das Studium der Schrift zu erleichtern, ist ferner ein Register angefügt worden.

Literaturhinweise

Von Mascha Gemmeke

Die folgende Auswahl nennt einige ausgewählte Hauptwerke John Lockes und bietet einen kurzen Überblick über die umfangreiche Sekundärliteratur.

Primärliteratur

Ausgewählte Werke von John Locke

Englische Ausgaben

An Essay Concerning Human Understanding. Hrsg. von Peter H. Nidditch. Oxford: Clarendon Press, 1979.

An Essay Concerning Human Understanding. Hrsg. von Roger Woolhouse. London [u. a.]: Penguin, 1998.

Locke: Political Essays. Hrsg. von Mark Goldie. Cambridge: Cambridge University Press, 1997.

John Locke on Politics and Education. Hrsg. von Howard R. Penniman. Toronto / New York: Van Nostrand, 1947.

Some Thoughts Concerning Education. Hrsg. von F. W. Garforth. London: Heinemann, 1964. [Gekürzte Fassung.]

The Educational Writings of John Locke: A Critical Edition. Hrsg. von James L. Axtell. Cambridge: Cambridge University Press, 1968. [Erste historisch-kritische Ausgabe.]

John Locke on Education. Hrsg. von Peter Gay. New York: Teachers College Press., 1964. Nachdr. 1971. [Gekürzte Fassung.]

Some Thoughts Concerning Education. Hrsg. von John W. und Jean S. Yolton. Oxford [u. a.]: Clarendon Press, 1989. [Historisch-kritische Ausgabe mit ausführlicher Einleitung.]

Some Thoughts Concerning Education. Of the Conduct of the Understanding. Hrsg. von Ruth W. Grant and Nathan Tarcov. Indianapolis [u. a.]: Hackett, 1996.

Two Treatises of Government. Hrsg. von Peter Laslett. Cambridge: Cambridge University Press, 1988.

Two Treatises of Government and a Letter Concerning Toleration. Hrsg. von Ian Shapiro. New Haven: Yale University Press, 2003.

The Clarendon Edition of the Works of John Locke: Locke on Money. 2 Bde. Hrsg. von Patrick Hyde Kelly. Oxford: Clarendon Press, 1991.

An Essay Concerning Toleration And Other Writings on Law and Politics, 1667–1683. Hrsg. von J. R. Milton und Philip Milton. Oxford: Clarendon Press, 2006.

Deutsche Ausgaben

Eine ausführliche Liste der deutschen Übersetzungen von Lockes Werken findet sich online bei John Attig, *John Locke Bibliography* (http://www.libraries.psu.edu/tas/locke/lang.html).

Versuch über den menschlichen Verstand. 2 Bde. Hamburg: Meiner, 1981. [Überarb. Aufl., basierend auf der Übers. von C. Winckler, mit einer Bibliogr. von Reinhard Brandt.]

John Locke: Einige Gedanken über die Erziehung. Übers. von J. B. Deermann. Paderborn: Schöningh, 1967.

Ein Brief über Toleranz. Engl./Dt. Übers. von Julius Ebbinghaus. Hamburg: Meiner, 1996. [Nachdr. der Ausg. von 1975.]

Über die Regierung. Hrsg. von Peter Cornelius Mayer-Tasch. Übers. von Dorothee Tidow. Stuttgart: Reclam, 1992. [Rev. Fass. der 1966 erstmals ersch. Ausg.; bibliogr. erg. Ausg. 1983.]

Zwei Abhandlungen über die Regierung. Hrsg. von Walter Euchner. Frankfurt a. M.: Suhrkamp, 1992.

Korrespondenz

The Correspondence of John Locke. Hrsg. von E. S. De Beer. 8 Bde. Oxford: Clarendon Press, 1976–89. [Bd. 2 und 3 enthalten die *Briefe über Erziehung* an Edward Clarke.]

John Locke: Selected Correspondence. Hrsg. von Mark Goldie nach der Clarendon Edition von E. S. de Beer. Oxford / New York: Oxford University Press, 2002.

Sekundärliteratur

Bibliographien

Attig, John C.: John Locke Bibliography: A Comprehensive Listing of Publications by and about John Locke (Pennsylvania State University). http://www.libraries.psu.edu/tas/locke [Umfassende, fortlaufende Bibliographie].

Hall, Roland (Hrsg.): Locke Studies: An Annual Journal of Locke Research. [Ehemals *Locke Newsletter* (1970–2000), erscheint jährlich und enthält jeweils aktuelle bibliographische Angaben. Siehe auch die Homepage: http://www.luc.edu/philosophy/LockeStudies/index.htm]

Yolton, Jean S.: John Locke: A Descriptive Bibliography. Bristol [u. a.] 1998. [Bibliographie aller Locke-Ausgaben und Übersetzungen bis 1801; s. dort Kap. 5, S. 209–270 zu *Some Thoughts Concerning Education*.]

Biographien

Cranston, Maurice: John Locke: A Biography. Oxford 1985.

Dewhurst, Kenneth: John Locke (1632–1704): Physician and Philosopher. A Medical Biography with an Edition of the Medical Notes in His Journals. London 1963.

Fox Bourne, Henry R.: The Life of John Locke. Aalen 1969. [Nachdr. der Ausg. von 1876.]

Hazard, Paul: John Locke (1632–1704) und sein Zeitalter. Übers. von Harriet Wegener und Albert E. Brinckmann. Hamburg 1947.

Thiel, Udo: John Locke: Mit Selbstzeugnissen und Bilddokumenten. Reinbek 1990.

Woolhouse, Roger: Locke: A Biography. Cambridge 2004.

Yolton, Jean S. (Hrsg.): A Locke Miscellany: Locke Biography and Criticism for All. Bristol 1990.

Einführende Werke, allgemeine Monographien und Aufsätze

Anstey, Peter R. (Hrsg.): The Philosophy of John Locke: New Perspectives. London / New York 2003.

Ashcraft, Richard: John Locke: Critical Assessments. 4 Bde. London / New York 1991.

Ayers, Michael: Locke. London / New York 1991.

Brandt, Reinhard: John Locke: Anhänger und Gegner von Locke. In: Die Philosophie des 17. Jahrhunderts. Hrsg. von Jean Pierre Schobinger. Bd. 3: England. Halbbd. 2. Basel 1988. S. 607–719.

Chappell, Vere (Hrsg.): The Cambridge Companion to Locke. Cambridge 1994.

– (Hrsg.): Locke. Oxford 1998. [Aufsatzsammlung zu Lockes Philosophie.]

Cope, Kevin: John Locke Revisited. New York 1999.

Dunn, John: Locke: A Very Short Introduction. Überarb. Aufl. Oxford 2003.
Euchner, Walter: John Locke zur Einführung. 2., überarb. Aufl. Hamburg 2004.
Fischer, Klaus P.: John Locke in the German Enlightenment: An Interpretation. In: Journal of the History of Ideas. Jg. 36. Nr. 3 (July–September 1975). S. 431–446.
Fox, Christopher: Locke and the Scriblerians: Identity and Consciousness in Early Eighteenth-Century Britain. Berkeley [u. a.] 1988.
Harrison, John / Laslett, Peter: The Library of John Locke. Oxford ²1971.
Hirschmann, Nancy J. / McClure, Kirstie M. (Hrsg.): Feminist Interpretations of John Locke. University Park (Penn.) 2007.
Hugelmann, Frank: Die Anfänge des englischen Liberalismus: John Locke und der first Earl of Shaftesbury. Frankfurt a. M. [u. a.] 1992.
Johnson, Merwyn S.: Locke on Freedom: An Incisive Study of the Thought of John Locke. Austin (Tex.) 1977.
König, Siegfried: Zur Begründung der Menschenrechte: Hobbes – Locke – Kant. Freiburg i. Br. [u. a.] 1994.
Lowe, E. J.: Locke. London / New York 2005.
Maier, Hans / Denzer, Horst (Hrsg.): Klassiker des politischen Denkens. Bd. 2: Von Locke bis Max Weber. München ²2004.
Marshall, John: John Locke, Toleration and Early Enlightenment Culture: Religious Intolerance and Arguments for Religious Toleration in Early Modern and ›Early Enlightenment‹ Europe. Cambridge 2006.
Rogers, G. A. J.: Locke's Enlightenment: Aspects of the Origin, Nature and Impact of His Philosophy. Hildesheim / New York 1998.
Schouls, Peter A.: Reasoned Freedom: John Locke and Enlightenment. Ithaca (N. Y.) 1992.
Specht, Rainer: John Locke. 2. überarb. Aufl. München 2007.
Spellman, W. M.: John Locke. New York 1997.
Thiel, Udo (Hrsg.): Essay über den menschlichen Verstand. Berlin 1997. [Aufsatzsammlung.]
Walker, William: Locke, Literary Criticism, and Philosophy. Cambridge 1994.
Yolton, John W. (Hrsg.): John Locke: Problems and Perspectives. Cambridge 1969.

Yolton, John W. (Hrsg.): John Locke: An Introduction. Oxford / New York 1985.
– A Locke Dictionary. Oxford [u. a.] 1993.
– The Two Intellectual Worlds of John Locke: Man, Person, and Spirits in the Essay. Ithaca (N. Y.) 2004.

Monographien und Artikel zu Lockes Pädagogik

Aikins, Janet E.: Pamela's Use of Locke's Words. In: Studies in Eighteenth-Century Culture 25 (1996) S. 75–97.
Aulke, Reinhard: Grundprobleme moralischer Erziehung in der Moderne: Locke – Rousseau – Kant. Norderstedt 2000.
Blaicher, Günther: ›The Improvement of the Mind‹: Auffassungen vom Lesen bei John Locke, Richard Steele und Joseph Addison. In: Lesen und Schreiben im 17. und 18. Jahrhundert. Hrsg. von Paul Goetsch. Tübingen 1994. S. 91–107.
Boyd, William: From Locke to Montessori. London 1914.
Brady, Michelle E.: The Nature of Virtue in a Politics of Consent: John Locke on Education. In: International Philosophical Quarterly. Jg. 45. Nr. 2. H. 178 (June 2005). S. 157–173.
Braverman, Richard: Locke, Defoe, and the Politics of Childhood. In: English Language Notes. Jg. 24. Nr. 1 (September 1986). S. 36–48.
Brown, Francis Andrew: On Education: John Locke, Christian Wolff, and the ›Moral Weeklies‹. Berkeley (Cal.) 1952.
Briggs, Julia: ›Delightful Task!‹. Women, Children, and Reading in the Mid-Eighteenth Century. In: Culturing the Child, 1690–1914: Essays in Memory of Mitzi Myers. Hrsg. von Donelle Ruwe. Lanham (Maryl.) 2005. S. 67–82.
Carrig, Joseph: Education to Virtue and the Politics of Liberty. In: Dissertation Abstracts International, Section A: The Humanities and Social Sciences. Jg. 62. Nr. 2 (August 2001). S. 751. [Dissertation unter http://repository.upenn.edu/dissertations/AAI3003608/(11.7.2007).]
Chaber, Lois A.: From Moral Man to Godly Man: ›Mr. Locke‹ and Mr. B in Part 2 of Pamela. In: Studies in Eighteenth-Century Culture 18 (1988) S. 213–261.
Cleverley, John / Phillips, Dennis: Visions of Childhood: Influential Models From Locke to Spock. New York 1986.
Colie, Rosalie L.: John Locke and the Publication of the Private. In: Philological Quarterly 45 (1966) S. 24–45.

Cope, Kevin L.: John Locke Didn't Have It All Locked Up; or, Locke on the Emergence, Development, and Branching of Knowledge, Education, Politics, Religion, and Hairdressing. In: Disrupted Patterns: On Chaos and Disorder in the Enlightenment. Hrsg. von Theodore E. D. Braun, John A. McCarthy und N. Katherine Hayles (Vorwort). Amsterdam 2000. S. 91–105.
Cranston, Maurice: Locke on Politics, Religion, and Education. New York 1965.
Crittenden, Paul: Thoughts about John Locke's Thoughts about Education. In: Journal of the Philosophy of Education 15 (1981) S. 149–160.
Curtis, S. J.: History of Education in Great Britain. London [6]1965. [Einführung in die Geschichte der Erziehung.]
– / Boultwood, M. B.: A Short History of Educational Ideas. London [4]1966.
Ezell, Margaret J. M.: John Locke's Images of Childhood: Early Eighteenth Century Response to Some Thoughts Concerning Education. In: Eighteenth-Century Studies. Jg. 17. Nr. 2 (Winter 1983–84). S. 139–155.
Farrell, Michael: John Lockes Ideology of Education and William Blake's ›Proverbs of Hell‹. In: Notes and Queries. Jg. 53. Nr. 3. H. 251 (September 2006). S. 310 f.
Fechtner, Eduard: John Lockes *Gedanken über Erziehung*. Schutterwald (Baden) 1999.
Ferguson, Frances: Reading Morals: Locke and Rousseau on Education and Inequality. In: Representations. Jg. 6. Spring 1984. S. 66–84.
Graves, Frank P.: Great Educators of Three Centuries, Their Work and Its Influence on Modern Education. Whitefish (Mont.) 2004. [Nachdr. der Ausg. von 1912.]
Halimi, Suzy: Education et politique: *Some Thoughts Concerning Education* de John Locke (1693). In Bulletin de la Société d'Études Anglo-Américaines des XVIIe et XVIIIe Siècles 61 (2005) S. 93–112.
Heiland, Helmut: Probleme der Pädagogischen Locke-Forschung in Deutschland (1860–1970). In: Paedagogica Historica 12 (1972) S. 405–459.
Houswitschka, Christoph: Locke's Education or Rousseau's Freedom: Alternative Socializations in Modern Societies. In: Fashioning Childhood in the Eighteenth Century: Age and Identity. Hrsg. von Anja Müller. Burlington (Vermont) 2006. S. 81–88.

Kowaleski-Wallace, Beth: Milton's Daughters: The Education of Eighteenth-Century Women Writers. In: Feminist Studies. Jg. 12. Nr. 2 (Summer 1986). S. 275–293.
Jeffreys, Montagu V. C.: John Locke, Prophet of Common Sense. London 1967.
Leites, Edmund: Locke's Liberal Theory of Parenthood. In: Ethnicity, Identity, and History: Essays in Memory of Werner J. Cahnman. Hrsg. von Joseph B. Maier und Chaim I. Waxman. New Brunswick (N. J.) 1983. S. 61–79.
Mason, M. G.: The Literary Sources of Locke's Educational Thought. In: Paedagogica Historica 6 (1965) Nr. 1. S. 65–108.
– John Locke's Experience of Education and Its Bearing on His Educational Thought. In: Journal of Educational Administration and History. Jg. 3. Nr. 2 (June 1971). S. 1–8.
Meermann, Michaela: Mensch oder Bürger? Ansätze zur Überwindung einer neuzeitlichen Aporie in den Erziehungs- und Bildungstheorien von John Locke und Jean-Jacques Rousseau. Münster 2005.
Morère, Pierre: L'idée d'éducation chez Locke et ses fondements empiriques. In: Bulletin de la Société d'Études Anglo-Américaines des XVIIe et XVIIIe Siècles 61 (2005) S. 71–92.
Peters, Richard Stanley: Ethics and Education. London 1970.
Pickering, Samuel F.: John Locke and Children's Books in Eighteenth-Century England. Knoxville (Tenn.) 1981.
Pollock, Linda A.: Forgotten Children: Parent-Child Relations from 1500–1800. Cambridge 1983.
Rang, Brita: An Unidentified Source of John Locke's *Some Thoughts Concerning Education*. In: Pedagogy, Culture & Society 9 (2001) S. 249–277.
Rattner, Josef: Große Pädagogen im Lichte der Tiefenpsychologie. Wien 1981.
Reicyn, Nina: La Pédagogie de John Locke. Paris 1941.
Rioux, Louis: Être et savoir dans *Some Thoughts Concerning Education* de John Locke (1693). In: Bulletin de la Société d'Études Anglo-Américaines des XVIIe et XVIIIe Siècles 61 (2005) S. 113–126.
Schlegelmilch, Wolfgang: Lockes *Thoughts Concerning Education: Zur Kontinuität pädagogischer Theorien*. In: Die Neueren Sprachen 15 (1966) S. 20–25.
Schuurman, Paul: Locke's Way of Ideas as Context for His Theory of Education in *Of the Conduct of the Understanding*. In: History of European Ideas 27 (2001) Nr. 1. S. 45–59.

Smith, Constance I.: Some Ideas on Education before Locke. In: Journal of the History of Ideas 23 (1962) S. 403–406.
Smith, Jad: Custom, Association, and the Mixed Mode: Locke's Early Theory of Cultural Reproduction. In: A Journal of English Literary History. Jg. 73. Nr. 4 (Winter 2006). S. 831–853.
Spellman, W. M.: John Locke and the Problem of Depravity. Oxford 1988.
Springborg, Patricia: Mary Astell and John Locke. In: English Literature 1650–1740. Hrsg. von Steven N. Zwicker. Cambridge 1998. S. 276–306.
Stephens, R. C.: John Locke and the Education of the Gentleman. In: University of Leeds Institute of Education Research Studies 14 (1956) S. 67–75.
Stewart, M. A. / Vesey, Godfrey: Locke, Steiner, and Understanding. In: Communication and Understanding. Royal Institute of Philosophy Lectures, 1975–76. Hrsg. von G. V. Atlantic Highlands (N. J.) 1977. S. 20–45.
Stille, Oswald: Die Pädagogik John Lockes in der Tradition der Gentleman-Erziehung. Diss. Erlangen 1971.
Stone, Lawrence: The Family, Sex and Marriage in England 1500–1800. London 1979. [Geschichte der Familie; gekürzte Ausg. bei Penguin ersch.]
Tarcov, Nathan: Locke's Education for Liberty. Chicago 1984.
Winkler, M.: John Locke und die Theorie der pädagogischen Situation. In: Paedagogica Historica 21 (1981) S. 187–210.
Yolton, Jean S.: The First Editions of John Locke's *Some Thoughts Concerning Education*. In: Papers of the Bibliographical Society of America 75 (1981) Nr. 3. S. 315–321.
Yolton, John W.: Locke's Man. In: Journal of the History of Ideas. Jg. 62. Nr. 4 (October 2001). S. 665–683.

Personen- und Sachregister

(Zahlen verweisen auf Abschnitte)

Inhalt